El Llamado Misionero

Encuentre su lugar en el plan de Dios para el mundo

M. David Sills
Prólogo de Steve Saint

Originalmente publicado en inglés por Moody Publishers con el título: *The Missionary Call* por M. David Sills.

Tradducción: Dr. Andrés Carrodeguas

Sills, Michael David, 1957-
El Llamado Misionero / M. David Sills.
p. cm.
Includes bibliographical references

ISBN 9780985483531
1. Missions—Theory.

We hope you enjoy this book from Reaching and Teaching International Ministries. Our goal is to provide missions resources that will further the cause of Christ by equipping His people to be obedient to the Great Commission. For more information visit http://www.reachingandteaching.org

"El Dr. David Sills guía a sus lectores a través de una evaluación metódica de las complejidades de un llamado misionero, sin ser formulista ni misterioso de manera innecesaria. Este libro debería estar en el utillaje de todo el que explore un llamado al ministerio transcultural. Se lo recomendaré a todos los candidatos de Wycliffe".

Bob Creson
Presidente de Traductores Bíblicos Wycliffe

"El doctor Ciro a hecho un excelente trabajo en cuanto a eliminar el misterio del llamado de Dios sobre nuestra vida. Si considera en serio invertir su vida en lo que es importante para Dios, ¡Este libro es lectura obligatoria para darle una base sólida con respecto al propósito fundamental de Dios y como Él planificó para usted un lugar en esto! Ah, si acaso no lo considerara en serio, ¡De seguro que este libro es paro para usted!".

Larry Brown
Presidente/Director ejecutivo, Misión Nuevas Tribus

"Si se está preguntando acerca del llamado misionero, este libro será un salvavidas para usted. David Sills explora a conciencia el tema y da una información que no conocería la persona común y corriente que siente el llamado. Su respuesta no está prevista, sino que le deja la respuesta definitiva a la orientación que venga de la misteriosa obra del Espíritu de Dios. Este libro se convertirá en un clásico referente al llamado misionero".

Avery Willis
Director ejecutivo, *International Orality Network*

"Hoy en día existe una urgente necesidad de hombres y mujeres que estén dispuestos a entregar su vida a la gran causa de la proclamación del Evangelio a las naciones. El doctor de David Sills ofrece ayuda práctica para pensar con detenimiento en el llamado a las misiones: desde la posibilidad de discernir si Dios le ha llamado a las misiones, hasta la decisión sobre cómo y dónde las va realizar. El Dr. Sills, erudito misionólogo con experiencia en el campo misionero, les da sólidos consejos pastorales a los cristianos que se pregunta si Dios los está llamando a dedicar su vida como misioneros al servicio del Evangelio. Estoy seguro de que este libro será determinante muchas vidas".

R. Albert Mohler, hijo
Presidente del Seminario Teológico Bautista del Sur

"El llamado misionero es una excelente obra que con toda seguridad se convertirá en un valioso recurso para todos los cristianos de la Gran Comisión. Está lleno de sabiduría bíblica y práctica. Me causó asombro que David abarcara tantos temas, que lo hiciera tan bien y en tan pocas páginas. Este libro es un maravilloso regalo para el cuerpo de Cristo. ¡Sé que los leerán los estudiantes de nuestro seminario y del Instituto superior!".

Danny Akin
Presidente del Seminario Teológico Bautista del Sudeste

"David Sills ha enfrentado el más candente de los temas de estos tiempos, que constituye la mayor era de expansión de las misiones en la historia de la iglesia cristiana. El *llamado misionero* presenta una respuesta poderosa, con solidez bíblica y convincente, dirigida a todo el que esté pensando en un llamado a las misiones. Animo a todos los pastores y líderes misioneros de las iglesias a tener disponibles un buen número de ejemplares de este libro, como valioso recurso para todo el que esté pensando en el llamado las misiones".

Tom Ellif
Presidente de la IMB

"El tema del llamado misionero se ha debatido, explorado, analizado y escrito durante generaciones. El Dr. Sills presenta una visión nueve refrescante sobre un tema antiguo. En la amplitud de su erudición, abarca los aspectos bíblicos, históricos, espirituales, contemporáneos y pragmáticos de este vital tema de una manera tal, que su lectura resulta agradable. Este es el libro más excelente acerca de ese fascinante tema que haya leído jamás. Lo recomiendo sin titubear a los estudiantes, pastores, profesores, misioneros y a cada seguidor de Jesucristo".

David M. Howard
Ex presidente de la Misión Latinoamericana
Ex director internacional de la Confraternidad Evangélica Mundial
Ex director de Misiones de IVCF y Director de URBANA 73 y 76

"El Dr. Sills proporciona una exploración sólida y con un firme fundamento acerca del llamado misionero. Ofrece una importante ayuda en la aclaración del tema a los que luchan por saber si Dios los está llamando a la obra misionera y es un gran recurso para los que dan clases acerca del llamado y su relación con la vida misionera".

Scott Moreau
Profesor de misiones y estudios interculturales del Instituto Superior Wheaton
Editor de Evangelical Missions Quarterly

"No hay aspecto alguno de las misiones que esté más atascado con el peso de cosas ajenas a la biblia que el 'llamado misionero'. ¿Acaso no es lo suficiente clara la orden de Cristo de "id" para que nos pusiéramos en camino hacia las regiones que no se han alcanzado? Usted no se puede equivocar si trata de ir. Sea intrépido para partir. El señor guiará sus pies en movimiento. El Dr. Sills presenta estos y otros conceptos populares en cuanto a la forma en que una persona podría estar llamada a las misiones. Recomiendo en gran medida este práctico libro que elimina una buena parte de la confusión existente con respecto al llamado misionero".

David Sitton
Presidente de To Every Tribe Ministries

" ¡A fin! He aquí un libro dedicado al tema fundamental de las misiones que a la vez es en verdad legible, equilibrado en su teología, con fuertes fundamentos bíblicos y de una orientación práctica. David Sills se inspira en su propia experiencia, tanto en el campo misionero como en el aula, en las investigaciones más destacadas de otros eruditos y en las sabias reflexiones de un corazón entregado por completo a la razón por la que su Señor dejó los palacios del cielo para venir a habitar en medio de una humanidad perdida. El libro de Sills, escrito de forma atractiva y práctica en gran medida, se enfrenta de manera agradable y clara a las preguntas muchas veces desconcertantes con respecto a nuestro lugar dentro de la obra misionera, a las que nos tenemos que enfrentar todos y cada uno de los que queremos seguir a Jesús en el día de hoy. Este libro es de lectura obligatoria para los cursos de introducción acerca de las misiones, para los misioneros que ya están trabajando en los campos y para los que están pensando en trabajar como misioneros, para el personal de las agencias misioneras, y también para los pastores, los comités de misiones y los propios miembros de las iglesias. ¡Lo recomiendo mucho!".

Samuel Larsen
Samuel Patterson, Profesor de misiones y evangelización del Seminario Teológico Reformado

" ¿Acaso puede un libro ser breve detallado a la vez? ¿Claro y erudito? ¿Sencillo y profundo? ¿Práctico y reconfortante? Este es así. Será de gran ayuda para muchos".

Joe Martin
Presidente del Departamento de estudios Bíblicos y ministeriales del Instituto Superior Belhaven

" He participado en las misiones en otros países durante más de cuarenta años y el Dr. Sills, en *El llamado misionero*, me produce una emoción cada vez mayor con respecto a la forma en que esta generación va a responder al llamado misionero que les han puesto en su vida. Me agradaría que todos los cristianos leyeran este libro. Sin duda, Dios nos llama a todos a hacer misiones: unos para ir y otros para quedarse. El doctor

Sills nos ha dado un emocionante y excelente recurso para que lo utilicemos, junto con la Palabra de Dios, a fin de determinar lo que el Señor nos está ordenando que hagamos. ¡No hay nada más emocionante que ser fiel al llamado que Él pone nuestra vida!".

Sammy Simpson
Presidente de Alcance Global

"Desde los consejos para principiantes, conozca a Dios y conozca su Palabra, hasta los consejos para los que se han consagrado en serio a esta labor: escoger la agencia misionera más adecuada para usted y conocer bien al equipo misionero con el que va a trabajar, todos los interesados en los detalles de un llamado misionero personal encontrarán muchos temas para meditar".

David Ross
Presidente del Graduate Institute of Aplied Linguistics

EL
LLAMADO
MISIONERO

M. DAVID SILLS

A Mary, mi esposa y mejor amiga durante treinta años, a Christopher, mi primogénito y amigo, y a Molly, la hija y el gozo de su papá.

Por Dios, y mediante su gracia, ustedes tres han caminado conmigo en nuestro llamado misionero a lo largo de muchos años y en varios países.

¡Lo mejor no ha llegado aún!

Los amo y todos los días le doy gracias a Dios por ustedes.

CONTENIDO

PRÓLOGO

"¿ES USTED STEVE SAINT?", me preguntó el hombre. ¿Es el hijo del famoso misionero que martirizaron con otros cuatro en América del Sur?"

Reconocí que era el hijo de Nate Saint. "Ah, ¿y dónde es misionero?". No supe qué contestarle. Yo era un hombre de negocios. Mi esposa y yo educábamos a nuestros cuatro hijos para que siguieran a Dios. Estábamos activos en nuestra iglesia cristiana local donde éramos líderes de un grupo creciente de jóvenes que se reunía en nuestro hogar. Vivíamos por debajo de nuestras posibilidades, con el fin de ayudar a sostener a otros para que fueran "hasta lo último de la tierra". Además, me sentía seguro de estar justo donde me quería Dios, confiado en que Ginny y yo hacíamos lo que nos había llamado a hacer.

Cuando le dije a mi interrogador que en realidad no era misionero, sino un hombre de negocios, se quedó perplejo. Entonces, cuando al fin comprendió lo que le dije, me respondió con evidente desilusión: "¡Ah, cuánto lo siento!".

Ahora, años más tarde, hay personas como ese hombre que se me acercan a cada rato para preguntarme si soy el hijo del Nate Saint. Entonces me dicen que han oído que soy misionero y que trabajo con la misma gente que mató a mi padre.

Les viene al rostro una mirada de admiración y dicen cosas como estas: "¡Nos sentimos muy orgullosos de usted!".

¿Porque tan orgullosos ahora y tan desilusionados entonces?

Creo que se debe a que muchos de nosotros no hemos entendido que a la hora de servir a Dios solo hay una prioridad. Debemos ser fieles seguidores suyos y buenos administradores de sus misterios (1 Corintios 4:1). Él espera obediencia de nosotros.

Ah, pero ahí es donde viene el problema. ¿Y si no sabemos cuál es el plan de Dios para nuestra vida? Le puedo decir lo que me ha dado buen resultado en mi caso. Ore mucho, espere anhelante a que Dios le responda y busque el sabio consejo de los que han aprendido a comprender la forma en la que Dios muestra su plan para nuestra vida.

Gracias, David, por haberte tomado el tiempo necesario para escribir lo aprendido en tus estudios y en tus experiencias personales, con respecto a la búsqueda de la voluntad de Dios para nuestra vida.

Creo que fue un presidente de los Estados Unidos el que dijo: "No hay mayor bendición en la vida que tener que hacer algo que valga la pena y la habilidad para hacerlo". Después de casi seis décadas de experiencia en la vida, modificaría un poco esa afirmación. " No hay mayor bendición en la vida que saber que estamos justo en medio del camino trazado por Dios para nuestra vida y saber que Él nos proporciona la fortaleza y la perseverancia necesaria para contribuir en su plan para el mundo".

Hasta el momento en que mi única hija murió de repente y de manera inesperada a los veinte años de edad, en medio de una muy esperada fiesta de bienvenida que le estábamos dando en nuestro hogar después de un año entero de estar viajando con un grupo musical cristiano, pensaba que lo peor que podía suceder en la vida era que alguien entrara en una eternidad sin Cristo por no haber oído que el Cordero del universo lo amaba y tenía un plan para su vida.

Ahora sé que hay algo peor aun. El verdadero, compasivo y amoroso Padre celestial del cosmos está perdiendo hijos todos los días. Creo que voy a pasar la eternidad con mi maravillosa hija. Creo que Dios lo promete en su Palabra. Sin embargo, esa misma Palabra sugiere que sus hijos, esos que mueren sin haberse reconciliado con Él, van a quedar separados de Él para siempre.

No todos tenemos el llamado a ser misioneros. En cambio, las misiones sí son para todos. Puesto que soy un padre que llevo una profunda herida en el corazón, creo que puedo decir con toda seguridad que no hay nada que pueda ser más apreciado para el corazón de Dios que decirle a sus hijos que no lo saben que Él los ama y que quiere que vivan a su lado para siempre.

Le pido a Dios que usted encuentre la misión que Él tiene para su vida dentro de su plan para el mundo.

Si no la ha encontrado aún, le sugiero que siga leyendo. Si cree haber hallado un lugar dentro del plan de Dios, le sugiero también que siga leyendo y lo compruebe.

STEVE SAINT
Fundador de *I-Tec*

Introducción

LOS CRISTIANOS DE TODAS PARTES y de todas las edades reconocen el sentir de dios para llevar el evangelio a las naciones, pero a menudo batallan con las implicaciones de la Gran Comisión en sus propias vidas. Muchos preguntan cómo pueden estar seguros de que Dios los está llamando a las misiones. Con todo, las preocupaciones de tipo práctico inherentes al discernimiento de la voluntad de Dios en cuanto a unírsele al trabajo al trabajo misionero nos pueden meter en una crisis, debido a que el sometimiento a ese llamado tiene por consecuencia la destrucción de nuestra zona de comodidad. Los cristianos les hacen preguntas a los profesores de institutos superiores y de seminarios, los pastores, las agencias misioneras, los misioneros y sus amigos, con respecto a su manera general de comprender el llamado, y las consecuencias de una vocación como esta. Preguntan qué es con exactitud lo que constituye el llamado misionero, hasta dónde debe llegar en sus detalles y cómo les comunica Dios este llamado a sus hijos. Muchos se preguntan si no será necesario un llamado específico y personal, puesto que les parece que todos los cristianos son llamados, pero los obedientes son los que responden. Aunque se sientan seguros de tener un llamado personal a las misiones, les queda aún el dilema de descubrir detalles tan alusivos como los del dónde, cuándo, cómo y con quién deben cumplir con ese llamado. Algunos de los que se creen llamados a las misiones luchan con el dilema de la forma en que pueden llegar a seguir el llamado de Dios, cuando su cónyuge aún no lo siente. Es frecuente que la mayoría de los creyentes se sientan confundidos en cuanto al llamado misionero.

Son muy escasos los libros que hablan del llamado misionero en su aplicación práctica a la gente del siglo XXI. Hay cuestiones como el terrorismo, la globalización, la urbanización y el pluralismo que han cambiado el paisaje misionero. Mientras que algunas agencias misioneras han respondido a estos retos con innovaciones, como el de crear plataformas creativas de acceso a fin de proporcionar entrada y protección en lugares peligrosos, otras están llamando abiertamente a personas dispuestas a ser mártires de las misiones. Algunos conferenciantes y parte de la literatura misionera afirman que a todos nos han llamado a ir, mientras que otros dicen que nadie debe ir si no tiene un llamado concreto. En las mejores circunstancias, el discernimiento puede volverse difícil, y hacer la voluntad del señor puede parecer más difícil aun.

Es probable que una comprensión errónea del llamado misionero, de quién lo recibe y cómo llega a las personas, haya impedido más la entrada de gente al campo misionero, que ninguna otra razón. Tal vez usted sea una de las numerosas personas jóvenes que se preguntan ansiosas si Dios no las estará llamando a las misiones. O tal vez se encuentre entre los centenares de miles de miembros fieles de las iglesias que van llegando a su mediana edad, tienen sus hijos ya en la universidad o casados y con familia propia. Le quiere dar un buen final a su vida, y le gustaría trabajar en el campo misionero durante los años que le quedan. En el mundo entero hay cristianos como usted que batallan también con esta pregunta: ¿Me estará llamando Dios a las misiones? Esta no es una pregunta fácil de contestar y las consecuencias por el cambio de vida que podrían surgir hacen que todo esto sea lo más importante.

Con frecuencia, los creyentes jóvenes sufren de la parálisis del análisis, mientras tratan de saber cuál es la voluntad de Dios para su vida en cuanto a la obra misionera. Se enfrenta a diversas oportunidades y a un sincero anhelo por servir a Dios, y sienten urgencia por saber lo que Él quiere que hagan. J. Herbert Kane, quien fue misionero y profesor de misiones en la Escuela

Evangélica de Divinidades Trinity, escribió: "Ningún otro aspecto de la misión cristiana causa mayor perplejidad que este problema del llamado. Es el mayor de los traumas que tienen los jóvenes cuando se enfrentan a las exigencias del campo misionero". Kane creía que la idea del llamado misionero no se comprende como es debido y se vuelve problemática. No obstante, la historia, la literatura, la experiencia, y la predicación sobre las misiones se refieren a esto con regularidad y parecen dar por sentado que se comprende el llamado misionero y que de seguro esto producirá misioneros fieles y eficientes.

Algunas veces, la angustia comienza después de asistir a una reunión misionera como Urbana, escuchar a un conferenciante misionero en su iglesia, hacer un viaje misionero o recibir una clase sobre misiones. Cuando nos enfrentamos con las abrumadoras necesidades físicas y espirituales de la mayoría de los países en desarrollo del mundo, es fácil sentirnos culpables por tener las muchas bendiciones de las que disfrutamos. Escuchamos enardecedores lemas misioneros, lanzados por oradores que nos dicen que Dios ya nos ha llamado, y que solo depende de nosotros el que obedezcamos. Mientras procuramos que Dios nos dirija, escuchamos a otros oradores que nos dicen que no vayamos si no tenemos llamado misionero concreto. A decir verdad, hay algunas agencias misioneras que no les van a permitir a los candidatos que vayan a las misiones, a menos que tanto el esposo como la esposa puedan demostrar con claridad que tienen un firme llamado al campo misionero. ¿A dónde acudir para resolver estas cuestiones?

La palabra de Dios nos habla de las misiones desde el principio hasta el fin. Es más, hay eruditos bíblicos como Christopher J. H. Wright y misionólogos como Ralph D. Winter que señalan lo inadecuado que es hablar de "la base bíblica de las misiones", Y prefieren hablar en función de la base misionera de la Biblia. Esta perspectiva señala que Dios se nos reveló en su Palabra para que lo conozcamos y lo demos a conocer a otros. Dios nos ha ordenado ir a las naciones para proclamar su gloria, hasta que también lo hagan ellas. En ese caso, ¿quiere esto decir que todos los cristianos somos misioneros?

Hace algunos años, escuché una definición muy amplia de lo que es un misionero: Un misionero es alguien que nunca se acostumbra al sonido de los pasos de los paganos que van rumbo a una eternidad sin Cristo. Esta definición resuena en los corazones de muchos cristianos. Sienten el peso de la tarea misionera que falta por hacer, y quieren causar un impacto con su vida en las vastas regiones del mundo donde hay gente que va camino de la condenación. Entonces, estos mismos cristianos comienzan a preguntarse si esta carga por las naciones no será un llamado misionero. Se sienten muy motivados a rescatar a los que están pereciendo, cuando recuerdan que hay millones de seres humanos en el mundo entero que se hayan a un paso de una eternidad que pasarán separados de Cristo; anhelan llevarles el evangelio.

A otros les motiva el deseo de obedecer la clara encomienda dada por Cristo a sus seguidores. Con frecuencia, los oradores misioneros nos exhortan a convertir el último mandato de Cristo en nuestra primera preocupación. Estos creyentes deciden obedecer en su corazón debido a que son conscientes de los números pasajes bíblicos que representa Lucas 6:46: "¿Por qué me llamáis Señor, Señor y no hacéis lo que yo os digo?" (Rv-60). ¿Equivale este deseo de obedecer al llamado misionero? ¿Es la Gran Comisión todo lo que se necesita para tener un llamado que nos haga salir rumbo al campo misionero?

Cuando hacemos amistad con personas de otras naciones, y viajamos por el mundo, nos percatamos de la realidad mundial que nos rodea. El etnocentrismo[4] innato en todo ser humano nos hace creer que toda nuestra cultura es el centro del universo, y juzgar a todas las demás culturas como inferiores, comparadas con ella. Los Kikuyus de Kenia tienen un proverbio que ilustra este ingenuo punto de vista: "El hombre que nunca ha viajado cree que su madre es la mejor cocinera". Los prejuicios y los estereotipos que hemos aprendido en nuestras culturas originales cae muy pronto por tierra cuando hacemos amistad con personas de otras culturas y viajamos a sus países. Mark Twain decía: "Los viajes son fatales para los prejuicios, la intolerancia y la estrechez de mente, y hay mucha gente entre nosotros que los necesitan con gran urgencia debido a estas mismas cosas. No es posible adquirir unos conceptos amplios, sanos y caritativos de los seres humanos y de las cosas, a base de vegetar en un pequeño rincón de la tierra durante toda la vida"[5]. El contacto con otros países y cultura también nos enseña acerca de las necesidades y las oportunidades que nos esperan en el mundo entero. Ralph D. Winter hace la siguiente observación: " Dios no nos puede guiar a partir de unos datos de los que carecemos"[6]. El desarrollo de amistades internacionales y los viajes por el mundo son muchas veces los puntos de partida para el llamado misionera.

En la aventura de discernir si Dios ha puesto o no un llamado misionero sobre nuestra vida, nos tropezamos a menudo con un verdadero laberinto de sendas a seguir. Muchas veces, unas opiniones y exhortaciones encontradas nos dejan con más preguntas que respuestas. En este libro veremos lo que enseña la Palabra de Dios acerca del llamado misionero, examinaremos diversos ejemplos bíblicos e históricos en cuanto al llamado de Dios, y aprenderemos a hacer que estos conocimientos tengan peso sobre nuestra experiencia personal. Estudiaremos estas y otras cuestiones mientras caminamos juntos en un esfuerzo por comprender el llamado misionero y la forma en que se aplica a cada una de nuestras vidas.

La Comprension
Del Llamado Misionero

"**AHORA QUE DIOS LOS HA LLAMADO** a las misiones..." ¡Un momento! ¿Qué significa en realidad ese "llamado misionero"?" Una amplia mayoría de los artículos y libros que hablan del llamado misionero, comienza dando por sentado que usted sabe que ha recibido un llamado, y trata de ayudarme a dar el siguiente paso. Muchos sermones, libros sobre misiones y exhortaciones a los grupos de jóvenes usan esta expresión con frecuencia, pero sin explicarla. Para empeorar las cosas, todos parecen tener unos conceptos muy distintos entre sí en cuanto a lo que es en verdad ese "llamado".

La Biblia habla de un llamado a la salvación, de los llamados a servir al Señor y de llamados a determinados servicios concretos. También da ejemplos de dirección específica en la comprensión del lugar y el momento en los que la persona debe expresar su llamado, pero muchos confunden esta dirección con el llamado en fin. En ese caso, ¿cómo debemos entender el llamado misionero?

Muchos misioneros pueden testificar que cuando los salvó el Señor supieron que Él lo hacía para que les sirvieran de una manera concreta. Yo no estaba seguro de lo que haría el Señor con mi vida cuando me salvó, pero recuerdo con claridad que pensé que había desperdiciado muchos años de mi vida. Quería que resto de ellos contaran de manera sacrificada para la gloria de Cristo y el avance de su Reino. Pensé en seguir siendo un hombre de negocios, tan fiel en la iglesia local como me fuera posible, y servir en mis tiempos libres. No obstante, los viajes misioneros me comenzaron a cambiar la mente y el corazón. Sabía que si me comprometía con las misiones, me tendría que trasladar junto con mi familia a otros lugares del mundo, y destruir nuestra zona de comodidad, pero también sabía que Dios me había puesto en el corazón una carga por las naciones. No estaría nunca conforme con menos que un compromiso radical y una entrega total. Sabía que tendríamos que seguir su llamado las misiones.

Muchos futuros misioneros estaban sirviendo con fidelidad a Dios como diáconos, maestros de Escuela Dominical y líderes laicos en puestos de las iglesias cuando Dios los sorprendió con un llamado a las misiones. Algunos misioneros han estado ejerciendo un pastorado floreciente u ocupados en una carrera dentro de un seminario, cuando Dios los ha llamado. Por supuesto, Dios ha llamado a todos los cristianos a la salvación, la santidad, el discipulado y el servicio. Esta es la progresión natural que se espera de la vida cristiana. En realidad, una señal alentadora de desarrollo es que esta pregunta comience a frecuentar a un cristiano en sus momentos de tranquilidad: "¿Me está llamando Dios a las misiones?"

El crecimiento espiritual es evidente, porque se comienza a desarrollar un sincero anhelo de glorificar a Dios y negarse a sí mismo. Sin embargo, cuando pensamos en lo que significa trabajar en otro país, entre gente de otra cultura, comenzamos a hacer preguntas acerca del llamado misionero.

Hay cristianos que batallan de verdad con ese llamado misionero, pero llegan entender que Dios los está llamando a quedarse para servirle en el lugar donde se encuentran. En cambio, hay otros de los que no se aparta nunca ese llamado a ir. Lo ven escrito entre líneas cuando leen la Biblia. Tienen en la mente la pregunta sobre el llamado misionero cuando ven las noticias o cuando examinen el camino por el que van en la vida. Se preguntan si al final, cuando lleguen a lo más alto, no se darán cuenta de que habían apoyado su escalera en la pared equivocada. Hacen preguntas como estas: "¿Debo participar en las misiones? ¿Quién es el que debe ir? ¿Me estará llamando Dios? ¿Qué es eso del llamado misionero?". A pesar de todo esto, no tiene por qué ser tan misterioso como lo ponen muchos.

La Necesidad

Algunos creyentes sinceros y de corazón tierno dan por sentado que el hecho de sentir carga por una necesidad es ya en sí el llamado misionero. Dios hace que muchos cristianos sean conscientes de las necesidades que hay en el mundo, pero esas necesidades no equivale a un llamado. Si usted entra al campo misionero fundamentando su llamado en las necesidades, es posible que llegue a notar que esas necesidades no eran tan grandes como pensaba, y comienza preguntarse por qué ha ido o por qué se ha quedado. Hay misioneros que se marchan con un "llamado" basado en las necesidades, llegan al campo y descubren que ya hay allí numerosos misioneros y agencias que están tratando de solucionarlas. Tal vez, cuando se satisfagan esas necesidades que tanto lo motivaron, la vieja pregunta acerca de si debía ir se sustituye con rapidez por la pregunta sobre si se debe quedar.

Con todo, existen grandes necesidades, y muchas veces Dios nos hace conscientes de ellas para ponernos una carga que nos mueva a actuar. La tercera parte de la población humana del planeta, más de dos mil millones de personas, nunca ha escuchado el evangelio[1]. Y de ese número, mueren a diario más de cincuenta mil seres humanos separados de Dios para siempre[2]. Como ya mencionamos, una buena definición del misionero es que se trata de alguien que nunca se acostumbra a oír el sonido de los pasos de los paganos que van caminando hacia una eternidad sin Dios. El sonido de esos pasos hace eco en su mente y los persiguen cuando sueñan despiertos. Aunque no nos debemos dejar llevar solo por las necesidades, es frecuente que Dios las use como punto de partida para despertarnos a su llamado.

Los Mandatos De Cristo

Por supuesto, el hecho de conocer los mandatos de Cristo es algo que motiva a todo cristiano a que sea sincero. En Mateo 28:18-20, Jesús nos ordenó ir y hacer discípulos en los grupos étnicos de todo el mundo. Ahora bien, ¿acaso en estos momentos no habremos terminado de hacerlo? ¿Acaso no hemos ganado gente para Cristo, preparado discípulos y fundado iglesias en todas las naciones durante los últimos dos mil años? Estamos acostumbrados a pensar en este mandato de predicar el evangelio en todas las *naciones* como si Jesús hubiera estado pensando en las entidades geopolíticas que aparecen en los mapas de este mundo. Jesús nos dijo que hiciéramos discípulos en *panta ta ethne,* en la versión griega original de la Gran Comisión. *Panta* es una palabra que significa "todos, todas", *ta* es el artículo definido y *ethne* es la palabra que traducimos como "naciones"; es obvio que de ella se deriva nuestra palabra el *étnico*. Este vocablo se presenta repetidas veces en el Nuevo Testamento y, puesto que nuestras versiones la suelen traducir como naciones, es posible que muchas personas supongan que, cuando Dios mira la tierra desde el cielo, ve unas gruesas líneas negras que rodean grandes zonas de terreno en los continentes del planeta. Aunque esto es una exageración, desde luego, la realidad es que muchas estrategias y prioridades en las misiones no reflejan lo que más enfatizó Jesús cuando habló en la Gran Comisión de la etnolingüística de los pueblos.

Jesús nos dio la orden, la Iglesia como la fuerza misionera y la promesa de que estaría con nosotros en el cumplimiento de esa orden. Su gran comisión es similar a las órdenes de marcha que se le dieron a Josué. Después de deambular 40 años por el desierto, Dios le reveló a Moisés que no iba entrar a la Tierra Prometida y le dijo que nombrara a Josué para que lo sucediera como líder de Israel. La misión encomendada a Josué consistía en hacer que el pueblo cruzara el Jordán para entrar en Canaán y conquistar esa tierra. En Josué 13:1, el Señor le dice a Josué: "tú eres viejo y entrado en años, y todavía queda mucha tierra por conquistar". Le dio la orden, le dio a Israel como ejército y le prometió que estaría a su lado en el cumplimiento de la misión. Ni entonces ni hoy, Israel ha sido nunca un país extenso. Con la orden de Dios, el pueblo de Dios, la presencia de Dios y la bendición de Dios, es de preguntarse cómo fue que Josué no pudo terminar lo que Dios le dijo que hiciera durante el transcurso de su vida. Antes de juzgarlo con demasiado rigor, es bueno que recordemos que nosotros hemos tenido una misión que cumplir durante dos mil años y queda por poseer gran parte de "la tierra".

Tal vez haya quien diga que la comparación no es justa, y que no hemos terminado de cumplir la Gran Comisión porque vivimos en un mundo hostil al evangelio en el que hay numerosas naciones que alcanzar. Además, nosotros somos pocos, en comparación con las regiones del mundo. Sin embargo, es difícil imaginarse por qué aún no hemos alcanzado con el Evangelio a la tercera parte de la población de nuestro mundo. En 1896, en Atlanta, Georgia, un hombre trabajaba en su laboratorio mezclando agua, sabores y azúcar. Así inventó una bebida a la que llamó Coca - Cola. Desarrollar el producto y ponerlo en el mercado le costaron unos setenta dólares en ese primer año y solo recuperó unos cincuenta. En 1896, tener veinte dólares de déficit significaba una fuerte pérdida económica. Aún así, siguió vendiendo su producto. Pocos años más tarde, desarrollaron un proceso para embotellar esa bebida, de manera que la gente pudiera disfrutarla en sus casas o en las meriendas campestres y así creció su popularidad. Hoy en día, ciento doce años más tarde, el noventa y cuatro por ciento de los habitantes del mundo reconocen el logotipo y el producto de la Coca-Cola[3]. En ciento doce años, podemos alcanzar el mundo entero para obtener ganancias, pero no lo hemos podido hacer en dos mil años para la gloria de Dios. Una clara conciencia de que Cristo nos ha ordenado llevar el mensaje del Evangelio al mundo y nuestro fracaso para hacerlo son dos componentes clave del llamado misionero para muchos. La Gran Comisión de Cristo significa que la iglesia se debe dedicar a alcanzar y enseñar a las naciones. Todo creyente debe orar por las naciones y apoyar la causa de las misiones, pero no todo creyente tiene el llamado a dejar su tierra para irse al extranjero. Unos ayudan y dan sostenimiento, mientras otros van y hablan.

UN APASIONADO ANHELO QUE CONDUCE A LA ACCIÓN

Esta conciencia de las necesidades y de la responsabilidad del cristiano es lo que hace que la vida de muchos progrese hacia el siguiente nivel. Cuando el devastador tsunami golpeó las costas de varios países del Asia y arrasó con unas doscientas cincuenta mil vidas en el año 2004, prácticamente todos los habitantes del mundo se percataron del desastre. Una compasiva preocupación se unió a misioneros, recogieron fondos y organizaron esfuerzos de auxilio. De la misma manera, son muchos los cristianos que son conscientes de que hay miles de millones de personas que nunca han escuchado el evangelio y que entre ellos mueren muchos sin Cristo todos los días. Esta preocupación se convierte en una carga constante para su vida. Como si fuera una piedra en su zapato, está siempre en su pensamiento, sin importar a dónde vayan o lo que hagan. En su corazón resuena el clamor de los que nacieron en las tinieblas, viven en ellas y mueren en ellas. Les preocupan las jovencitas cuyos padres las venden como esclavas sexuales para conseguir el sustento de su familia. Les preocupan los millones de niños que viven en las calles y su existencia carente de esperanza. Sobre todo, les preocupa la gloria de Dios. Esa preocupación los hace preguntarse cómo pueden llevar una vida santa en fidelidad a los mandatos de Dios, si no viven en un intrépido abandono y en un cumplimiento radical de los Grandes Mandamientos y de la Gran Comisión. Por supuesto, no para todos, pero para muchos, esa preocupación llega hasta esa parte del corazón donde vive el compromiso radical.

En todas las iglesias, alrededor del veinte por ciento de las personas es la que da el ochenta por ciento de los fondos, alrededor del veinte por ciento realiza el ochenta por ciento del trabajo y del ministerio, y más o menos el veinte por ciento causa alrededor del ochenta por ciento de los problemas. Aunque es de esperar que no se trate del mismo veinte por ciento. Los del veinte por ciento bueno son los pocos que se han comprometido con fidelidad. Los pastores saben cuáles son los hombres y las mujeres de sus iglesias en los que siempre se puede apoyar en los momentos de necesidad. Su actitud es esta: "Sí, pastor, por supuesto que lo voy a ayudar. Vamos a ver, ¿qué necesita que haga?". Esa debe ser siempre nuestra actitud al acercarnos al Señor. Debe ser una decisión ya tomada de hacer su voluntad perfecta, cualquiera que sea esta. Nuestro único deseo debe ser llegar a conocer con claridad cuál es. Thomas Hale escribió: "El llamado de Dios no se detecta en el vacío; solo la persona que se ha comprometido a cumplir la voluntad de Dios puede recibir un llamado"[4]. La última pregunta que me hago todas las mañanas, al terminar mi devocional es: "¿Qué no se está haciendo que es necesario hacer y que si se hiciera, tendría por resultado una gloria mayor para Cristo y el avance de su Reino?".

Las personas a las que Dios llama en las misiones son esas que son conscientes de las necesidades de las naciones y de los mandatos de Cristo. Sienten preocupación y carga por las necesidades que ven y se han comprometido a hacer cuanto el señor les diga que haga. Nunca titubean entre seguirlo o no seguirlo. Añoran hacer que el mundo entero conozca y alabe su nombre. Se han comprometido a llevar una vida santa para la gloria de Dios. Saben que necesitarán llevar una vida sacrificada para que las personas perdidas del mundo puedan llegar a comprometerse con Cristo, aceptándolo como Rey. El *tsunami* hizo que unos cambiaran sus planes para las vacaciones y otros escribieran un cheque. Conozco a varias personas que están ahora mismo en el campo misionero que cambiaron más que sus planes de vacaciones.

Puedo recordar algunos estudiantes de mis tiempos en el seminario que no querían ir al servicio diario en la capilla cuando era el "día de las misiones", por temor a que Dios los llamara al campo misionero. Ya tenían planificada su vida al detalle y en su plan no se incluían las misiones. Cuando trabaje con los jóvenes de una iglesia local, recuerdo que algunos me decían que se sentían nerviosos ante la perspectiva de entregarse a Dios al cien por cien. Al preguntarles la razón, me respondían con palabras parecidas a estas: "Tengo miedo de que si lo hago, Dios me vaya a llamar a ser misionero en África y no quiero ser misionero". Me asombra ver que haya quienes vean a Dios como alguien que tiene que obligar a la gente a llevar la vida más maravillosa que es posible imaginarse. Cuando se acercaba la graduación del seminario, un amigo me preguntó en la cafetería qué planes teníamos para después de graduarme. Le dije que estábamos pensando irnos de misioneros al Ecuador y que había ido al seminario con el propósito de prepararme para esta labor. Comenzó a decirme cuánto lo impresionaba y lo mucho que lo retaba nuestro generoso sacrificio. Al principio me sentí perplejo, hasta que vi con claridad que no me había comprendido. Le dije que él tenía la idea equivocada. Sentía tanta emoción ante la posibilidad de convertirme en misionero que para mí el mayor sacrificio y el mayor sufrimiento habría sido que el comité de misiones nos rechazara y nos dijera que no podíamos ser misioneros. Cuando Dios llama a un hijo suyo llevar la vida de misionero, le da el deseo con el llamado.

Aparte de eso, el Señor le da un don espiritual a todo creyente genuino (1Corintios 12). No obstante, además del don mismo, creo que cada creyente recibe una pasión por el ejercicio de su don de una forma determinada. Tal vez un joven tenga un don de enseñar y sienta una gran libertad y una gran reafirmación cuando les dé clases a los adultos jóvenes. Sin embargo, al tener la oportunidad de darles clases a los niños en edad preescolar, o a personas de avanzada edad, es posible que sienta tediosa y aburrida esta expresión de sus dones. De igual manera, por ejemplo, es posible que haya quien pueda disfrutar en gran medida las oportunidades de evangelizar que se le presentan dentro de un contexto internacional, mucho más que si se tratara de ir a hablar fríamente con la gente durante los esfuerzos evangelísticos que se hacen en su iglesia los martes por la noche.

Es Salmo 37:4 dice: "Pon delicia en el Señor, y Él te dará las peticiones de tu corazón". Me parece que este versículo enseña por lo menos dos verdades importantes. Una de ellas es que la fuente de los anhelos que hay en el corazón de una persona que se deleita en el Señor, es el Señor mismo. Cuando nos deleitamos en Él, Dios nos pone en el corazón los anhelos que Él quiere convertir en realidad. Cuando nuestro corazón es correcto, nos guía a base de darnos anhelos santos. La segunda verdad es que Dios nos da un anhelo porque lo quiere cumplir. Por tanto, podemos decir con toda razón que Dios nos guía a través de lo que anhelamos cuando nos deleitamos en Él.

Desde luego, la persona que se deleita en el pecado no puede reclamar este versículo para sí. Por consiguiente, a la hora de discernir este llamado misionero, muchas veces la pregunta que nos debemos hacer es esta: "¿Qué anhelas hacer?".

Aunque un apasionado anhelo y el firme propósito de ser misionero sirven para indicarnos que Dios nos guía en esa dirección, van a existir otras señales de que un llamado es verdadero. Los creyentes de nuestra iglesia local también debemos ver que Dios guía nuestra vida por ese camino. Existe la posibilidad de que el apasionado anhelo y el propósito de trabajar en otro país estén presentes por otras razones. Necesitamos consejo sabio y discernimiento Santo para conocer la voluntad de Dios.

El Apoyo De La Iglesia

Además de ser conscientes de la necesidad, de existir unos mandatos y de sentir un apasionado anhelo y tener un firme propósito, los que tienen un llamado misionero también deben gozar de la bendición de su iglesia local. Cuando alguien se vuelve creyente, se debe unir a una iglesia evangélica donde pueda disfrutar de la confraternidad y los consejos de esa congregación. Si Dios lo está llamando a las naciones, los demás creyentes de su iglesia local van a reconocer los dones y el llamado que hay sobre su vida. Un pastor en Venezuela me dijo que su convención de Iglesias estaba algo preocupada por un par de hombres que salieron de su país como misioneros para ir a trabajar en Asia. El primero regresó al cabo de unos pocos meses, después de decidir que, al fin y al cabo, Dios no la había llamado a las misiones. Unos meses más tarde, el segundo joven hizo lo mismo. El pastor me dijo que la nueva norma que estaban siguiendo consistía en pedirles a los candidatos a misioneros que decían que Dios los había llamado a China, por ejemplo, que trabajaran con las personas chinas que vivían en Caracas durante un año. Si después de este tiempo sentían aún que Dios los había llamado allí y su iglesia local vía sus dones y ratificaba su llamado, la convención los enviaba. Muchas agencias misioneras han aprendido que si alguien no tiene un corazón misionero en el lugar donde vive, no se producirá nada mágico cuando se abrocha el cinturón de seguridad en el avión. Se bajará del avión tal cual como era cuando se subió a él. La Iglesia local de un candidato a misionero debería ser capaz de ver el deseo de predicar el evangelio, el interés por personas de otras nacionalidades, la buena disposición para aprender nuevos idiomas y una carga incesante por las almas perdidas del mundo. Con todo, hay más aún en esto del llamado misionero. Los que son conscientes de las necesidades y de los mandatos dados por Cristo, se preocupan por las almas perdidas y se sienten comprometidos con Dios, también se deben sentir sobrecogidos por el anhelo de ser misioneros.

A la luz de todo lo analizado antes, debemos comprender que el llamado misionero es una combinación de todos estos aspectos: la conciencia de las necesidades y de los mandatos existentes, una apasionada preocupación por las almas perdidas, un compromiso firme con Dios, un don recibido del Espíritu, y la confirmación, la bendición y el envío por parte de la iglesia local. Además de estas cosas, necesitamos incluir otro aspecto esencial del llamado misionero: una añoranza indescriptible que nos motiva más allá de lo comprensible. Es casi imposible describir esa añoranza. Sería lo mismo que tratar de describir cómo sabemos que estamos enamorados. "¿De qué manera le explicaría a un niño de ocho años la diferencia que existe entre sentir que alguien nos cae bien, sentir afecto por alguien y estar "enamorado"?

Hagamos más elusiva aún la definición: lo cierto es que no hay dos llamados exactamente iguales.

He viajado por el mundo y conozco a muchos misioneros, les he dado clases a muchos estudiantes que se preparan para hacerlo, he hablado en muchas conferencias de misiones y aconsejado a muchas personas que buscan la voluntad de Dios sobre su vida con respecto a las misiones. Nunca he oído dos llamados al ministerio del Evangelio que sean idénticos, nidos llamados al trabajo misionero que sean iguales. Al parecer, Dios llama a unos a una clase particular de trabajo misionero, a otros a un grupo determinado de personas, a otros a una región, a otros a un país, a otros a una ciudad y a otros a un propósito definido en la vida (como el de rescatar jovencitas de la prostitución), o incluso a una combinación de estas cosas. En cuanto a los matrimonios, es raro que Dios llame ambos cónyuges al mismo tiempo, y muchas veces piensan en el llamado misionero debido a motivaciones distintas por completo. Como los copos de nieve, cada llamado misionero es único, y cuando se combina con los demás, cubre la tierra como las aguas cubren el mar. Lo asombroso es que Dios use gente como nosotros para llevar el mensaje salvador de su evangelio a un mundo perdido, y si agrade en salvar almas mediante nuestra predicación.

Entonces, ¿qué es el llamado misionero? ¿Cómo lo debemos entender? El llamado misionero comprende una conciencia de las necesidades de un mundo perdido, los mandatos dados por Cristo, la preocupación por las almas perdidas, un compromiso radical con Dios, la confirmación, la bendición y el envío por parte de su iglesia local, un anhelo apasionado, el don del Espíritu y una indescriptible añoranza que nos motiva más allá de lo que somos capaces de comprender. En el resto de este libro, examinaremos el llamado misionero y trataremos de hallar nuestro lugar en el plan de Dios para el mundo.

Creo que Dios ha llamado a todos los cristianos a la tarea de las misiones internacionales. Por supuesto, no creo que todos debamos vender la finca y marcharnos. Si todos lo hiciéramos, no quedaría nadie para que nos enviara. Romanos 10:13 es un versículo sobre el que me encanta predicar y escuchar la predicación de otros: "Porque todo aquel que invocare el nombre del Señor, será salvo" (Rv 60). Nosotros decimos "¡Amén!". Sin embargo, en los versículos 14 y 15 Pablo continúa con algo de igual importancia: "¿Cómo, pues, invocarán a aquel en el cual no han creído? ¿Y cómo creerán en aquel de quien no han oído? ¿Y cómo oirán sin haber quien les predique? ¿Y cómo predicarán si no fueren enviados?". Entre nosotros están los que envían y los que van. Y ninguno de los dos es más importante que el otro. Los que van por el camino de la predicación no pueden nacer de nuevo sin el Evangelio, y los misioneros no pueden ir a predicar a menos que los enviemos nosotros. Todos tenemos un papel que desempeñar en las misiones internacionales. Eso significa que todos tenemos algún tipo de llamado misionero. ¿Cuál es el tuyo?

¿Cómo Puedo Conocer La Voluntad De Dios?

ANTES DE RESPONDER esta pregunta de si Dios lo está llamando a las misiones de una forma específica, sería prudente reflexionar en la forma que, por lo general, Dios usa para guiar a las personas. Dios nos llama a sí en la salvación, y a menudo ese llamado lo acompaña otro para servirle de una manera concreta o este viene poco después. Una vez que recibimos el llamado a servirle de esa manera concreta, Dios comienza a dirigirnos. Muchos confunden la dirección y el llamado.

Una de las súplicas más comunes que les traen a los ministros es por ayuda a fin de encontrar la voluntad de Dios. Una búsqueda en *Google* de "conocer la voluntad de Dios" resulta en seis millones cuatrocientas mil páginas Web. El hecho de que muchos libros, artículos y sermones afirmen ser una ayuda para que encuentre la voluntad de Dios con respecto a su vida es evidencia de que muchos ministros han tenido que batallar con este asunto en su propia vida y han tenido que aconsejar a un sinnúmero de personas para encontrar su camino. Los jóvenes quieren conocer la voluntad de Dios con respecto a su posible cónyuge. Los que se gradúan en institutos superiores buscan su voluntad en cuanto a la carrera que deben seguir. Muchas veces, es una cuestión de finanzas o una decisión de negocios importante que hace resaltar la necesidad de conocer la voluntad de Dios, y causa que hasta los cristianos más superficiales se pasen más tiempo en oración, o al menos en la oficina del pastor, en busca de la respuesta que quieren. Aunque haya quienes solo deseen saber la voluntad de Dios para poder sopesar sus opciones, hay otros que la buscan con empeño. Preguntas como estas son comunes y corrientes:

- ¿Me debo casar con María o con Isabel?
- ¿Debo aceptar el trabajo que me ofrecen en Phoenix o el de Atlanta?
- ¿Debo estudiar en este instituto superior o en ese otro?
- ¿Debemos comprar una casa nueva o añadir una habitación?
- ¿Hay una voluntad de Dios que sea específica para cada persona?

Hay quienes se imaginan que la vida contiene todo un universo de acciones que se hayan a la disposición de todos los cristianos, los cuales deben dedicarse a llegar la voluntad específica de Dios en cuanto a ellos mediante algún misterioso conocimiento secreto. Podríamos comparar esta manera de pensar a un campo de fútbol en el que la voluntad de Dios sería como un pequeño punto situado en algún lugar de su interior. El razonamiento que se seguiría de esto sería que la meta de cada creyente consistiría en hallar ese punto de Dios para su vida y dedicarse a él. También hay quienes sostienen que no hay tal punto específico para cada uno de nosotros y que Dios nos permite escoger entre diversas opciones según nuestros propios deseos.

Si hay una voluntad concreta, ¿hasta dónde se extiende? Debido a la falta de una clara comprensión de este asunto, muchos descubrirán que están en la parálisis del análisis. A veces le pregunto a las personas: "Si se viera en la necesidad de tomar decisiones con respecto a las preguntas que mencionamos antes, ¿oraría para buscar la voluntad de Dios?". Me dicen que lo haría, por supuesto. Entonces voy a puntos más concretos. "Supongamos que haya creído que Dios le indique que se case con Isabel, acepte el trabajo de Atlanta y compre una casa nueva. Ahora bien, es tiempo de comprarse ropa para su nuevo trabajo. ¿Oraría en cuanto a qué traje comprar o cuánto debe gastar?". A veces me dicen que sí, de manera que sigo empujando.

"Entonces, está casado con Isabel, se mudó a su casa nueva en Atlanta para comenzar en su trabajo allí y compró la ropa nueva que necesitaba. ¿ Oraría cada mañana con respecto a qué traje o chaqueta deportiva se va a poner, o qué corbata va a usar, o si se debe poner primero el calcetín izquierdo o el derecho?". Aunque estos extremos parezcan irrespetuosos, o incluso irreverentes, nos obligan a responder a una grave pregunta. Si Dios tiene una voluntad específica con respecto nuestra vida, ¿hasta qué punto es específica, donde termina y cuando se nos permite dejar de orar para saberla, y en su lugar, usar nuestro propio juicio personal?

En una clase con pastores, analizamos hasta qué punto llega la voluntad de Dios. Les pregunté si oraban con respecto a las compras de importancia. Cuando reconocieron que lo hacían, discutimos las cantidades de dinero con el fin de decidir cuál sería el nivel mínimo, debajo del cual Dios no tendría preferencias y ellos podrían usar su propio juicio. La discusión comenzó a venirse abajo a medida que descubrían que sus esquemas arbitrarios en cuanto a la oración y a la preocupación por las cosas no tenían una base bíblica. Una maravillosa respuesta vino de un pastor sincero que había caminado con Dios durante muchos años. Dijo: "Cuando mi esposa y yo nos casamos, analizamos todo lo que comprábamos. Si yo compraba pan, hablábamos sobre cuánto comprar y de qué clase. Si ella compraba algo para la casa, hablábamos de la cantidad que gastaríamos. Después de llevar muchos años de casados, nos conocemos por completo el uno al otro. Yo no tengo que comentarle las cuestiones de las que hemos hablado muchas veces durante toda una vida juntos. Cuando hacemos una compra importante o compramos algo fuera del ordinario, lo analizamos juntos". Así deberíamos ser en nuestro caminar con Dios. A medida que vamos hablando con Él, vamos conociendo su manera de pensar. Escuchamos el susurro apacible y conocemos su corazón, pero seguimos acudiendo a Él y poniéndole delante las grandes decisiones y opciones de nuestra vida para pedirle su dirección. Sin duda, la decisión de entregarnos uno a las misiones es una de esas grandes decisiones.

Hay quienes sostienen que la voluntad de Dios no solo se limita a lo que ya está revelado con claridad en su Palabra. Si adoptamos la manera de pensar según la cual no hay ningún punto personalizado o detallado, ninguna voluntad concreta que buscar, ¿cuáles son los parámetros de la voluntad de Dios sobre nuestra vida? Este punto de vista sostiene que el campo de fútbol no tiene ningún punto escondido, sino que es un amplio campo abierto por el que corremos con libertad. Al creyente solo le limitan los parámetros que se revelan con claridad en la Palabra de Dios, y lo que debe escoger es todo lo que se encuentre dentro de esos parámetros.

La voluntad de Dios no es una especie de cuerda floja por la que caminamos con gran ansiedad por miedo a dar un mal paso y caernos; la voluntad de Dios es ese amplio campo abierto.

El creyente tiene una libertad total en Cristo y lo único que lo limita es la Palabra de Dios. Los días de la revelación inspirada y fidedigna fuera de la Biblia terminaron desde que se cerró el canon bíblico. Los testimonios subjetivos que comienzan con: "Dios me dijo... ", en ausencia de algún criterio para evaluar tal declaración, carecen de credibilidad y es frecuente que se haga un mal uso de ellos. Lo cierto es que Dios tiene un punto para nuestra vida en ese inmenso campo de fútbol, pero no lo podemos descubrir antes de tiempo. Los intentos por lograrlo solo resultan en un extremo la parálisis del análisis y, en el otro, la decisión de seguir los caprichos emocionales y las circunstancias del día. La voluntad de Dios la encontramos a base de acercarnos a Jesús tanto como podemos y permanecer allí. Cuando alguien camina diario con Dios y se mantiene al mismo paso que el Espíritu Santo, puede escuchar el susurro apacible que le dice: "este es el camino; anda por él". Dios le llenará el corazón del anhelo por hacer lo que Él quiera para su vida. Esa es la única manera de conocer su voluntad. Por consiguiente, el punto en el campo de fútbol sí existe, pero lo encontramos al seguir los anhelos de nuestro corazón cuando este se deleita en Dios.

Hay libros enteros dedicados al tema del conocimiento de la voluntad divina en los que hay gran sabiduría y consejos que se hallan por encima del alcance de este capítulo, pero sí es necesarios que reflexionemos acerca de las maneras en que Dios nos guía en nuestro caminar para comprender el llamado misionero. ¿Cómo se puede conocer la voluntad de Dios?

CONOZCA A DIOS

Cuando me preguntan de qué manera se puede conocer la voluntad de Dios, respondo que el mejor de los primeros pasos que se pueden dar consisten en conocer a Dios mismo. No tengo la intención de bromear cuando aconsejo a alguien de esta manera. Hay creyentes tan preocupados por conocer la voluntad de Dios que pierden de vista la fuente de su voluntad. Elisabeth Elliot escribió: "Lo que en realidad necesitamos es tener al propio Guía. Los mapas, las señales en el camino y unas cuantas frases útiles son cosas buenas, pero es muchísimo mejor tener a alguien que ya estado en el lugar y conoce el camino.[1]"

J.I. Packer escribió un excelente libro que guía al lector en este conocimiento esencial[2]. Conocer a Dios es dar el primer paso en toda aventura a la que nos lanzamos con sabiduría. En Proverbios 1:7 se nos enseña: "El temor del Señor es el principio de la sabiduría; los necios desprecian la sabiduría y la instrucción". La sabiduría que viene de Dios nos guía hacia las respuestas a todos los interrogantes esenciales de la vida. Santiago 1:5 dice: "Si alguno de vosotros tiene falta de sabiduría, pídala a Dios, el cual da a todos abundantemente y sin reproche, y les será dada" (Rv-60).

Nuestra relación íntima con Dios va creciendo a lo largo de muchos años de andar con Él. Un viejo proverbio del pueblo Caucáseo Tsez dice: "No se puede conocer a un hombre hasta que te comas con él una libra de sal". Este proverbio parece un poco extraño cuando consideras que en la antigüedad los chinos se suicidaban comiendo una libra de sal. Aunque es cierto que comerse de una sentada una libra de sal sería algo mortal, lo que trata de enseñar el proverbio es que esto se debe ir produciendo a lo largo de mucho tiempo. No se pasan muchos días juntos y se comparten muchas comidas (cada una de las cuales contiene un poco de sal), muchas conversaciones y diversas experiencias en la vida, el resultado es una relación estrecha. Este mismo principio se ajusta a nuestra relación con Dios.

Conozca La Palabra De Dios

El primer paso hacia el verdadero conocimiento de Dios es conocer su Palabra. Él se nos ha revelado en la Palabra escrita. Sin la Biblia, lo conoceríamos de manera muy limitada. El Salmo 19 y Romanos 1 nos enseñan que sabríamos que existe un Creador, pero no tendríamos conocimiento concreto alguno sobre cómo es Él, que le agrada y cómo podemos entrar en una relación adecuada con Él por medio de su hijo Jesucristo, además de muchas otras verdades maravillosas. Hay gente que está dispuesta a darle la vuelta al mundo con el fin de encontrar la voluntad de Dios para su vida, pero no iría a la habitación contigua para leer su Biblia. Sin embargo, el deseo de hacer lo que Dios ya nos ha revelado tiene una importancia máxima para que recibamos conocimientos concretos con respecto a nuestra vida. J. Herbert Kane señala: "Nos es imposible conocer la voluntad específica de Dios, a menos que estemos dispuestos a conformar nuestra vida a su voluntad general"[2].

En la Biblia aprendemos que Dios es omnisciente, omnipotente, omnipresente, amor, está lleno de compasión y es santo, entre muchos otros atributos. También vemos de qué manera se relaciona con sus hijos.

Cuando estudiamos la biblia, llegamos a comprender como Él se relaciona con los suyos para guiarlos, para corregirlos cuando se descarríen y para capacitarlos a fin de que hagan lo que reconocen que les es imposible hacer con su propia fuerza. La Biblia nos enseña cómo Dios guió a su pueblo hasta sacarlo de la esclavitud a lugar seguro, cómo lo llevó durante décadas por el desierto y cómo lo hizo entrar en la Tierra Prometida. Al ir reconociendo los esquemas bíblicos que se repiten a lo largo de toda la historia de su pueblo, comenzamos a comprender por qué se relaciona con nosotros como lo hace. En nuestro estudio vemos que compara a su pueblo con un rebaño de ovejas que depende de su Pastor para que les guíe, proteja, alimente y ame.

Además de las formas en que Dios ha guiado a su pueblo en el pasado, la Biblia también nos enseña que hay unas promesas concretas para ese pueblo. A Dios le complace en gran medida ver que sus hijos le toman la palabra, creen las promesas que les ha hecho y le recuerdan esas promesas cuando oran. Es maravillosa la promesa que hace el Salmo 32:8 a todo el que necesite dirección: "El Señor te dice: "Yo te instruiré, yo te mostraré el camino que debes seguir; yo te daré consejos y velaré por ti" (NVI).

La Biblia nos enseña que a lo largo de toda su historia, cada vez que su pueblo ha necesitado discernimiento para conocer y hacer la voluntad de Dios, ha acudido a Él en oración y ha hallado las respuestas que necesitaba. El Salmo 25 recoge una oración de David en un momento en que necesitaba esa dirección. Muchos creyentes que se hallan e una situación parecida reclaman lo que afirma este Salmo y se habitúan a leerlo. David ora en el Salmo 25: 4-5" "Señor, muéstrame tus caminos, y enséñame tus sendas.

Guíame en tu verdad y enséñame". En los versículos 8 y 9 nos enseña lo que sigue: "Bueno y recto es el SEÑOR; por tanto, Él muestra a los pecadores el camino. Dirige a los humildes en la justicia, y enseña a los humildes su camino". El punto más elevado de estas promesas del Salmo 25 en cuanto a dirección está en el versículo 12: "¿Quién es el hombre que teme al Señor? Él le instruirá en el camino que debe escoger".

Dios nos enseña en su Palabra que debemos ser sabios a la hora de tomar decisiones, y de invertir nuestra vida. No obstante, debemos descansar en la seguridad de que Él es soberano y domina cada detalle. Proverbios 16:9 enseña: "El corazón del hombre piensa su camino; más Jehová endereza sus pasos" (RV60). Cuando necesitemos orientación, la senda de la sabiduría consiste en confiar en Él, y no en nuestros propios recursos. Proverbios 3:5-6 exhorta diciendo: "Confía en el SEÑOR con todo tu corazón, y no te apoyes en tu propio entendimiento. Reconócelo en todos tus caminos, y Él enderezará tus sendas". La sabiduría que contiene la Palabra de Dios nos da una orientación maravillosa, al mismo tiempo que una gran paz en medio del proceso de buscar su voluntad.

La Oración

Orar no es otra cosa que hablar con Dios. Hablar es establecer una interacción natural y agradable cuando estamos con alguien que conocemos y amamos. Sabemos lo que sienten, cuál es su personalidad, cuáles han sido sus experiencias y el gran amor que nos tienen. Alguien dijo que leer la Biblia es la principal de las formas en que Dios nos habla hoy, y que cuando oramos, le estamos respondiendo. La lectura de la Biblia y la oración van juntas en esta conversación. Por supuesto, también es cierto que Dios nos habla mientras oramos, pero la ilustración sigue siendo válida; la lectura de la Biblia y la oración deberían ser unas columnas gemelas paralelas en la vida diaria de un discípulo sincero de Cristo.

A través de los siglos, han aparecido numerosas definiciones y estudios acerca de la oración. Un principio que se repite una y otra vez es que la oración no cambia a Dios, sino que nos cambia a nosotros. Lo que hace es poner los anhelos de nuestro corazón en sintonía con los del corazón de Dios. En la oración, acudimos a Dios en adoración. Durante los momentos de alabanza y adoración somos bien conscientes de quién es Él, qué ha hecho y qué nos enseña su Palabra. Este amor a Dios nos lleva a contemplar su perfección y su santidad. Al igual que Isaías, cuando vemos al Señor grande y sublime, sentimos una gran humildad y una profunda convicción de pecado. ¿Cómo es posible que un Dios tan santo permita que comparezcamos ante su presencia? Conscientes de que Él tiene el conocimiento pleno de todas las cosas, entre ellas nuestros propios fracasos, reconocemos ante Él que es cierto que somos pecadores. Confesamos nuestros pecados y renunciamos a ellos. En ese momento es cuando la verdad de 1 Juan 1:9 nos resulta tan valiosa: "Si confesamos nuestros pecados, Él es fiel y justo para perdonarnos los pecados y para limpiarnos de toda maldad". Rebosamos de alabanza y gratitud. La acción de gracias resuena en el corazón de sus hijos.

Cuando le manifestamos a Dios nuestra gratitud por su perdón y por sus numerosas bendiciones, Él se complace en lo que hacemos. Alguien dijo que cuando un niño da las gracias por vez primera sin que nadie se lo recuerde, es serial de que se encuentra adelantado en su camino hacia la madurez espiritual. A los padres siempre les agrada ver este desarrollo en sus hijos menores. A Dios Padre también le agrada ver que nosotros seamos conscientes de las numerosas bendiciones que hemos recibido. El recuento de esas bendiciones y el agradecimiento a Dios por ellas hace que nos percatemos de la existencia en el mundo entero de numerosas personas que no tienen las mismas bendiciones que nosotros. Entonces comenzamos a orar por esas personas y pedirle que las bendiga. Oramos por los enfermos, por las almas perdidas, por los que pasan hambre, por las naciones y también por nuestras propias necesidades. Oramos por nuestros hijos, nuestros cónyuges, nuestro trabajo, nuestra iglesia y nuestros pastores. Desde luego, en los momentos de crisis son muchas las personas que corren a la presencia de Dios presentándole sus peticiones sin adoración, confesión ni acción de gracias, pero Dios no las aleja de sí. Con todo, esos elementos de la oración forman parte de la vida de oración normal en un discípulo. Las peticiones que son parte natural de nuestra oración incluyen la necesidad de saber qué quiere Él que hagamos. Esta fue la experiencia de Pablo cuando Cristo llegó a su vida. Sucedió que a eso del mediodía, cuando me acercaba a Damasco, una intensa luz del cielo relampagueó de repente a mi alrededor. Caí al suelo y oí una voz que me decía: "Saulo, Saulo, ;por qué me persigues?" "¿Quién eres, Señor?", pregunté. "Yo soy Jesús de Nazaret, a quien tú persigues", me contestó él. Los que me acompañaban vieron la luz, pero no percibieron la voz del que me hablaba." "Qué debo hacer, Señor?", le pregunté. "Levántate —dijo el Señor— , y entra en Damasco. Allí se te dirá todo lo que se ha dispuesto que hagas". (Hechos 22:6-10, NVI)

Busque Consejo

La Biblia nos enseña que hay gran seguridad y sabiduría en buscar consejo piadoso. Dos versículos en el libro de los Proverbios nos aclaran esto.

• Proverbios 11:14: "Donde no hay dirección sabia, caerá el pueblo; mas en la multitud de consejeros hay seguridad" (Rv-60).
• Proverbios 24:6: "Porque con dirección sabia harás la guerra, y en la abundancia de consejeros está la victoria".

Dios ha puesto en nuestra vida personas que nos han crecer como creyentes. También han podido observar los dones y las capacidades que hemos manifestado en nuestro servicio cristiano. Esas personas nos proporcionan un equilibrio y una objetividad de los que nosotros a veces carecemos cuando nos sentimos muy emocionados en cuanto a alguna nueva idea. Tal vez esa nueva idea sea en realidad el plan de Dios para nuestra vida y tal vez no lo sea. A menudo, los integrantes de un equipo que ha hecho un viaje misionero regresan de ese viaje abrumados por las necesidades que vieron, sentidos aún por haberse tenido que despedir de los nuevos amigos que han encontrado entre los de la región y los misioneros y con el anhelo de regresar para quedarse. Muchas veces estos altibajos emocionales se interpretan como un llamado urgente a una obediencia inmediata. Hay ocasiones en que sí lo son; sin duda. Dios puede usar experiencias así, y las usa, para llamar a las personas al campo misionero. No obstante, antes de vender la finca, empacar las cosas y comprar un billete de avión, busque el consejo de un amigo que sea buen creyente y que haya podido observar su vida a lo largo de los años. Tal vez haya observado en usted un esquema de decisiones basadas en emociones que se han ido apagando con el tiempo y le aconseje que espere por una temporada. Quizás le confirme que va bien por esta nueva dirección emocionante, pero le recomiende que pague sus deudas, consiga apoyo económico de otras personas o haga estudios adicionales antes de apresurarse a regresar al campo. Es muy prudente que le presentemos nuestra situación un consejero así y le pidamos entendimiento y sabiduría.

Al pensar en las personas a las que les podría pedir un consejo sabio, recuerde esas que le conocen bien y que han demostrado tener sabiduría en las decisiones que han tomado en su propia vida.

La convergencia de estos dos atributos le puede proporcionar una orientación sólida en los momentos en que necesita tomar las mayores decisiones de su vida. Tenga cuidado con la tendencia que tenemos la mayoría de nosotros de buscar los consejeros que nos van a decir lo que queremos escuchar. A fin de cuentas, lo que queremos oír es la verdad. Los amigos piadosos con un historial probado en el discernimiento de la voluntad de Dios y que toman decisiones sabias espirituales y que nos aman, son una bendición de Dios para nuestra vida. Busque su consejo y escuche con atención lo que le dicen.

LAS EXPERIENCIAS DE LA VIDA

Sus experiencias en la vida, o lo que Henry Blackaby llama indicadores espirituales, son consideraciones importantes para discernir la voluntad de Dios. Puesto que Él es soberano, le ha enviado o ha permitido todo lo que ha llegado a su vida. Lo ha hecho por alguna razón y todo lo transforma para el bien de usted y la gloria de Él. Si ha permitido que tenga esas experiencias en la vida, es para convertirlo en la persona que es hoy. Al volver la vista atrás y considerar los dones, talentos, capacidades, personalidad, preferencias, estudios, viajes, amigos, experiencias de trabajo y familia que componen el complejo cuadro de su vida, se podrá preguntar: ¿Por qué Dios ha permitido esta mezcla de experiencias? ¿Hay algún tipo de esquema que me pueda ayudar a ver de qué manera Él me está preparando para el futuro?

Dios sabe lo que usted necesita para poder hacer lo que Él quiere que haga. Conoce las capacidades o los dones que harán posible su ministerio y garantizarán que dé fruto en un futuro que aún no se puede imaginar. Muchos pastores se han preguntado por qué Dios los llamaría a ministrar en una iglesia local después de haber hecho toda una carrera en el mundo de los negocios... hasta que en realidad se han hallado de lleno en el pastorado. Una vez dentro del ministerio de su iglesia, han visto el valor que tienen la contabilidad, la administración y la capacidad para tratar con las personas. Cuando Dios llama al campo misionero a alguien que se halla en una carrera secular, esa persona a veces piensa que va a desperdiciar sus capacidades en el campo misionero. Sin embargo, muy pronto se da cuenta de que Dios puede usar todas sus destrezas y habilidades en las misiones, y de hecho las usa.

LAS CIRCUNSTANCIAS

El siguiente paso cuando se busca orientación debe ser el de las circunstancias. Muchos creyentes que buscan la voluntad de Dios se equivocan al pensar que una puerta abierta o cerrada tiene que ser una orientación clara de parte de Dios. Por supuesto, a veces es así. Sin duda, nuestro Dios soberano puede abrir y cerrar puertas y lo hace a diario. No obstante, estamos en un mundo caído y las circunstancias no siempre son lo que parecen ser. Dios nos lo advierte en su Palabra cuando se refiere a Satanás llamándolo "el dios de este mundo" (2 Corintios 4:4) y el "príncipe de la potestad del aire" (Efesios 2:2). Pablo dice que no debemos ignorar las tácticas de Satanás (2 Corintios 2:11), olvidar que se disfraza de "ángel de luz" (2 Corintios 11:14), ni olvidar que su actividad quizá esté marcada por "señales y prodigios mentirosos" (2 Tesalonicenses 2:9). En Apocalipsis 12:9 lo llama el que "engaña al mundo entero". Estos pasajes le enseñan con claridad sobre la táctica de quien le gustaría desviarle de encontrar y realizar el mejor uso de su vida, es obvio que las circunstancias no necesariamente pueden ser un mapa de carreteras del Señor. Por supuesto, las circunstancias son unos componentes importantes de la dirección divina. Las "circunstancias" de que un hombre no sea ciudadano de los Estados Unidos por nacimiento o de que le declaren culpable de un delito grave tienen grandes consecuencias en cuanto a su aspiración a convertirse en el Presidente de la nación. Muchas veces, las circunstancias que rodean nuestra vida son una de las formas en que Dios nos guía y nos orienta. Algunas veces, las puertas que tenemos abiertas delante carecen de sentido cuando las comparamos con nuestros planes, sueños o comprensión de la voluntad de Dios, pero es posible que años más tarde veamos cómo Dios nos guiaba de manera evidente hacia un nivel de comprensión más elevado.

Tenga presente que no es posible poner los llamados de dos personas uno junto al otro para compararlos; cada uno es único. Kane dijo: "No hay dos cristianos que sean idénticos en su experiencia de conversión, ni en el tipo de dirección divina que se produce a continuación"[4].

Dios tiene un plan en cada una de las numerosas sendas que recorremos a lo largo de nuestra vida. Tal vez la senda por la que usted camina en estos momentos no sea la que habría escogido ni deseado, pero hay una razón para que vaya por ella. Muchos creyentes jóvenes han tenido la experiencia de atravesar una puerta abierta para entrar por un tiempo a una habitación. Al cabo de un tiempo, han visto que hay otra puerta que se les ha abierto al otro lado de la habitación. Después de atravesar esa puerta y de pasar un tiempo considerable en el nuevo lugar, han visto otra puerta más al otro extremo de la habitación, y esa puerta les ha dado acceso a un mundo lleno de gozo, de ricas bendiciones y de un ministerio que les produce gran satisfacción. Al reflexionar, se dan cuenta de que nunca habrían visto esta habitación, ni habrían tenido la oportunidad de atravesar la puerta que los condujo hasta ella, si nunca hubieran pasado por las dos habitaciones anteriores. En el caso de muchos lectores, sé que esto es más que una ilustración; esta es la historia de su experiencia.

EL MOMENTO OPORTUNO

Muchos cristianos conocen a Dios, estudian su Palabra, pasan tiempo en oración, buscan el consejo de amigos piadosos, sopesan la importancia de sus experiencias en la vida, reflexionan en sus circunstancias y creen saber lo que Dios les guía a hacer. Sin embargo, a pesar de que todo parece apuntar hacia una senda determinada, no sienten paz en cuanto a seguirla. A un conocido mío se le presentó una maravillosa oportunidad de servir al Señor de una manera que nunca había soñado que sería posible. Había una opción a un ministerio internacional que se hallaba en perfecto acuerdo con todos los componentes mencionados con anterioridad. Las puertas estaban abiertas de par en par. Todo parecía decir: "Luz verde, ¡adelante!".

Con todo, no sentía paz ni gozo en cuanto a la idea de aceptar esta maravillosa oportunidad que era un verdadero reto. Mientras más examinaba la situación desde todos los ángulos posibles, más se iba dando cuenta de que no era el momento oportuno. La mudanza sería muy difícil para su familia por diversas razones. Había aspectos de su actual ministerio que sufrirían en gran medida si se marchaba en esos momentos. Se habrían perdido meses y años de labor para levantar ciertos aspectos de su ministerio si lo hubiera recogido todo para marcharse. No era el momento adecuado. La Palabra de Dios nos dice que el hecho de hallar puertas abiertas no siempre significa que debamos atravesarlas. Escuche al más sabio de todos los reyes que tuvo Israel.

> Todo tiene su tiempo, y todo lo que se quiere debajo del cielo tiene su hora. Tiempo de nacer, y tiempo de morir; tiempo de plantar, y tiempo de arrancar lo plantado; tiempo de matar, y tiempo de curar; tiempo de destruir, y tiempo de edificar;

tiempo de llorar, y tiempo de reír; tiempo de endechar, y tiempo de bailar; tiempo de esparcir piedras, y tiempo de juntar piedras; tiempo de abrazar, y tiempo de abstenerse de abrazar; tiempo de buscar, y tiempo de perder; tiempo de guardar, y tiempo de desechar; tiempo de romper, y tiempo de coser; tiempo de callar, y tiempo de hablar; tiempo de amar, y tiempo de aborrecer; tiempo de guerra, y tiempo de paz. ¿Qué provecho tiene el que trabaja, de aquello en que se afana? Yo he visto el trabajo que Dios ha dado a los hijos de los hombres para que se ocupen en él. Todo lo hizo hermoso en su tiempo; y ha puesto eternidad en el corazón de ellos, sin que alcance el hombre a entender la obra que ha hecho Dios desde el principio hasta el fin. (Eclesiastés 3:1-11, Rv-60)

LOS ANHELOS DE SU CORAZÓN

Un elemento de mayor importancia aún, en realidad, una pregunta, nos queda en el proceso de hallar la voluntad de Dios y a muchos les parecerá extraño: "¿Qué *quiere* hacer usted?". Les parece extraño a muchos porque piensan que con Dios no puede haber diversión posible... o que mientras más desagradable sea la tarea, más se complace Dios en nosotros. Si tiene hijos, sabrá comprender lo erróneo que es este punto de vista. No hay nada que agrade más a un padre que ver que un hijo suyo desea algo que coincide de manera perfecta con lo que desea ese padre.

Dios nos da anhelos que van en la misma dirección en que Él quiere que vayamos, y después satisface esos anhelos permitiendo que hallen expresión y cumplimiento en nuestra vida. Henry Blackaby ilustra de manera hermosa esta verdad en su obra *Experiencia con Dios*. En ella habla de la ocasión en que compró una bicicleta Schwinn azul nueva para su hijo que cumpliría seis arios en pocos días. Después escondió la bicicleta en la casa y le preguntó al hijo qué quería que le regalara por su cumpleaños. Comenzó a sembrar en el corazón de su hijo el deseo de tener una bicicleta así. Nos lo podemos imaginar preguntándole a su hijo si le gustaría tener una bicicleta. Después, de qué clase, luego, de qué color, y así sucesivamente a medida que se acercaba el día del cumpleaños. Blackaby cuenta que cuando llegó el cumpleaños, por encima de todas las demás cosas del mundo, su hijo quería una bicicleta Schwinn azul nueva. El lector sabe que le había comprado la bicicleta semanas antes que su hijo comenzara a querer tenerla. Cuando llegó el cumpleaños, fue el mejor de todos los cumpleaños que había tenido hasta la fecha, puesto que recibió justo lo que deseaba[5]. Qué complacido se sintió el padre al ver que su hijo se deleitaba tanto en el regalo que le había escogido.

Dios comenzó un proceso similar en su vida, pero fue durante más tiempo que unas semanas atrás. El Salmo 139:16 (Nv1I) dice: "Tus ojos vieron mi cuerpo en gestación: todo estaba ya escrito en tu libro; todos mis días se estaban diseñando, aunque no existía uno solo de ellos". Dios comenzó a formar en usted una personalidad con preferencias antes que respirara por vez primera. Le ha dado durante su vida unas experiencias, unos estudios, unas capacidades, unos dones y unos talentos que lo han hecho justo el que es, de manera que pueda ser, hacer y decir todo lo que Él desea de usted.

Además, le está poniendo anhelos por eso mismo. Nuestro Padre celestial nos concede el anhelo de nuestro corazón cuando nos deleitamos en Él (Salmo 37:4). Este principio bíblico es tan claro que hay algunos maestros que se limitan a resaltar el hecho de que Dios nos guía mediante nuestros afectos. En otras palabras, ¿qué quiere hacer usted?

A pesar de todo esto, es necesario añadir una advertencia a esta enseñanza: asegúrese de guardar su corazón. Proverbios 4:23 nos enseña: "Con toda diligencia guarda tu corazón, porque de él brotan los manantiales de la vida". Si tiene puesto su deleite en el mundo, no debe buscar orientación en seguir sus afectos. Yo no le enseño a la gente que busque la voluntad de Dios solo basado en seguir su corazón, debido a la verdad que contiene Jeremías 17:9: "Más engañoso que todo, es el corazón, y sin remedio; ¿quién lo comprenderá?". Lo peor de todo en este engaño es que uno no sabe que lo están engañando. Para deleitarse en Dios debe conocerlo a Él, conocer su Palabra, pasar tiempo en oración y disfrutar de los consejos piadosos. La voluntad de Dios y la manera de deleitarse en Él no se descubren a base de seguir uno o dos de estos componentes; es importante que se consideren todos estos pasos.

EL CONOCIMIENTO DE LA VOLUNTAD DE DIOS

La forma de hallar la voluntad de Dios es acercarnos tanto a Él que nuestro corazón palpite al unísono con el suyo. Estudie su Palabra. Pase tiempo en oración comunicándose con Él. Pídales consejo a hombres y mujeres piadosos y escuche con mucha atención lo que le dicen. Considere las experiencias que Dios le ha dado en la vida para hacerlo quien es hoy. Examine sus circunstancias y téngalas en cuenta dentro de su decisión. Es lamentable, pero Dios no siempre pone semáforos en las encrucijadas de las decisiones de nuestra vida para decirnos cuándo caminar, cuándo detenernos o cuándo disminuir la velocidad. No obstante, el momento de Dios es un elemento de suma importancia a tener en cuenta cuando buscamos y seguimos su voluntad para nuestra vida. Por último, recuerde que Dios lo ama.

Jesús dijo que el Hijo del hombre vino para que nosotros tuviéramos vida, y vida en abundancia (Juan 10:10). A fin de disfrutar esa vida abundante que Él le tiene preparada, medite considere con detenimiento los anhelos que le ha puesto en el corazón.

¿Existe en realidad un "punto" de la voluntad de Dios que debamos hallar para seguirlo? No es como piensa la mayoría. Sí, de seguro que Dios tiene una voluntad específica para su vida, pero usted no se puede sentar con una hoja de papel en blanco, calcular cuál es y establecer el resto de su vida. La voluntad de Dios la vamos descubriendo a medida que tomamos decisiones día tras día, pasamos por puertas abiertas, discernimos su dirección y tratamos de serle fieles. El Pastor tiene un plan para sus ovejas, pero ellas no lo pueden conocer en todos sus detalles desde el principio. Las ovejas que confían en su Pastor van descubriendo su voluntad a medida que lo van siguiendo. Por el Catecismo de Westminster sabemos que el fin principal del ser humano consiste en glorificar a Dios y disfrutar de Él para siempre. La combinación de todos estos pasos que debemos dar para conocer la voluntad de Dios me recuerda una pregunta que está en el catecismo para los niños: "¿Cómo se puede glorificar a Dios?". Su respuesta es:

"Amándolo y haciendo lo que Él nos manda". Oswald Chambers escribió en su libro clásico de devocionales: "La meta del misionero es hacer la voluntad de Dios; no ser útil ni ganar a los perdidos. El misionero *es* útil y sí *gana* a los perdidos, pero la meta es hacer la voluntad de su Señor"[6]. ¿Qué quiere hacer usted?

¿Hay Alguna Base Bíblica Papa El Llamado Misionero?

DECIR QUE HAY una base bíblica para las misiones seria subestimar todo el mensaje de la Biblia. En lugar de presentar argumentos en favor de una base bíblica para las misiones, deberíamos ver las cosas desde el punto de vista opuesto: la obra de las misiones es la razón de ser de la Biblia. Los pulpitos evangélicos, las aulas de los seminarios y los libros de teología cada vez reconocen y proclaman con mayor fuerza esta verdad. La Palabra de Dios enseña que hay un Dios misionero cuyo corazón palpita por las naciones. A medida que vamos estudiando su Palabra y conociéndolo mejor a Él, vamos viendo la Missio Dei (misión de Dios) entretejida en todas las Escrituras de principio a fin. A pesar de esta clara imagen del interés de su corazón por las naciones, Dios no define con claridad el llamado misionero en ningún lugar de la Biblia. Nosotros habríamos preferido con mucho que nos diera una lista de cinco cualidades, exigencias o pasos a dar para discernir el llamado misionero. Es lamentable, pero ese no es el caso.

No obstante, la Biblia sí contiene enseñanza acerca del llamado misionero. Conforme vamos conociendo mejor a Dios a través de su Palabra, nuestro corazón comienza a palpitar al unísono con el suyo. Anhelamos ser hijos obedientes y cumplir con fidelidad su mandato hacer discípulos de todos los pueblos del mundo. Queremos rescatar a los pecadores quienes mueren a diario para entrar en una eternidad sin Cristo. Sentimos carga y compasión por los que son como ovejas sin pastor. Sobre todo, queremos glorificar a Dios proclamando su glorioso evangelio en medio de gente sumida en tinieblas espirituales, con el propósito de llevarla a adorar delante de su trono.

Aunque la Biblia no nos entrega una definición del llamado misionero, si nos presenta una ventana a través de la cual podemos ver cual es el deseo de Dios con respecto a las naciones y las formas en que llama a sí a seres humanos para que conviertan en realidad esos deseos suyos. Los ejemplos bíblicos de llamados no son normativos en cuanto a la forma que deben tomar todos los llamados. No los debemos considerar como precedentes, a fin de confeccionar una lista para compararlos con nuestra propia experiencia. Esos ejemplos bíblicos son mas bien descripciones de lo que sucedió cuando Dios llamó a distintas personas en diversos momentos de la historia bíblica. Los acontecimientos allí registrados sirven como ilustraciones con respecto a lo que hace palpitar el corazón de Dios, la forma en que los seres humanos despiertan ante un llamado a servir y la respuesta del siervo ante el llamado de Dios.

Lo normal es que pensemos en el Nuevo Testamento como el lugar al que debemos acudir dentro de la Palabra de Dios para aprender acerca de las misiones. Allí hallamos los cuatro Evangelios, la expansión del cristianismo recogida en el libro de los Hechos de los Apóstoles, las epístolas dirigidas a las iglesias fundadas en los campos misioneros, y la aprobación del Concilio de Jerusalén sobre la labor de predicarles el evangelio a los gentiles. Aprendemos también allí que Dios va a triunfar en su empresa misionera. Juan dice en Apocalipsis 7:9: "Después de esto miré, y vi una gran multitud, que nadie podía contar, de todas las naciones, tribus, pueblos y lenguas, de pie delante del trono y delante del Cordero, vestidos con vestiduras blancas y con palmas en las manos". Sin embargo, basta una rápida revisión del Antiguo Testamento para notar que Dios siempre ha estado interesado en todos los pueblos de su mundo.

LA ENCOMIENDA MISION MISIONERA

El primer Predicador de las Buenas Nuevas ante el hombre caído fue Dios mismo. Cuando Adán y Eva cayeron en pecado, en lugar de correr hacia Dios y buscar un remedio para la crisis que ellos mismos habían causado, se fueron a esconder. Dios se les acercó y los hizo enfrentarse a su pecado. También les dio esperanzas en el texto al que llamamos *protoevangelio,* el primer evangelio. Génesis 3:15 declara: "Y pondré enemistad entre ti y la mujer, y entre tu simiente y su simiente; él te herirá en la cabeza, y tú lo herirás en el calcañar". Sin duda alguna, esta versión de las Buenas Nuevas todavía está en las sombras de la primera revelación, pero es la promesa de Dios que la simiente de la mujer vencerá a la serpiente y sus estrategias.

Sin embargo, aun después de la caída, los seres humanos continuaron pecando de tal manera que Dios destruyó a casi toda la humanidad y a casi todos los animales en un diluvio de alcance universal. Los únicos supervivientes fueron la familia de Noé y los animales que Dios le llevó a Noé para que los salvara en el arca. Poco después del diluvio, el pecado volvió a iniciar su carrera de embriaguez, violencia y rebelión. Dios les había ordenado a los seres humanos que obedecieran su encomienda inicial de llenar la Tierra, someterla y ejercer su dominio sobre ella. En su lugar, los hombres se rebelaron permaneciendo juntos y construyendo una torre muy alta en la que pudieran estar seguros en caso de que Dios enviara otro diluvio destructor. Entonces Dios descendió y dividió por idiomas a las familias del mundo, tal como aparece en un relato que suele tomar el nombre de la Torre de Babel. Vemos esta historia y el cuadro de todas las naciones en los capítulos 10 y 11 de Génesis. A continuación, en Génesis 12, vemos aparecer una vez mas el palpitar del corazón de Dios por las misiones. Génesis 12 relata la forma en que Dios llamó a un hombre cuyo nombre era Abram. En el versículo 3, Dios nos demuestra que el Antiguo Testamento no limita al interés de Dios por el pueblo Hebreo: "En ti serán benditas *todas las familias de la tierra*"(cursivas del autor). Este interés par todas las naciones y su anhelo de que lo glorificaran se encuentra a todo lo largo y ancho del Antiguo Testamento. John Piper escribió un excelente libro que llama a los cristianos de todas partes a reconocer que Dios anhela que las naciones lo adoren con el fin de darle gloria. Dice: "La obra misionera no es la meta final de la iglesia. Lo es la adoración (...). Las misiones comienzan y terminan con la adoración"[1]. El título de su libro, *"Alégrense las naciones"* lo tomó del Salmo 67:4. Escuche en este Salmo el anhelo del corazón de Dios por recibir gloria entre todas las naciones del mundo.

> Dios tenga piedad de nosotros y nos bendiga, y haga resplandecer su rostro sobre nosotros; (Selah) para que sea conocido en la tierra tu camino, entre todas las naciones tu salvación. Te

> den gracias los pueblos, oh Dios, todos los pueblos te den gracias. Alégrense y canten con júbilo las naciones, porque tú juzgarás a los pueblos con equidad, y guiarás a las naciones en la tierra. (Selah) Te den gracias los pueblos, oh Dios, todos los pueblos te den gracias. La tierra ha dado su fruto; Dios, nuestro Dios, nos bendice. Dios nos bendice, para que le teman todos los términos de la tierra.

Recuerdo que en el culto de adoración que se celebró para darme la licencia al ministerio del evangelio, mi pastor escogió Isaías 49 como texto de su sermón. El hecho de que escogiera este pasaje siempre ha sido significativo para mí, debido a mi llamado posterior a las misiones. Isaías 49 es un capítulo que habla del Señor Jesucristo, el Siervo Sufriente. Escuche lo que le dice en este pasaje el Padre a Él acerca de su ministerio.

> No es gran cosa que seas mi siervo, ni que restaures a las tribus de Jacob, ni que hagas volver a los de Israel, a quienes he preservado. Yo te pongo ahora como luz para las naciones, a fin de que lleves mi salvación hasta los confines de la tierra. (Isaías 49:6, NVI)

Este es el mismo versículo que tuvo presente Simeón mientras sostenía en sus brazos a Jesús niño en el templo en el día de su presentación. Simeón dijo en

Lucas 2:29-32: "Ahora, Señor, permite que tu siervo se vaya en paz, conforme a tu palabra; porque han visto mis ojos tu salvación la cual has preparado en presencia de todos los pueblos; LUZ DE REVELACION A LOS GENTILES, y gloria de tu pueblo Israel". En Juan 12:32, Jesús dice: "Pero yo, cuando sea levantado de la tierra, atraeré a todos a mí mismo (NVI). El contexto de este versículo indica que Jesús es el Salvador enviado a la gente de todas las naciones y no solo a los judíos.

Para más evidencia del Antiguo Testamento de que Dios siempre muestra preocupación por las naciones del mundo, solo tenemos que considerar los pueblos no judíos que incluyó en las Escrituras hebreas junto con su pueblo, Israel. Por ejemplo, en la genealogía de Jesús vemos dentro de su linaje a Rut, la moabita. Aunque era gentil, la incluyeron con otras personas no judías dentro de la línea de ADN del Señor Jesús. La historia de Jonás serviría por si sola como amplia causa para ver que a Dios le han preocupado las naciones del mundo tanto en el Antiguo Testamento como en el Nuevo.

Puesto que la Palabra escrita de Dios enseña acerca de Él y de su anhelo de que las naciones lo glorifiquen, esperaríamos de manera natural que apareciera en su Palabra alguna orientación definida para comprender el llamado a las misiones... si es que existe algo en realidad que se pueda identificar como un llamado misionero bíblico. ¿Qué dice la Biblia acerca del llamado misionero? Tenga presente que no podemos tomar un termino contemporáneo para imponérselo a las narraciones bíblicas. Así como no es acertado hablar de la salvación tal como la comprendemos hoy, cuando describimos la relación entre Dios y su pueblo en el Antiguo Testamento, de igual manera, el llamado del Señor se ha comprendido y expresado de maneras únicas a lo largo de toda la Biblia.

EL LLAMADO DE DIOS

El Antiguo Testamento presenta numerosos casos de llamados divinos. En algunas ocasiones, Dios llamaba a alguien a si mismo sin darle una encomienda inmediata, mientras que en otros es claro que llamaba a alguien tanto a sí mismo, como a un *servicio concreto*. Por ejemplo, en un inicio, llamó a Abram sin unir al llamado ningún servicio especifico más que el de ir donde Él lo llevara y le prometió bendecirlo en gran medida. Por otra parte, pensemos en Moisés, a quien llamó para que liderara a los hijos de Israel para sacarlos de la esclavitud de Egipto, o en los profetas, los jueces y los reyes que llamó y apartó para su servicio.

El Nuevo Testamento también recoge ejemplos de llamados divinos, en especial a la salvación y al servicio. Dios puede llamar a la salvación, al ministerio, a las misiones o a algún servicio en especial, a la santidad, a vivir en paz con todos los hombres y a otras cosas. Jesús llamó a algunos de sus discípulos con solo decirles: "Sígueme". Marcos 1:16-18 narra el llamado de Andrés y de Pedro: "Mientras caminaba junto al mar de Galilea, vio a Simón y a Andrés, hermano de Simón, echando una red en el mar, porque eran pescadores. Jesús les dijo: Seguidme, y yo haré que seáis pescadores de hombres. Y dejando al instante las redes, le siguieron". Marcos 2:14 relata la forma en que llamó a Mateo: "Y al pasar, vio a Levi. hijo de Alfeo, sentado en la oficina de los tributos, y le dijo: Sígueme. Y levantándose, le siguió". En otra ocasión, llamó a otras personas, pero estas no obedecieron a su llamado. Marcos 10:21-22 habla de una ocasión así en su encuentro con el joven rico: "Jesús. mirándolo lo amó y le dijo: Una cosa te falta: ve y vende cuanto tienes y da a los pobres, y tendrás tesoro en el cielo; y ven, sígueme. Pero él afligido por estas palabras, se fue triste, porque era dueño de muchos bienes".

Mientras sigue adelante en su aventura para conocer el llamado misionero y discernir el papel que desempeñará en su vida, se preparar para responderle con sabiduría cuando É lo llame. Samuel oyó que Dios lo llamaba por su nombre y dijo: "Habla, que tu siervo escucha" (1 Samuel 3:10). Actuó con sabiduría. En cambio, cuando Jonás oyó que Dios lo llamaba, consiguió un pasaje en un barco que lo llevara tan lejos como le fuera posible (Jonás 1:3). Así aprendió, mediante una dolorosa experiencia, que tomó una mala decisión. ¿Qué decidirá usted cuando Dios lo llame? La

Biblia enseña que cuando Dios nos salva, nos da dones espirituales para las obras concretas que ha preparado de antemano para que las hagamos (Efesios 2:10). Algunas veces, nuestro llamado a la salvación viene acompañado de una clara comprensión con respecto a lo que Dios quiere que hagamos o el llamado a servirle le sigue poco después. Por ejemplo, cuando Jesús llamó a Pedro y a Andrés, les dijo: "Seguidme, y yo haré que seáis pescadores de hombres" (Marcos 1:17).

Después de su sanidad y salvación, el endemoniado gadareno se sentía tan agradecido que se les quiso unir a los discípulos para servir al Señor. Sin embargo, Jesús le dio un ministerio distinto: volver a su casa y contarles a su familia y amigos cómo el Señor lo salvó, y lo mucho que había hecho por él (Marcos 5:19-20). La experiencia de Pablo en el camino de Damasco incluyó un llamado tanto a la salvación como al servicio. El Señor le reveló que él era el instrumento que había escogido para llevarles el evangelio a los gentiles (Hechos 9:15), revelando con claridad que lo había llamado con un propósito. Esta maravillosa seguridad llenaba de vigor a Pablo en su obra misionera: "No que ya lo haya alcanzado o que ya haya llegado a ser perfecto, sino que sigo adelante, a fin de poder alcanzar aquello para lo cual también fui alcanzado por Cristo Jesús" (Filipenses 3:12). Más tarde, durante su ministerio, Pablo relataría en Jerusalén la experiencia de su salvación ante una multitud que clamaba pidiendo su sangre. Les dijo que mientras se hallaba aún con el rostro en tierra en el camino, le preguntó: “"¿Qué debo hacer, Señor?" Y el Señor me dijo: "Levántate y entra a Damasco; y allí se te dirá todo lo que se ha ordenado que hagas"“ (Hechos 22:10). Luego, en su defensa ante Agripa, reveló más detalles aun sobre su encuentro con Cristo, demostrando que lo había llamado a la salvación y a servirle de una manera concreta en la misma experiencia maravillosa.

> Yo entonces dije: “¿Quién eres, Señor?” Y el Señor dijo: “Yo soy Jesús a quien tú persigues. Pero levántate y ponte en pie; porque te he aparecido con el fin de designarte como ministro y testigo, no solo de las cosas que has visto, sino también de aquellas en que me apareceré a ti; librándote del pueblo judío y de los gentiles, a los cuales yo te envío, para que abras sus ojos a fin de que se vuelvan de la oscuridad a la luz, y del dominio de Satanás a Dios, para que reciban, por la fe en mí, el perdón de pecados y herencia entre los que han sido santificados”. (Hechos 26:15-18)

Es frecuente que Dios entrelace el llamado a la salvación con el llamado a servirle. En otros casos, el llamado a un servicio concreto se produce aparte por completo de la experiencia de conversión. Noé ya era un hombre temeroso de Dios cuando Él lo llamó a construir el arca.

David, siendo solo un joven pastorcito, ya conocía bien al Señor y caminaba con Él a través del valle de las sombras de muerte, mucho antes que el profeta Samuel llegara para ungirlo como el próximo rey de Israel. Pablo y Bernabé ya eran fieles maestros en la iglesia de Antioquía de Siria cuando el Espíritu Santo le dijo a la iglesia que los apartara para la obra misionera a la cual Él los había llamado (Hechos 13:1-2). Está claro que la Biblia enseña que Dios puede llamar a algunos a sí mismo y a un servicio concreto dentro de una misma experiencia, mientras que otros caminan con fidelidad durante años antes que Él los llame a dar el siguiente paso.

LA BIBLIA Y EL LLAMADO MISIONERO

Algunos que luchan con el llamado misionero buscan la Biblia por dirección a fin de comprender el llamado. Ven que Dios les habló de manera audible a muchos de los que llamó y llegan a la conclusión de que un llamado genuino debe incluir un encuentro sobrenatural directo y personal con Él: una voz, una zarza ardiente, un gran pez o tal vez una visión. Esto no solo constituye una suposición errada para su propia vida, sino que muchas veces también entienden de manera equivocada lo que está sucediendo en el pasaje bíblico. Así, muchos confunden el llamado con la dirección. Ambos aspectos difieren de la forma de guiar que utiliza Dios. Su llamado y sus dones son irrevocables, pero la expresión de ellos es dinámica y siempre cambiante. Hay quienes leen la visión de Pablo en la que vio a un hombre de Macedonia y la interpretan como representativa de un llamado misionero legítimo y prescrito en la Biblia.

> Por la noche se le mostró a Pablo una visión: un hombre de Macedonia estaba de pie, suplicándole y diciendo: Pasa a Macedonia y ayúdanos. Cuando tuvo la visión, enseguida procuramos ir a Macedonia, persuadidos de que Dios nos había llamado para anunciarles el evangelio. (Hechos 16:9- 1 0)

Aquí no se nos está presentando un llamado misionero. Pablo no solo ya había sido misionero durante varios años cuando tuvo esta visión, sino que en esos momentos se hallaba en medio de un viaje misionero. La visión es una clara ilustración de la forma en que Dios dirige a los que ya ha llamado.

Jesús le había encomendado a Pablo que les llevara el evangelio a los gentiles. Cuando el Espíritu Santo indicó que los apartaran a él y a Bernabé para las misiones, Pablo no se resistió con todas sus fuerzas a esa indicación. Al contrario, su actitud fue: "Sí, Señor. Y ahora, ¿qué quieres que haga?". Aceptó las instrucciones que el Espíritu Santo le daba a la iglesia de Antioquía de Siria y se convirtió en el mejor de todos los misioneros que el mundo haya conocido jamás. Aunque su llamado personal le llegó directamente del Señor Jesús en una visión, con una voz audible y en medio de unas circunstancias milagrosas, debemos tener presente que esta experiencia estaba describiendo lo que le sucedió a él, pero no tiene autoridad normativa sobre la forma en que se va a realizar todo llamado misionero. Como señalé antes, no hay ninguna definición bíblica de lo que es un llamado misionero; además, hay quienes se sorprenden de que ningún pasaje bíblico explique cuáles son los componentes necesarios de un llamado así. A causa de esto, muchos han afirmado que no se necesita un llamado y que solo se trata de una opción vocacional, de la misma manera que hacerse banquero o fontanero. Otros se han sentido en libertad de hallar su propia definición en la interpretación que les han dado a los pasajes que hablan del llamado de los profetas y los discípulos. También hay otros que dicen que todo cristiano ya ha recibido un llamado misionero junto con su llamado a la salvación. Lo que podemos afirmar con seguridad es que, como mínimo, Dios llama a todo cristiano a vivir con un corazón misionero. Piense en las tareas que Jesús nos encomendó a esos de nosotros que somos sus discípulos: la Gran Comisión, los Grandes Mandamientos y la Gran Compasión.

La Gran Comisión, Los Grandes Mandamientos y La Gran Compasión

La Gran Comisión es el mandato por el que Jesús nos ordena que vayamos a las naciones para hacer discípulos. Todos los Evangelios y el libro de los Hechos la recogen (Mateo 28:18-20; Marcos 16:15, 16; Lucas 24:47; Juan 20:21; Hechos 1:8). La versión de Mateo es un pasaje favorito de muchos.

> Y Jesús se acercó y les habló diciendo: Toda potestad me es dada en el cielo y en la tierra. Por tanto, id, y haced discípulos a todas las naciones, bautizándolos en el nombre del Padre, y del Hijo, y del Espíritu Santo; enseñándoles que guarden todas las cosas que os he mandado; y he aquí yo estoy con vosotros todos los días, hasta el fin del mundo. Amén. (Mateo 28:18-20, Rv-60)

Con estas palabras, Jesús les ordenaba a sus seguidores que fueran a las naciones para proclamar el mensaje del evangelio. El verbo que está en modo imperativo en este pasaje es el de "haced discípulos", no el traducido "id", que es la impresión que nos da en español. En el mandato, da por sentado que iremos. Ya hemos hecho la observación de que Jesús no estaba pensando en naciones geopolíticas ni países, sino en grupos étnicos. La palabra en el texto griego original es ethne, de la cual se deriva nuestra palabra "étnico". Está claro que Jesús nos está ordenando a los suyos que hagamos discípulos entre los grupos humanos que existen en el mundo y que son muchos miles más que las naciones. Alguien diría que este es el único llamado bíblico y, por tanto, el único que necesitamos. Aquí Jesús nos está diciendo que hagamos discípulos entre todos los grupos humanos al enseñarles a obedecer todo lo que Él nos ordenó que hiciéramos.

Los Grandes Mandamientos los hallamos en Mateo 22:33-40.

> Al oír esto, las multitudes se admiraban de su enseñanza. Pero al oír los fariseos que Jesús había dejado callados a los saduceos, se agruparon; y uno de ellos, intérprete de la ley, para ponerle a prueba le preguntó: Maestro, ¿cuál es el gran mandamiento de la ley? Y Él le dijo: AMARÁS AL SEÑOR TU DIOS CON TODO TU CORAZÓN, Y CON TODA TU ALMA, Y CON TODA TU MENTE. Este es el grande y el primer mandamiento. Y el segundo es semejante a este: AMARÁS A TU PRÓJIMO COMO A TI MISMO. De estos dos mandamientos dependen toda la ley y los profetas.

En el capítulo 2, vimos que necesitamos conocer a Dios y su Palabra como pasos iniciales en la empresa de conocer su voluntad. Mientras más aprendamos acerca de Dios, más lo amaremos. Aun así, amar a Dios más que a nosotros mismos no es algo ni fácil ni automático. Martín Lutero razonaba diciendo que si el mayor de los mandamientos consiste en amar al Señor nuestro Dios con todo el corazón, con toda el alma y con toda la mente, el no hacerlo debe ser el mayor de los pecados. Lo que muchos encuentran igual de difícil es lo de amar a nuestro prójimo como a nosotros mismos. No solo toda la ley y los profetas están en guardar estos dos mandamientos, sino que también los vemos en el comienzo del llamado misionero. Cuando amamos al Señor, anhelamos glorificarlo y ver a las naciones caer a sus pies en adoración. Cuando amamos a nuestro prójimo como a nosotros mismos, le predicamos el evangelio y tratamos de satisfacer sus necesidades de todas las maneras que podamos, lo cual incluye verlo postrarse a los pies de Jesús en acción de gracias por la salvación. Cuando Matthew Henry comenta este mismo principio en 1 Corintios 10:31-33, afirma: "Este es el principio fundamental de la santidad práctica. La gran finalidad de toda religión práctica es la que nos debe dirigir allí donde faltan las reglas particulares expresas. Nunca debemos hacer nada contra la gloria de Dios y el bien de nuestro prójimo"[2].

La Gran Compasión se refiere a lo que sentía Jesús en su corazón en Marcos 6:34: "Al desembarcar, Él vio una gran multitud, y tuvo compasión de ellos, porque eran como ovejas sin pastor; y comenzó a enseñarles muchas cosas". Bob Pierce, fundador de World Vision y de Samaritan's Purse, solía orar diciendo: "Que se quebrante mi corazón con las mismas cosas que le quebrantan el corazón a Dios"[3]. La Gran Compasión que había en el corazón de Jesús estará también en nosotros cuando nuestro corazón palpite al unísono con el suyo. Cuando reflexionamos en las necesidades espirituales y físicas del mundo, nuestro corazón se quebranta ante ellas, y clamamos: "¡Heme aquí, envíame a mí!".

Todos los creyentes debemos comprender y adoptar la Gran Comisión, los Grandes Mandamientos y la Gran Compasión. Estos también son componentes de importancia cuando estamos buscando evidencias de la presencia de un llamado misionero. Cuando examine su corazón en busca de evidencias de un llamado misionero, busque una carga guiada por la Gran Compasión que lo lleva a cumplir la Gran Comisión y obedecer los Grandes Mandamientos. Hay oradores que al hablar sobre las misiones se sienten muy motivados para conseguir que se ofrezcan voluntarios al trabajo misionero. Hasta los oradores más sensibles hacen a veces que la gente se enrole a base de una manipulación no intencional de un sentido de culpabilidad. Los oyentes sienten con frecuencia que si no se entregan a las misiones, estarán pecando o desperdiciando su vida.

No obstante, la Biblia enseña que no todos debemos ir al campo misionero. El mejor y más elevado uso que le puede dar cualquier persona a su vida consiste en hacer justo lo que Dios la lleva a hacer en los lugares a los que la dirige a hacerlo. Dios no llama a todos los cristianos a ir.

Pablo proclama en Romanos 1:16: "Porque no me avergüenzo del evangelio, pues es poder de Dios para la salvación de todo el que cree". En Romanos 10:13 afirma: "Porque todo aquel que invocare el nombre del Señor, será salvo" (Rv-60). Ambos pasajes son proclamaciones poderosas del mensaje que porta el misionero cristiano. Sin embargo, inmediatamente después de esto, pregunta en Romanos 10:14-15a: "¿Cómo, pues, invocarán a aquel en quien no han creído? ¿Y cómo creerán en aquel de quien no han oído? ¿Y cómo oirán sin haber quien les predique? ¿Y cómo predicarán si no son enviados?" John MacArthur les da vuelta a las preguntas para destacar lo importantes que son tanto el ir como el enviar. "Si Dios no enviara predicadores nadie los podría oír, si nadie pudiera oír nadie podría creer, si nadie pudiera creer nadie podría invocar al Señor, y si nadie lo pudiera invocar nadie podría ser salvo"[4]. Dicho de una manera más sencilla, John Stott hace esta observación: "Vemos lo esencial de este argumento de Pablo si ponemos sus seis verbos en el orden contrario: Cristo envía sus heraldos; los heraldos predican; la gente los oye; los oyentes creen; los creyentes claman; y los que claman son salvos"[5].

Dios ha llamado a todos los cristianos a las misiones internacionales, pero no quiere que todos vayamos. Hay a quienes llama para que sean los que envíen. Si todos fuéramos a hacer las maletas e irnos, ¿quién enviaría, oraría y continuaría los ministerios que dejaríamos detrás? Por otra parte, si todos nos quedáramos para enviar, no iría nadie. Hay también otros a los que Dios llama para que vayan. Algunos han hecho planes toda su vida para enviar y Dios interrumpe esos planes dándoles un fuerte sentido de llamado, de carga y de deseos de ir. Otros se han preparado y hecho planes para ir, pero Dios les cierra esa puerta, de manera que se quedan y envían. Su lema se vuelve el siguiente: "Listo para ir, pero dispuesto a quedarme".

Tanto los que van como los que los envían son esenciales para la empresa misionera. La Biblia lo dice con una claridad perfecta: en el evangelio está el poder para salvación. Sin él, nadie puede ser salvo. Las naciones necesitan escucharlo. Jesús nos ordena que alcancemos a las almas perdidas y les enseñemos el evangelio, de manera que a nosotros nos toca ser de los que envían o de los que vayan. ¿En cuál de los dos grupos se incluye usted?

Maneras Históricas De Comprender El Llamado Misionero

A LO LARGO DE LOS SIGLOS, el llamado misionero se ha entendido de diversas formas, y algunas veces malentendido. Sus definiciones ajenas a la Biblia han causado mucha confusión. El misionólogo J. Herbert Kane llega incluso a decir que "la expresión "llamado misionero" nunca se habría debido crear. No es bíblica y, por tanto, puede ser dañina"[1]. Sin embargo, durante siglos ha estado en primera línea en la vida de la Iglesia, al mismo tiempo que se ha comprendido de diversas maneras.

Podríamos dividir las maneras tradicionales e históricas de comprender el llamado misionero en tres puntos de vista básicos. El primero consiste en afirmar que no hay tal llamado misionero. Puesto que no hallamos en la Biblia la expresión "llamado misionero", la dedicación a las misiones es una decisión en cuanto a profesión u oficio, como sería la de convertirse en fontanero, banquero o maestro. El segundo punto de vista sostiene que cada cristiano ya ha recibido un llamado dentro de la Gran Comisión y que no hace falta un llamado personal. A menos que la persona pueda presentar evidencias fidedignas de que Dios la ha llamado a quedarse, su camino queda claro: debe ir al campo misionero. El tercer punto de vista destaca los peligros y los retos que supone el campo misionero e insiste en que la persona se debe quedar donde está si Dios no la llama a las misiones. En cambio, si la llama de manera personal, mejor que no intente quedarse. Como advierte Marjorie Collins: "No todo cristiano tiene el llamado a ser misionero en otro país"[2]. Estas tres opiniones históricas las sustentan aún hoy diversos pastores, misioneros y oradores. ¿Cómo hallarles sentido a estos tres puntos de vista opuestos y saber cuál es el acertado? Este capítulo nos irá llevando a través de estos puntos de vista históricos sobre el llamado misionero y nos presentará algunas de las personas que los han sostenido. También destacará varios de los factores teológicos, históricos y emocionales que han desempeñado un papel en su desarrollo. Por último, hablaremos sobre cuál parece el más útil para la comprensión de nuestro propio llamado misionero.

NO EXISTE TAL LLAMADO MISIONERO

La posición de que no existe tal llamado misionero no tiene como propósito restarle mérito a la labor misionera ni persuadir a nadie en ningún sentido para que no adopte la vida de misionero. Es más, brota de la frustración que supone ver que la gente se queda en su casa porque carece de un llamado misionero "imaginario". Esta posición tiene mucho en común con el punto de vista de que Dios ya ha llamado a todos los creyentes. Algunos de sus defensores sostienen ambos puntos de vista hasta cierto punto y se limitan a resaltar uno de los dos por encima del otro. George Wilson, en un escrito fechado en 1901, destaca: "No se pregunte si tiene un llamado a ir. ¿Acaso tiene un llamado claro por parte de Cristo para quedarse en su casa?"[3]. En otras palabras, si tiene libertad para escoger una vida misionera y no necesita de llamado alguno, ¿por qué no la escoge y se va? Jim Elliot, el famoso misionero mártir, también fue un reclutador de las misiones durante sus años de preparación. Les presentaba sin cesar el reto de las misiones a sus amigos y compañeros de estudio.

En una de las anotaciones de su diario se revela lo que hacía palpitar su corazón: "Nuestros hombres jóvenes entran en los campos de las profesiones porque "no se sienten llamados" al campo misionero. No necesitamos un llamado; lo que necesitamos es una reprimenda"[4]. No obstante, otros resaltan una posición alterna, aunque similar, y están de acuerdo con su afirmación de que no necesitamos un llamado personal porque Dios ya nos ha llamado a todos.

TODO CRISTIANO HA RECIBIDO YA EL LLAMADO MISIONERO

Son muchos los que sostienen que la orden de Jesús de cumplir la Gran Comisión y rescatar a los que perecen no exige un llamado personal posterior. Creen que cuando uno se convierte en cristiano, se enrola en el ejército y acepta las órdenes de marcha que ya están dadas. Hay una ilustración en la que se imagina que alguien está sentado en un barco y el almirante les ha ordenado a todos los que están en los barcos que rescaten a los que se están ahogando en el agua. Mientras va flotando en su barco, se siente sobresaltado al ver que hay gente ahogándose alrededor de todo el barco. Los defensores de este punto de vista llegan a la conclusión de que no se necesita de un llamado personal para salvarlos porque el Almirante ya ha dado unas órdenes que se deben obedecer. Stephen Neill, historiador de las misiones, pregunta: "Si yo no puedo vivir sin Cristo, ¿me puedo recostar con comodidad en mi cama por la noche mientras quede una sola persona en el mundo que no haya oído hablar de Él?". Jim Elliot lo dijo con mayor fuerza: "El mandato es sencillo: salgan al mundo entero para anunciar las buenas nuevas. No se puede dispensar, tipificar, ni racionalizar. Está puesto un claro mandato que es posible cumplir debido a la promesa posterior del Comandante"[6].

Ion Keirh-Falconer concluyó su último discurso ante los estudiantes de Edimburgo y de Glasgow diciendo: "Aunque hay inmensos continentes envueltos en unas tinieblas casi impenetrables, y centenares de millones de seres humanos sufren los horrores del Paganismo y del islam, les corresponde a ustedes demostrar que las circunstancias en las que Dios los ha colocado han llevado en sí el propósito divino de mantenerlos fuera del campo misionero en el extranjero"[7]. Robert Speer escribió sobre su creencia de que no existe más llamado misionero que el que hemos recibido todos los cristianos, y que muchos misioneros famosos no tuvieron un llamado. Sostenía que David Livingstone no tenía un llamado como el del apóstol Pablo y que junto con "Henry Martyn, William Carey, Ion Keith-Falconer, las nueve décimas partes de los grandes misioneros del mundo nunca tuvieron un llamado de este tipo"[8]. Speer continuó: "Todo este asunto se reduce a una simple sugerencia: Existe una obligación general que descansa sobre todos los hombres cristianos a fin de procurar que el evangelio de Jesucristo se le predique al mundo. Usted y yo no necesitamos ningún llamado especial para aplicar a nuestra vida ese llamado general. Lo que necesitamos es un llamado especial que nos exima de su aplicación en nuestra vida"[9]. Sobre todo a finales del siglo XIX y principios del XX, los que pensaban acerca del tema de las misiones hacían resaltar el llamado universal que todos los cristianos hemos recibido ya. Robert Spencer se hace eco de esta tendencia al escribir: "Hay tres elementos que componen la determinación de que existe un llamado al campo misionero. El primero es la necesidad [...] Un segundo es la ausencia de características que descalifiquen a la persona; y nosotros mismos no somos aquí los mejores jueces [...] El tercer elemento es la ausencia de obstáculos insuperables y, por supuesto, la cuestión sobre si esos obstáculos son insuperables o no depende de la capacidad personal para superarlos"[10]. En resumen: "Esta no es la pregunta que debemos responder: ¿Tengo el llamado al campo misionero en el extranjero?, sino: ¿Puedo presentar las causas suficientes para no ir?"[11].

SE NECESITA UN LLAMADO MISIONERO PERSONAL

Otros sostienen, con el mismo apasionamiento, que los misioneros deben recibir un llamado específico. Thomas Hale escribe: "A los misioneros, en particular, los sacan de su propia cultura para navegar por aguas desconocidas. No basta con una simple orientación hacia esa vocación; es necesario que estas personas sean apartadas para ella. Necesitan un llamado claro y seguro para saber que ese es el camino que Dios les tiene destinado"[12]. Hay quienes han escrito acerca del llamado misionero como el llamado a ir a un lugar determinado, otros a un grupo étnico en específico, otros a alguna estrategia en particular y otros a glorificar a Dios en medio de las naciones de numerosas maneras.

Los puntos de vista cambiantes y diversos con respecto a lo que es un llamado misionero pueden dejar perplejos a muchos ante la inmensa variedad de posibilidades. Una nueva mirada al pasado para ver el desarrollo histórico de ese llamado nos revela una amplia gama de opiniones y argumentos para comprenderlo, de lo que podemos adquirir unas valiosas perspectivas.

LA PROGRESIÓN HISTÓRICA

A lo largo de toda la era de las misiones modernas se ha ido desarrollando una manera de entender el llamado misionero. En un inicio, se entendía ese llamado solo como el deseo de ir unido a un anhelo personal, es decir, la obediencia unida a las ansias. Los detalles en cuanto al lugar, la agencia con la que se iba a ir, las estrategias y la metodología dependían de lo que decidiera la persona y de las circunstancias. Durante varias épocas de la historia de las misiones modernas, los pensadores expertos en el tema fueron incorporando estos detalles en su concepto de la naturaleza y la amplitud de un llamado, lo cual a su vez influyó en la comprensión del mismo en las épocas posteriores.

En los siglos de la iglesia primitiva, nunca se llegó a articular una comprensión clara del llamado misionero, aunque el historiador de las misiones Kenneth Scott Latourette dice: "Al parecer, se pensaba en esta profesión como una a la que llamaba el Espíritu Santo y no el hombre, aunque un grupo, bajo la dirección del Espíritu, les entregara la encomienda o reconociera su llamado"[13]. Cuando Latourette estudia el período que va desde el ario 500 hasta el 1500 d. C., la disciplina muestra un obvio desarrollo. Esto es lo que escribe: "El misionero profesional parece haber sido mucho más prominente durante estos diez siglos que en los primeros quinientos años de la expansión de la fe"[14].

Hasta fines del siglo XVIII, la Iglesia Católica Romana fue la que estuvo al frente de la empresa misionera. Órdenes religiosas como los jesuitas lideraron el avance, sirvieron como el arma misionera de la Iglesia y la mayoría de los misioneros eran monjes. Con la disolución de la Compañía de Jesús a fines del siglo XVIII, las misiones protestantes comenzaron a hallar su lugar. David Hesselgrave afirma: "Adrián Saravia (1531-1613) y Justinian von Weltz (1621-1668) se hallaban entre los primeros que sostuvieron que la Iglesia seguía bajo la obligación de cumplir la Gran Comisión"[15]. Juan Calvino dirigió algunos esfuerzos protestantes en cuanto a misiones a mediados del siglo XVI al enviar misioneros a Brasil. Las sociedades misioneras anglicanas enviaron hombres como John Eliot y David Brainerd a trabajar entre los nativos de los Estados Unidos. Entre otros precursores de las misiones protestantes se hallan el conde Zinzendorf (1700-1760) y sus Hermanos Moravos.

En la Inglaterra del siglo XVIII, William Carey comenzó a insistir en la necesidad de llevar el evangelio a los paganos, a la India en concreto. En el siglo XIX, Hudson Taylor guió a sus misioneros a resaltar la ubicación de sus obras misioneras (como en el interior de la China). Ralph D. Winter combinó las comprensiones de la labor misionera de Donald McGavran y Cam Townsend en el siglo XX, y llamó a la Iglesia a pensar en las misiones en cuanto a la etnolingüística de los grupos humanos. Los puntos de mayor énfasis de estas distintas épocas le fueron dando forma al punto de vista actual con respecto al llamado misionero. En nuestro contexto presente, es posible oír definiciones del llamado misionero en las que se enfatiza cualquiera de estas maneras de entender cuáles son las metas de la obra misionera... o cualquier combinación posible de ellas. Además, cada vez es más frecuente escuchar testimonios sobre llamados misioneros que dicen: "No siento que haya ningún límite geográfico para mi llamado". Este testimonio es problemático para esas agencias de las denominaciones que insisten en un llamado definido a un lugar concreto, a pesar de que este tipo de exigencia carece de apoyo bíblico. Dicho sea de paso, cuando las agencias misioneras insisten de manera dogmática en una sola definición estrecha de lo que es el llamado misionero, algunas veces llevan a la confusión. Por ejemplo, si usted se siente llamado a las misiones, pero no puede describir su llamado de la manera en que lo ha definido una agencia, esto lo podría hacer dudar sobre si tiene llamado alguno en realidad.

EL LLAMADO A IR: EL NACIMIENTO DEL MOVIMIENTO MISIONERO MODERNO

Los historiadores de las misiones consideran a William Carey (1761-1834) como el padre de las misiones modernas, no porque fuera el primer misionero protestante, sino más bien a causa de su misionología, sus métodos y sus estrategias. ¿Quién era William Carey y cómo influyó su concepto de las misiones en la forma en que se entendió el llamado misionero en su época? La carga de Carey por los paganos resultó en su mudanza a la India con toda su familia. Allí, desarrolló y puso en práctica una filosofía de las misiones formada por cinco puntos: (1) predicación general, (2) distribución de la Biblia en lengua vernácula, (3) fundación de iglesias, (4) estudio profundo de las religiones no cristianas, y (5) preparación ministerial en un programa de instrucción integral[16]. Carey era pastor bautista bivocacional en medio de un grupo de pastores bautistas súper calvinistas. Cuando les pidió que pensaran en la posibilidad de llevarles el evangelio a las almas perdidas de tierras donde no se había escuchado, el moderador del grupo, el Dr. John Ryland, le dijo que se sentara, que Dios salvaría a los paganos cuando Él quisiera y sin su ayuda. Desde luego, William Carey se habría podido identificar con un joven de mente misionera que siente el llamado a las misiones, pero cuya iglesia no apoya ese llamado. En su gran frustración, escribió su tratado "Una investigación sobre el deber de los cristianos de usar medios para la conversión de los paganos", en el que afirmaba la soberanía de Dios, al mismo tiempo que insistía en que el plan de Dios era usar medios, y que nosotros somos los medios que utiliza Él.

Su filosofía de las misiones resultó un ministerio que sigue influyendo en la disciplina de la misionología. En cierto sentido, fue un precursor de los misioneros con una plataforma de acceso creativo y los misioneros con otra profesión que vemos hoy. Cuando llegó a la India, tuvo que eludir a las autoridades británicas, puesto que la Compañía Británica de las Indias Orientales había decidido que la labor misionera solo serviría para poner en peligro el delicado equilibrio con la población local y, por tanto, prohibía esta actividad. Trabajó para sostener a su familia y a la comunidad de su misión en diversas ocupaciones que iban desde profesor hasta gerente de una planta de fabricación de añil. Se mantuvo muy activo en su afición a la botánica y la geografía, aprendió solo numerosos idiomas y dejó tras sí un legado cuya influencia continúa viva hasta el día de hoy. Entre sus logros se encuentran más de cuarenta traducciones de la Biblia, una docena de estaciones misioneras en toda la India, gramáticas y diccionarios de muchas lenguas, tres hijos que también se hicieron misioneros, la traducción de los clásicos indios al inglés y una investigación y formación de primera clase en horticultura. Es alentador el hecho de que los creyentes de la India reconozcan el valor de William Carey y su ministerio en el progreso del cristianismo.

> Carey fue el primer hombre que se opuso a los crueles asesinatos y la extendida opresión de las mujeres, cosas que eran casi sinónimas del hinduismo en los siglos XVIII y XIX. En la India, el hombre aplastaba a la mujer mediante la poligamia, los infanticidios de niñas, los matrimonios entre niños, las quemas de viudas, la eutanasia y el analfabetismo forzoso de la mujer, aprobados todos por la religión. El gobierno británico aceptaba con timidez estos males sociales como irreversibles y como parte intrínseca de las costumbres religiosas de la India. Carey comenzó a realizar una investigación sociológica y bíblica sistemática. Publicó sus informes con el fin de mover a la opinión pública y protestar [...] Fue su persistente batalla de veinticinco años contra la práctica del *sati* la que al final condujo al famoso edicto de Lord Bantinck

> de 1829, en el que se prohibía una de las más abominables de todas las prácticas religiosas en el mundo: la quema de las viudas[17].

Es cierto que antes de William Carey hubo otros misioneros. En Carey influyeron de manera profunda la vida y los escritos de John Eliot y David Brainerd, misioneros entre los nativos de Norteamérica en las colonias inglesas de este continente. Leía con grandes ansias los diarios del capitán Cook y tomaba cuidadosas notas acerca de los habitantes, los idiomas y las religiones de los lugares que visitó este. Mientras leía acerca de estas naciones que nunca habían oído el evangelio y meditaba sobre su apremiante situación, sentía el ferviente anhelo de ir. Hay personas que tienen una sensibilidad mayor con respecto a lo que "se debe hacer". William Carey sentía esa inquietud del "deber" cuando pensaba en los mandatos de la Palabra de Dios y en las tinieblas espirituales que cubren el mundo. Los ministerios de Ann y Adoniram Judson, y un sinnúmero de personas más, siguieron a Carey y su celo de ir a las naciones. Este llamado que se fundamentaba en el deber terminaría desarrollándose de manera natural hacia un énfasis más concreto. Una época que centró su labor en las tierras costeras de los países escogidos pronto la sustituyó un gran interés por alcanzar su interior. J. Hudson Taylor fue el principal líder en este nuevo enfoque geográfico y se le considera el padre de las misiones de fe[18].

HACIA DÓNDE ES EL LLAMADO

La urgencia que sentía William Carey en cuanto al deber de llevar el evangelio a tierras paganas influyó mucho en J. Hudson Taylor (1832-1905). Convertido en su adolescencia, pronto tuvo a la China en el corazón. Se preparó para el servicio médico y trabajó en China antes que sus quebrantos de salud lo obligaran a regresar a Inglaterra. Más tarde, puso en marcha una iniciativa de movilización con el fin de reclutar gente joven y regresó a China. Fue modelo del compromiso de salir a servir al Señor en las misiones, sin tener la garantía de que lo ayudarían a sostenerse y confiando en que Dios había prometido proveer lo que necesitara. Los misioneros que se le unían y lo seguían operaban de esta misma forma. Taylor fue el que nos legó esta afirmación: "La obra de Dios, hecha a la manera de Dios, nunca carecerá de la provisión de Dios", y por este énfasis lo consideramos el padre de las misiones de fe[19].

Taylor sentía una profunda carga por los habitantes del interior de la China. En medio de grandes controversias, planteó una clara dirección del Señor a ir hacia los peligrosos y desconocidos sectores del interior de la China. Este sentido de su llamado lo condujo a abogar por los esfuerzos misioneros que definirían las estrategias para alcanzar el interior de la China. Las agencias misioneras que surgieron por influencia suya, de manera directa o indirecta, son testimonio de esto: Misión del Interior de la China, Misión del Interior del Sudán, Misión del Interior del África, Misión al Corazón del África, Misión a los Campos No Evangelizados y la Unión Misionera para las Regiones Lejanas. Sin duda, las agencias misioneras que definen su papel en función de la geografía esperan que sus candidatos presenten un llamado misionero concreto desde el punto de vista geográfico.

Taylor influyó en el pensamiento misionero con un énfasis en la importancia de las estrategias en los esfuerzos misioneros, la obediencia por encima de la precaución y la seguridad, y en resaltar el papel de las personas que enviaban a los misioneros desde sus lugares de origen. No obstante, su insistencia en centrarse en zonas geográficas concretas fue la que causó la evolución de la forma en que muchos comprenden el llamado misionero. Esta influencia hace que aún hoy haya quienes crean que el llamado misionero debería incluir una comprensión en cuanto al lugar, esperando a veces incluso una precisión cercana a la de un código postal.

PARA QUIÉN ES EL LLAMADO

El misionólogo Paul Hiebert señaló que un gran número de años de esfuerzos misioneros sin preocupación alguna por comprender las culturas, su cosmovisión o las religiones que practicaban antes de nuestra llegada resultó en un fuerte sincretismo y, con frecuencia, poco fruto permanente. No obstante, en la época que llama anticolonial se produjo un cambio que trajo como resultado el reconocimiento del valor existente en las diversas culturas del mundo[20]. Entre otros beneficios, ese reconocimiento llevó a valorar la necesidad de contextualizar el mensaje misionero y a comprender cada vez mejor el impacto cultural que se produce en la comunicación y la traducción. Esta manera de pensar en función de los grupos étnicos también se ha abierto paso hasta la forma en que vemos las misiones y el llamado misionero.

En la década de los años sesenta había un creciente consenso en cuanto a que la Iglesia había cumplido la Gran Comisión en gran parte, puesto que había una iglesia en cada nación geopolítica del mundo. Entonces, durante la reunión de 1974 del Comité de Lausana para la Evangelización Mundial, Ralph D. Winter declaró que no solo no habíamos cumplido aún con la Gran Comisión, sino que seguíamos estando lejos de lograrlo. Les recordó a los allí reunidos que en la Gran Comisión Jesús nos envió a *panta ta ethne* (todas las naciones), y que con estas palabras se refería a todos los grupos étnicos. Además de esto, de entre los miles de grupos étnicos que existen en el mundo, más de la tercera parte son Grupos Étnicos No Alcanzados[21]. Aunque al principio las agencias misioneras no recibieron con agrado estas noticias, hoy en día casi todas desarrollan su labor misionera de acuerdo con una estrategia dirigida a los grupos étnicos. Esto explica el porqué las agencias que centran sus esfuerzos en determinados grupos buscan candidatos que puedan demostrar que tienen un llamado misionero a trabajar con esos mismos grupos.

A QUÉ SON LLAMADOS

La proliferación de estas agencias misioneras con ministerios específicos aumenta la perplejidad ante el llamado misionero. Es decir, la forma en que la persona vaya a ejercitar su llamado misionero va incluida en la manera en que lo exprese. La Asociación Misionera de Aviación, los Traductores Bíblicos Wycliffe, la *Far East Broadcasting Company* [Compañía de Radiodifusión del Lejano Oriente] y las Grabaciones Buenas Nuevas son agencias que buscan personas que se sientan llamadas a unírseles dentro de su ministerio específico. Muchas veces estos misioneros entretejen el deseo o los talentos necesarios para trabajar en un aspecto determinado, con testimonios acerca de su llamado misionero. Por ejemplo, habrá quienes solo dirán que se han sentido llamados a la traducción de la Biblia. Este desarrollo hace difícil que los que escuchen tal testimonio, se sientan llamados también, puesto que su comprensión de su propio llamado más general les puede parecer inadecuada. El papel desempeñado por las agencias misioneras ha sido muy importante dentro de nuestra comprensión contemporánea del llamado misionero[22].

Debido a que las discusiones teológicas y las controversias doctrinales causan luchas y divisiones, lo que suele suceder es que las agencias misioneras formulan y adoptan ciertas directrices para evitar estos dolorosos conflictos en el equipo. Cuando las agencias que envían misioneros toman posiciones rígidas, y en ocasiones arbitrarias, sobre posiciones teológicas y les exigen a sus candidatos misioneros que las acepten, logran evitar la presencia de quienes sostendrían posiciones controversiales, previniendo de esa forma luchas futuras. No obstante, cuando la agencia exige la aceptación de unas líneas doctrinales al mismo tiempo que un llamado misionero claro, es frecuente que ambas cosas queden confundidas entre sí. A veces sin intención de que sea así, las posiciones doctrinales de las agencias misioneras se convierten en requisitos indispensables para el reconocimiento de un llamado misionero. Por ejemplo, hay agencias misioneras que definen el llamado misionero como la tarea de predicarles de Cristo a los pueblos no alcanzados del mundo. Esto revela que comprenden que un llamado legítimo se debe centrar en una estrategia dirigida a grupos étnicos no alcanzados. Desde una perspectiva así, ¿cómo vería su llamamiento alguien llamado a enseñar o a hacer labor de discipulado? Sin intención de hacerlo, la agencia ha desechado el llamado misionero de los que no tienen planes de trabajar con grupos étnicos no alcanzados. Sin embargo, tengamos presente que la mayoría de las agencias misioneras está haciendo cuanto puede y que es tarea difícil escoger entre los candidatos que solicitan ser misioneros. David Hesselgrave nos recuerda: "Tanto la disponibilidad como la idoneidad son elementos esenciales del "llamado misionero". El monumental reto que suponen consiste en identificar a los que están disponibles para realizar este servicio y al mismo tiempo son los más idóneos para él"[23].

La distinción entre las posiciones teológicas de la búsqueda y de la cosecha, popularizadas en la obra Understanding Church Growth [Comprensión del crecimiento de las iglesias] de Donald McGavran, también está hallando su lugar en las maneras de entender el llamado misionero. El impulso básico de una teología de la búsqueda consiste en encontrar los grupos no alcanzados del mundo y proclamar allí el evangelio. La posición de la búsqueda se halla estrechamente relacionada con la afirmación de Pablo de que anhelaba predicar en los lugares donde aún no se había nombrado a Cristo. Los esfuerzos misioneros de la teología de la búsqueda se dirigen a encontrar esos grupos étnicos donde Dios aún no esté obrando y abrir la obra.

Por su parte, las misiones con una teología de la cosecha procuran ganar a los que es posible ganar, mientras sea posible ganarlos; es decir, recoger la cosecha. Henry Blackaby hace notar en *Experiencia con Dios* que los cristianos necesitamos buscar dónde está obrando Dios y unirnos a Él allí. Alan Walker escribió en 1966 que "la obra del cristiano consiste en hallar lo que Dios esté haciendo, y hacerlo con Él"[24]. Esta postura insiste en que Dios nos llama a unirnos a Él: "El Espíritu de Dios no nos envía al mundo a dar testimonio, sino que desde ese mundo nos llama a unirnos a Él"[25]. Esta postura sostiene que la cosecha está lista y que se necesitan con urgencia los obreros que la recojan, discipulen a los nuevos creyentes, preparen pastores y funden la obra nacional. Por supuesto, Dios llama a personas para cada una de esas posturas, y ninguna de las dos es la única adecuada, como tampoco es más importante ni más bíblica que la otra. No obstante, una agencia que insista en la labor de llegar hasta los no alcanzados para predicar allí donde nadie ha oído jamás el evangelio podría poner en tela de juicio el llamado misionero de alguien que se sienta guiado a entrar a los campos donde hay que recoger la cosecha y viceversa.

Los Movimientos Históricos Y Los Personajes Clave

La manera en que se ha entendido el llamado misionero a lo largo de la historia ha influido tanto sobre los movimientos como sobre las personas en todas las épocas. Por supuesto, el pensamiento de los involucrados le daba forma a la comprensión general del llamado misionero, al mismo tiempo que el punto de vista que prevalecía en la Iglesia de sus tiempos influía sobre su manera de pensar. Una rápida revisión de las aportaciones de algunos movimientos y personajes clave dentro de las misiones, los cuales participaron en este desarrollo, revela esta relación y esta influencia.

El Movimiento de Estudiantes Voluntarios comenzó con una conferencia de misiones celebrada en 1886. La idea de someterse al llamado misionero fue creciendo a partir de esta conferencia hasta convertirse en un verdadero fenómeno entre los estudiantes. En la conferencia de misiones de 1886, un centenar de estudiantes se ofreció para trabajar en las misiones transculturales y reclutar a otros misioneros para que lo hicieran también. Dos años más tarde, se organizó el movimiento oficial, y este hizo un amplio llamado para pedir voluntarios que fueran hasta los confines de la Tierra. Durante los doce años siguientes, cien mil estudiantes se ofrecieron de voluntarios para trabajar en las misiones y veinte mil de ellos terminaron trabajando en países extranjeros[26]. El número de los participantes y el testimonio de la historia nos hacen ver que el Movimiento de Estudiantes Voluntarios era una movilización a gran escala y, al mismo tiempo, el medio que Dios usó para llamar a muchos al campo misionero.

La Conferencia de Urbana, llamada así por la ubicación final de sus reuniones, se desarrolló en 1946 como un trabajo conjunto de *InterVarsity Fellowship,* los institutos superiores cristianos y ciertos misionólogos clave. Desde el principio, los involucrados en la organización de la conferencia oraron para que fuera un medio de lograr que los estudiantes se comprometieran a servir corno misioneros[27]. Las conferencias se reunían cada tres años y servían como medio para que se unieran los estudiantes, los misionólogos, los misioneros y las agencias misioneras a fin de reforzar el llamado de Dios al servicio y a las misiones. Urbana sirvió como un eficaz medio de movilización que permitía que se reunieran las agencias misioneras y los estudiantes, mientras exploraban el llamado de Dios sobre su vida. Las conferencias también reforzaron el papel de las agencias, aunque los detalles sobre dónde, a quiénes y para qué se dejaban para más tarde. A la postre, el formato de Urbana sirvió para modelar la idea de que la movilización de la Iglesia para el llamado misionero es la función del ser humano, de la misma manera que los esfuerzos misioneros significan con frecuencia el papel del hombre en el llamado divino a la salvación.

En 1997, comenzó otra clase de movimiento estudiantil llamado Conferencias de Pasión, el cual trataba de crear un movimiento generacional para lograr un avivamiento espiritual. Nacido de un alto concepto de Dios, de su Palabra y de la teología, aquí se exhortaba a los estudiantes a adoptar un sometimiento radical como acto de adoración. El movimiento Pasión se distingue de los movimientos anteriores de estudiantes, en que se centra en la preparación como uno de los aspectos del llamado, incorporando incluso la misionología y la teología en esa preparación. A las reuniones asisten representantes de agencias misioneras, institutos superiores bíblicos y seminarios con el fin de ayudar a facilitar una comprensión más profunda de la forma en que los estudiantes se pueden involucrar en las misiones. Aunque el movimiento Pasión no se dedique de manera exclusiva a las misiones, sí lleva de vuelta a los estudiantes a lo básico de las necesidades espirituales del mundo y a la Gran Comisión. El regreso a los aspectos bíblicos fundamentales, unido a la participación de las agencias misioneras y las instituciones educativas, ha tenido por consecuencia que miles de estudiantes participen en las misiones transculturales a través del movimiento Pasión[28].

Aunque han sido incontables las personas que han tenido una participación integral en la vida de los estudiantes que se han sentido llamados por el Señor a servir en las misiones, el Señor ha usado de manera única a tres personas clave con el fin de influir en esas generaciones. Ralph D. Winter tuvo una participación integral en la comprensión de las misiones y las necesidades en el mundo entero durante el siglo XX. Fue misionero y profesor de misiones y el fundador del Centro Estadounidense para las Misiones Mundiales (USCWM, por sus siglas en inglés). Sus investigaciones lo llevaron a abogar por el concepto de los grupos étnicos y de las inmensas necesidades existentes en esos grupos aún no alcanzados. Esta comprensión de los grupos étnicos no alcanzados aumentó la conciencia de las necesidades existentes en el mundo entero, contribuyendo a los esfuerzos de movilización de los movimientos estudiantiles y también a la labor de muchas agencias que tienen lazos con el USCWM. La influencia de Winter en la movilización se puede notar en el plan de estudios que creó: *Perspectives on the World Christian Movement* [Perspectivas sobre el Movimiento Cristiano Mundial]. Más de setenta mil cristianos han realizado estos estudios de quince semanas, preparados para aumentar la conciencia de las misiones y movilizar al cuerpo de Cristo". La misionología de Ralph Winter, su compromiso con las agencias que envían misioneros y su desarrollo del curso Perspectives sirven como los cimientos de la obra que el Señor ha hecho para llamar estudiantes a las misiones.

A John Piper, a pesar de no ser misionero ni misionólogo, Dios lo ha usado mucho en su papel de pastor y teólogo a fin de influir en una generación con respecto al sometimiento al llamado misionero. La importancia de su voz para el movimiento de las misiones se ve con mayor claridad en su libro ¡Alégrense las naciones! Piper no enfoca el tema de las misiones de una manera informal, sino que presenta las bases a favor de una amplia participación en ellas. Refuerza la idea de que es necesario ir a los pueblos no alcanzados, al precio que sea. Plantea la necesidad, no solo de ir, sino también de comprometerse con una abnegación total, reconociendo que esto podría significar la muerte para algunos. Aunque el corazón del mensaje misionero de Piper se encuentra en las páginas de *¡Alégrense las naciones!,* este autor ha entretejido sin cesar el hilo de las misiones y el compromiso con ellas a lo largo de todo su ministerio. El Señor ha usado la profundidad y la amplitud de su mensaje para llamar a las misiones a una generación comprometida y firme en lo teológico.

Es posible que Jim Elliot sea el misionero más famoso de todo el siglo XX. Aunque otros cuatro hombres sufrieron el martirio con él (Pete Fleming, Nate Saint, Roger Youderian y Ed McCully), su nombre es el más reconocido. Los relatos sobre su vida, su obra misionera y por último su martirio, se han comunicado a través de artículos, libros, películas e incontables sermones. Sus diarios, publicados después de su muerte, captan la experiencia de un joven que lucha con las cuestiones que rodean al llamado de Dios. El lector puede ver cómo el Señor guió y fue llevando a Elliot a una notable profundidad en cuanto a la conciencia de su llamado y a su compromiso de servir, cualquiera que fuera el precio, aunque se tratara de su propia vida. Sus escritos reflejan la comprensión de que Dios llama de manera personal al creyente para que trabaje en las misiones, y que cuando Él llama, prepara y sostiene. Con el tiempo, la comprensión de Jim Elliot acerca del llamado de Dios sobre su vida, y su fidelidad posterior hasta la muerte, han inspirado, educado y movilizado a generaciones en el servicio misionero. Sin duda alguna, la historia del martirio de estos cinco hombres ha movilizado a miles más hacia el campo misionero. Muchas de las personas que han influido sobre el contenido de este libro citan aquel incidente ocurrido en enero de 1956 como el suceso clave dentro de su llamado misionero.

Además de las personas ya descritas, la Segunda Guerra Mundial causó también un significativo impacto en las misiones. Muchos jóvenes, tanto hombres como mujeres, regresaron del campo de batalla con una carga por las misiones a fin de regresar después a las naciones como soldados de Cristo con un mensaje de paz. Los factores que llevaron a la creación de esta oleada de nuevos misioneros fueron el contacto con otras tierras, el hecho de ver por sí mismos las necesidades físicas y espirituales del mundo y tal vez algo de culpa sobre lo que se les había exigido que hicieran en la línea del deber. Los manuales sobre misiones muestran un inmenso aumento en cuanto a misioneros y agencias misioneras después de "la guerra que acabaría con todas las guerras". Hubo algunos a quienes los dolores y sacrificios por los que pasaron y vieron pasar a otros por su nación les enseñaron que no podían ni debían hacer menos por Cristo. Dave Howard fue uno de esos misioneros. Escribe:

> Formé parte de la generación de misioneros posterior a la Segunda Guerra Mundial. Nos transformaron los sacrificios sufridos por nuestro personal militar en defensa de la democracia en el mundo. El clamor constante que los jóvenes candidatos a misioneros escuchábamos era algo como esto: 'Nuestros hombres y mujeres dejaron su hogar y su familia para irse a otro país durante dos, tres o cuatro años, a fin de defender a nuestra nación. Lo entregaron todo, incluso la vida, por la causa. ¿Podríamos nosotros hacer menos en el ejército del Señor?'. Por eso reaccionamos con entusiasmo ante ese llamado. La gran palabra para nosotros era 'sacrificio'. Jim Elliot, mi mejor amigo en el instituto superior y que después se convertiría en padrino de mi boda y también en mi cuñado, influyó en gran medida en muchos de nosotros con su llamado al sacrificio. Sus diarios

> están repletos de dramáticos llamados a comprometerse, aun hasta la muerte. En una ocasión conté que mencionaba por lo menos treinta veces en esos diarios la posibilidad de una vida corta e incluso de la muerte. Esta clase de actitud causó en mí una profunda impresión[30].

Otros misioneros se sintieron impulsados por motivos de tipo escatológico. Algunos premilenaristas creían que Cristo vendría pronto, y que a ellos les correspondía llevar a sus pies a tantos como pudieran, lo más rápido posible y por todos los medios a su disposición. Otros creían que Él no podría regresar *hasta que ellos* hubieran realizado la tarea encomendada a la Iglesia. Le habían dado la máxima prioridad al último mandato de Cristo debido a su manera de comprender Mateo 24:14: "Y este evangelio del reino se predicará en todo el mundo como testimonio a todas las naciones, y entonces vendrá el fin". Según opinan algunos, este versículo enseña que Jesús no puede regresar mientras nosotros no hayamos alcanzado a todos los grupos étnicos no alcanzados aún, y que regresará inmediatamente después que lo hayamos logrado. Estas motivaciones escatológicas le añadían un sentido de urgencia al llamado misionero. Los misioneros que resaltan el libre albedrío y la responsabilidad del hombre tienden a destacar este elemento más que los demás.

LA APLICACIÓN DE LA HISTORIA

A lo largo de toda la historia, los misioneros han definido y descrito el llamado misionero de numerosas formas. Hay quienes nos recuerdan que la Biblia no menciona la existencia de un llamado así y que todos podemos ir al campo misionero. Otros insisten en que la Biblia no menciona llamado alguno y, por tanto, todos *debemos* ir. También hay quienes han dicho que el camino está tan lleno de peligros que lo mejor es que estemos seguros de que tenemos un llamado misionero personal antes de intentar ir. Algunos han insistido en que uno va donde lo lleve Dios, otros dicen que el llamado consiste en ir a donde no haya aún testimonio del evangelio, mientras que hay quienes nos han exhortado a unirnos a la recogida de la cosecha, y todos citan evidencias bíblicas a favor de sus argumentos.

La Biblia habla de principio a fin acerca de lo que siente el corazón de Dios por las naciones. La Palabra de Dios está repleta de ejemplos sobre su pueblo que es dirigido a influir en las naciones para la gloria de Dios. Aunque en ella no aparezcan las palabras *misionero y misiones,* se ve y enseña con claridad lo que es el cruce de las fronteras culturales con el fin de predicar el evangelio. Es más, la Biblia indica con claridad que unos deben ir, mientras que otros son los que deben enviarlos. A Bernabé y Pablo no se les unió toda la iglesia de

Antioquía cuando el Espíritu Santo los nombró para que llevaran a cabo su viaje misionero. Además de esto, el apóstol Pablo afirma con toda claridad en Romanos 10:13-15 que las naciones deben oír el evangelio para ser salvas y que se deben enviar a ellas testigos para que lo prediquen. La Gran Comisión no es un llamado misionero universal dirigido a todos los creyentes con la intención de que hagan sus maletas y se trasladen al otro extremo del planeta. Se debe comprender la verdad de que de seguro existe un llamado misionero y, aunque hoy en día la mayor parte de la Iglesia cree en ese llamado, en realidad son muy pocos los que comprenden lo que se quiere decir con esta expresión. La confusión resultante de una miríada de definiciones del llamado misionero tiene por consecuencia el que muchos cristianos duden que Dios les haya hablado.

Esta breve mirada a algunas de las páginas de la historia de las misiones demuestra que nunca ha existido una definición única del llamado misionero. Algunos han afirmado que para llamado, basta con la Gran Comisión. Otros definen hoy el llamado de unas maneras que son eco de los gigantes de las misiones que vivieron en el pasado. El sentir del llamado misionero en la Junta de Misiones Internacionales de la Convención Bautista del Sur resuena de vuelta hasta los tiempos de William Carey cuando afirma: "Con frecuencia nace un llamado cuando la persona adquiere conciencia de la necesidad que hay "allá afuera" y del hecho de que tiene la preparación necesaria para satisfacer esa necesidad. Este tipo de llamado va creciendo hasta convertirse en una imperiosa necesidad de seguir a Dios hasta dondequiera que le indique"[31].

Oswald Chambers, en sus escritos devocionales, presenta una hermosa meditación sobre el llamado misionero. En el siguiente párrafo, presenta al mismo tiempo una expresión de lo que han sentido los misioneros de todas las épocas acerca de su llamado y la tensión que cada época ha sentido a la hora de definir ese llamado.

> Somos propensos a olvidar el toque profundamente espiritual y sobrenatural de Dios. Si puedes decir con exactitud dónde estabas cuando recibiste el llamamiento de Dios, y todos los detalles al respecto, dudo que verdaderamente hayas recibido tal llamamiento. El llamamiento divino no viene de esa manera. Es mucho más sobrenatural. Percatarme de él puede suceder con la rapidez de un trueno, o gradualmente. Pero venga como viniere, siempre lo hace con un trasfondo sobrenatural, algo que no podemos expresar con palabras, y que siempre va acompañado de un "resplandor". En cualquier momento puede irrumpir el repentino conocimiento de este llamado incalculable, sobrenatural y sorprendente que se apodera de tu

> vida: *Yo os elegí a vosotros...* (Juan 15:16). El llamamiento de Dios no tiene nada que ver con la salvación y la santificación. No fuiste llamado a predicar el Evangelio por el hecho de ser santificado. El llamamiento a predicar las Buenas Nuevas es infinitamente diferente. Pablo lo describe como una necesidad que le fue impuesta[32].

El llamado misionero, al igual que el amor que sentimos por alguien, es exclusivamente personal y, por tanto, se nos escapa de las manos la posibilidad de hacer de él una descripción definitiva que sea aplicable a escala universal. Sin embargo, hay mucho que podemos aprender en las Escrituras y de las experiencias de misioneros del presente y del pasado que va a esclarecer el llamado misionero. Estas son las cosas que nos seguirán guiando, mientras pasamos a considerar ahora unas cuestiones más concretas y muy prácticas.

SEGUNDA PARTE

COMPRENDA SU LLAMADO MISIONERO

¿Hasta Qué Punto Debe Ser Específico El Llamado?

"**DIOS TIENE UNA VOLUNTAD ESPECÍFICA PARA** su vida, y su responsabilidad como discípulo está en hallarla y hacerla realidad". "La voluntad revelada de Dios se halla en la Gran Comisión. A menos que Dios en su providencia se lo impida, su Palabra indica con toda claridad que debe ir". Como ya observamos en el capítulo anterior, hay oradores misioneros bien intencionados que tienden a tomar una u otra de estas dos posiciones. Ambas dejan confundidos a muchos, y muy a menudo, plagados por unos sentimientos de culpa innecesarios. Dan por sentado que hay algo que no están haciendo bien, si no conocen las instrucciones concretas, detalladas y personalizadas de Dios con respecto a su propia vida. Sin embargo, Dios no es un Dios de confusión, ni tampoco quiere que sus hijos humildes y arrepentidos, que han confesado sus culpas, se sientan encadenados por la vergüenza y la culpa con respecto a algo que no comprenden en verdad. Muchos cristianos quieren saber si Dios tiene una voluntad específica, y si la tiene, hasta qué punto es concreta y cómo se puede conocer. Por otra parte, si Dios tiene la misma voluntad general para todos y es la de ir al mundo con el evangelio, ¿dónde debe ir? Si debe ir a China, ¿cómo saber a cuál de sus provincias? Si cree que Dios lo ha llamado a Shanghai, ¿se apartaría de la voluntad de Dios si un día atraviesa una puerta abierta para realizar un eficaz servicio misionero en Pekín? Si Dios lo llama a la India, ¿es usted el que decide en qué lugar de la India o el "dónde" de Dios es tan concreto que se trata de Calcuta, Bombay o Madrás? Y en todo caso, ¿a cuál lugar dentro de cualquiera de esas ciudades?

Aun después de llegar a conocer el "dónde" exacto, ¿debería seguir esperando hasta que Dios le indicara también si quiere que trabaje en inglés, hindi, urdu o alguna otra lengua dentro de los centenares que se hablan en la India, o esto importa en realidad? ¿Debe trabajar sobre todo con musulmanes, con hindúes o con alguna población que tenga otro trasfondo religioso? ¿Es esencial que conozca con qué agencia va a trabajar antes de comenzar siquiera este proceso o solo Dios le permite usar la agencia que le facilite más sus posibilidades de obedecer a su llamado? ¿Debe ir como misionero con su propia denominación o puede ir con otra agencia entre los centenares de agencias existentes que envían misioneros? ¿Y qué decir en cuanto al trabajo que se le va a asignar en particular como misionero?

¿Es tan específico el llamado de Dios que debe conocer su voluntad acerca de los deberes que comprende el trabajo en el puesto que acepte? Supongamos que Dios lo llama a enseñarles inglés como segundo idioma a los empleados del gobierno en Katmandú; ¿ese llamado le permitiría hacer obra de ayuda y distribuir alimentos si se produjera algún desastre natural? Un amigo nuestro fue al campo misionero a fin de preparar iglesias en educación cristiana, solo para que a su llegada al país encontrara que todos los misioneros más antiguos, con los que planificaba trabajar, se habían jubilado, reasignados o habían regresado al hogar por razones médicas para cuando terminó el proceso de nombramiento y el aprendizaje del idioma. A causa de la necesidad, comenzó con un ministerio general de misionero, predicando, enseñando, bautizando, preparando pastores y fundando iglesias.

En lugar de sentirse fuera de la voluntad de Dios, descubrió que Él le había dado el mejor trabajo del mundo. Después de dos décadas de eficaces labores, aún siente que Dios le tenía planificado este ministerio, sabiendo que la agencia que lo iba a enviar no lo habría nombrado para que lo hiciera, debido a que no reunía las cualidades necesarias y que él mismo no lo habría escogido, puesto que no era lo que sentía que estaba capacitado para hacer. Sin embargo, como siempre, Dios tiene un plan, y con mucha frecuencia guía a la persona por sendas que parecen torcidas hacia la realización y una eficacia que le honra a Él.

El llamado misionero se cumple hoy en el mundo entero de miles de formas, incluyendo las que mencionamos antes. Algunas veces es difícil hallar la voluntad de Dios en ese llamado, pero la angustia de tratar de discernir y seguir la voluntad de Dios no desaparece una vez que uno llega a un punto de sometimiento y aceptación del llamado general. Durante el resto de su vida, el misionero tiene que tomar decisiones con respecto a dónde vivir, dónde centrar sus esfuerzos en el campo, si debe pasar a otro campo de servicio y si ya ha llegado la hora de poner la obra en manos de los nacionales y volver a su país de origen.

La Extensión Del Servicio

Además de todas las consideraciones ya mencionadas, hoy en día los misioneros necesitan pensar en el tiempo que van a trabajar en las misiones. La duración de sus responsabilidades va desde un viaje misionero de una semana, pasando por todo un verano, a unos pocos años o a toda una vida. En el próximo capítulo, veremos cómo

Dios guió a ciertos héroes de la Biblia en situaciones concretas, y cómo guía y reorienta hoy en día de maneras inesperadas a lo largo de toda una vida en el ministerio. Algunas veces da la impresión de que una labor misionera queda truncada cuando el misionero acepta un puesto administrativo en su lugar de origen, regresa para pastorear o renuncia por alguna otra razón. Sin embargo, cada vez son más los misioneros que escogen tiempos más cortos de trabajo bajo la dirección de Dios.

En los siglos XVIII y XIX, era frecuente que los misioneros se marcharan de su tierra en barco con rumbo a los países donde iban a trabajar y nunca volvieran a ver su tierra natal. Es más, los misioneros consideraban a Nigeria como "El cementerio del hombre blanco", por la gran cantidad de ellos que murieron en el campo, muchas veces a los pocos meses de su llegada. Los costos, el tiempo que se necesitaba y los peligros que existían en los viajes internacionales significaban que regresar para un tiempo de descanso en su país de origen no era práctico y algunas veces resultaba imposible. Además, había muchos misioneros que nunca llegaban siquiera al campo misionero donde se dirigían, a causa de un naufragio, un ataque de piratas o de haber navegado durante épocas de feroces batallas navales. En cambio, la industria actual de la aviación ofrece un sinnúmero de opciones en los vuelos que los hacen un tanto baratos. La mayoría de los misioneros podría regresar a su país en menos de veinticuatro horas, con tal que les avisen con unas cuantas horas de antelación. En numerosas ocasiones, he desayunado en un continente, tomado el almuerzo en otro e ido a la cama en un tercero ese mismo día. La movilidad internacional actual permite que más de cien mil misioneros de corto plazo salgan cada ario de las iglesias de los Estados Unidos. La aceptación del llamado a las misiones ya no da por sentado que uno va a ir para quedarse allí el resto de su vida. Hay quienes piensan que las misiones de corto plazo pueden permitir que algunos con un llamado misionero eviten la permanencia en el campo al convertirse en adictos a los viajes de misiones, yendo todos los años en alguno de ellos. Samuel Ling escribe: "No todos los cristianos tienen el llamado al servicio cristiano con dedicación exclusiva; sin embargo, hay quienes tienen el llamado a una vida dedicada a las misiones, pero convierten las misiones a corto plazo en su "Tarsis" (Jonás 1)"[1].

El valor y la razón de ser de las misiones de corto plazo son temas constantes de debate entre los misioneros. No es posible presentar un debate detallado sobre los pros y los contras de las misiones de corto plazo dentro de los parámetros de este libro, pero si se hacen de la manera adecuada, las misiones de corto plazo (todo lo que tenga una duración inferior a una vida dedicada a las misiones) pueden ser expresiones legítimas del llamado misionero. Algunas de las voces que se oyen en esta discusión sostienen que el verdadero valor de las misiones de corto plazo consiste en educar a los que participan del viaje. Otros dicen que los equipos de corto plazo realizan un ministerio legítimo y son una gran ayuda cuando reciben una orientación adecuada y van dirigidos por misioneros de carrera que conocen el idioma y la cultura. Para ser eficaces, los equipos de corto plazo deben recibir instrucción con respecto a los peligros de engendrar una dependencia en las personas del lugar y a tratar de resolver todos los problemas con dinero. Algunos de los que hacen viajes cortos son muy eficientes y concienzudos en cuanto a las oportunidades que les da el Señor, mientras que otros terminan agotando a los misioneros que deben cuidarlos. Elisabeth Elliot se refirió en una ocasión a esta verdad mencionando un viejo refrán acerca de los trabajadores temporeros de *verano*: algunos son trabajadores, ¡pero otros no![2].

La Soberanía De Dios

Dios es soberano. Por supuesto, ningún cristiano que piense un poco podría negar esta verdad. Ahora bien, ¿qué significado tiene para usted a la hora de pensar en su voluntad? Él es el Creador y Sustentador de su universo y no hay detalle alguno de ese universo suyo que se halle fuera de su control, ni que haya dejado a la casualidad. R.C. Sproul explica que si hubiera una sola molécula disidente en el universo entero fuera del control y el conocimiento de Dios, Él no sería Dios[3]. Esto lo vemos ilustrado en un viejo refrán: "Por la falta de un clavo, se perdió la herradura. Por la falta de la herradura, se perdió el caballo. Por la falta del caballo, se perdió el jinete. Por la falta del jinete, se perdió la batalla. Por la falta de la batalla, se perdió la guerra". Algo tan insignificante en apariencia como una junta de goma fue lo que causó la devastadora pérdida de una nave espacial de la NASA con toda su tripulación. La soberanía de Dios significa que no hay nada que se haya dejado a la "casualidad" y esto incluye los detalles de su vida. La soberanía de Dios significa que Él tiene un plan para cada uno de nosotros. Piense en lo que Él nos ha dicho.

El Salmo 139:16 (NVI) dice: "Tus ojos vieron mi cuerpo en gestación: todo estaba ya escrito en tu libro; todos mis días se estaban diseñando, aunque no existía uno solo de ellos". Antes que usted naciera, Dios ya le tenía un plan y había escrito los días que tendría su vida. Aunque haga planes y tome decisiones de acuerdo con su propia voluntad, Proverbios 16:9 dice: "El corazón del hombre piensa su camino; mas Jehová endereza sus pasos" (Rv-60). Él tiene un plan que está desarrollando en estos mismos momentos. Con respecto a la crucifixión del Señor Jesús, Pedro dice en Hechos 4:28 que Herodes y Pilato habían hecho "cuanto tu mano y tu propósito habían predestinado que sucediera". En

Efesios 1:5 (NVI), Pablo afirma: "[Él] nos predestinó para ser adoptados como hijos suyos por medio de Jesucristo, según el buen propósito de su voluntad". Y en el versículo 11: "[En Él] también hemos obtenido herencia, habiendo sido predestinados según *el propósito de aquel que obra todas las cosas conforme al consejo de su voluntad*" (cursivas del autor). Los planes que Dios tiene para su vida tal vez sigan siendo un misterio para usted, pero puede estar seguro de que incluyen su plan en cuanto a los detalles del llamado misionero en su vida.

Él tiene un plan para su vida y le proporciona todo lo que sea necesario para que lo conozca y lo cumpla. Con su salvación, le dio el don espiritual concreto (Hebreos 2:4) que necesita para hacer todo lo que Él tiene planificado que haga, de acuerdo con su voluntad (Efesios 2:10). Le ha entregado las experiencias de vida, la familia, los estudios, los amigos y la personalidad que le van a dar forma para que sea y desee todo lo que es agradable ante Él. Por supuesto, desear y hacer lo que le agrada a Dios es algo que solo se experimenta en la vida cuando se camina a la par de su Espíritu y buscando a diario su dirección. Si sigue al mundo y sus apetitos egoístas, estará creando una estática y una interferencia que le impedirán oír (o incluso querer oír) su susurro apacible que le estará diciendo: "Este es el camino, andad en él" (Isaías 30:21).

¿Tiene Dios una voluntad específica? Desde el nivel superior de su perspectiva cósmica eterna, sí la tiene. Tiene una voluntad concreta y detallada con respecto a su vida y lo ha diseñado a usted, y también a su vida entera, para ella. En cambio, desde el nivel inferior de la comprensión humana, no es algo que podamos hallar al seguir tres pasos básicos. No nos llegará reducido a un plan de vida de un párrafo de extensión. No es una especie de cápsula de información inmutable, de una vez y para siempre, que pueda poner sobre la mesa para tenerla en cuenta junto con todas las demás opciones disponibles.

A medida que se esfuerza por conocerlo y por crecer en su relación con Él, Dios le revela a través de su Palabra, de la vida de oración de usted, de los consejos de sus amigos piadosos, de las circunstancias y hasta de sus deseos, la dirección que debe tomar. Piense lo que es tomar un crucero para darle una vuelta al mundo. Consigue el pasaje y sube a bordo en Miami. Mientras sigue en su largo viaje, suben y bajan pasajeros que han contratado viajes más cortos. Así, conoce a muchas personas, participa de excursiones, comparte las comidas en la mesa y pasa su tiempo de la forma que prefiera. Cada día, tiene la libertad de tomar sus decisiones, según sus deseos y preferencias. Sin embargo, mientras pasa todo esto, el barco va navegando de puerto en puerto, de país en país, de continente en continente, a lo largo y ancho de los siete mares, según el plan del capitán que se presentó aun antes que usted comprara su pasaje. Usted es el que decide muchas de las cosas diarias, de acuerdo con sus preferencias, pero la dirección general de su viaje no está en sus manos.

Tenga siempre en cuenta la naturaleza dinámica que tiene el llamado de Dios, en su esfuerzo por encontrar el lugar que Él le tiene designado. A Dios le interesa lo que haga con su vida y tiene un plan para usted, pero no se quede atado en la "parálisis del análisis" tratando de hallar de una vez por todas la descripción de responsabilidades que corresponda a su vida. Conténtese con mantenerse cerca de Él y buscar maneras de servirle.

EL DISCERNIMIENTO DE LOS DETALLES

Muchos luchan con el problema sobre *dónde* deben invertir su vida en el servicio misionero. Aunque parezca extraño, son muchos los que piensan que se debe tratar de un lugar al que no quieren ir, como si no seguir sus deseos o incluso vivir en aflicción continua fuera algo más agradable para Dios. Jesús preguntó: "Pues si vosotros, siendo malos, sabéis dar buenas dádivas a vuestros hijos, ¿cuánto más vuestro Padre que está en los cielos dará cosas buenas a los que le piden?" (Mateo 7:11). Nos encanta hacerles a nuestros hijos unos regalos que a la vez que sean buenos para ellos, les agraden mucho. A los padres les encanta ver que sus hijos disfrutan de los regalos que les han dado. A su Padre celestial también le encanta ver que sus hijos disfrutan del plan que Él tiene para la vida de ellos. Usted nunca se debería sentir culpable con respecto a la gran emoción que siente en cuanto a un "dónde" que se convierte en parte de su llamado misionero. Con frecuencia, Dios usa esas emociones humanas que nos ha dado como parte de su proceso de dirección.

Son muchos los factores que influyen en cuanto al lugar al que se sienta llamado a servirle. Tal vez tuvo en su niñez un amigo que era de ese país, o viajó allí en unas vacaciones, o siempre le han fascinado la historia, la cultura y el idioma de sus habitantes. Aun dentro de los países, una región o hasta una ciudad en particular puede llegar a tener suma importancia dentro del proceso de discernimiento. Mi esposa y yo, mientras orábamos acerca del posible llamado de Dios sobre nuestras vidas, fuimos a varios países en viajes misioneros y estuvimos incluso en la costa del país donde Dios nos llamaría pronto. No obstante, en un viaje de verano a una ciudad situada en la montaña, Dios nos hizo ver con claridad su llamado. De repente, sentimos que no solo ese era el país, sino que esa era la ciudad, la gente y los compañeros misioneros con los que trabajaríamos.

Hay misioneros para los que el lugar preciso no es tan importante como el grupo cultural al que los llama Dios. La cultura de la América Latina tiene sus rasgos distintivos a medida que se mueve con un ritmo de vida y una conexión de relaciones que no tienen igual en el mundo entero. Aunque la cordialidad y la sonrisa fácil de los hispanos sea una constante en toda la América Latina, cada uno de sus veintiún países tiene muchas subculturas, además de la cultura típica de la nación. Hay quienes sienten amor por los pueblos de la América Latina y, aunque no están seguros dónde es que los dirige el Señor con exactitud, sienten la seguridad de que va a ser algún lugar de esa región. Los que tienen el llamado al Asia oriental, al Asia meridional, a la cuenca del Pacífico, al Oriente Medio, al África o a cualquier otra región, sienten una atracción similar que es difícil de describir con palabras.

Los que han hecho viajes misioneros a los lugares en los que se sienten llamados a servir, muchas veces no logran distinguir entre el llamado de Dios y el amor que Él ha puesto en su corazón por esas personas. Estas dos cosas se hallan unidas de manera inextricable. Tal vez hayan sido los pequeñuelos y las circunstancias desesperadas en que vivían lo que primero les tocó el corazón, o la pobreza existente en ese lugar los haya hecho sentir la responsabilidad de satisfacer necesidades. Puede que fueran las tinieblas espirituales las que los impulsaran a aprender el idioma a fin de poder predicar allí el evangelio, o incluso la fría arrogancia espiritual que acompaña a las riquezas y el poder entre las clases influyentes de un país. No pueden señalar con precisión lo que inició su llamado a esas personas. Explicar el compromiso de su corazón y su vida a servir a Dios en medio de un grupo étnico, en lugar de hacerlo en medio de otro, es lo mismo que tratar de explicar por qué usted se ha enamorado de este joven, en lugar de enamorarse de aquel. Dios ama a todas las culturas del mundo, pero nuestro corazón es humano, y lo normal es que solo podamos relacionarnos con una o dos de ellas en un momento dado. Esas que Él nos pone en el corazón nos guían a hacer su voluntad en medio de ellas.

En los seminarios hay estudiantes que van a prepararse para el campo misionero, y aunque no tengan una idea clara sobre el lugar al que deben ir, si creen que Dios los está guiando a trabajar con las personas que pertenecen a una religión determinada. Su llamado comienza con una carga por las almas perdidas entre los musulmanes, los hindúes, los animistas, los postmodernos o los miembros de alguna otra cosmovisión religiosa. El elevado perfil adquirido por el Islam en el mundo posterior al ataque del 11 de septiembre de 2001, ha llevado a muchos cristianos a estudiar esta religión y su manera de ver el islam ha evolucionado a través de su estudio, desde una especie de fascinación al respeto mutuo y de ahí a una carga que se vuelve casi aflicción por los musulmanes y las tinieblas espirituales en que viven. Aún no tienen claro cuál lugar de la geografía es donde Dios quiere que trabajen; aún están borrosas cosas como el color de piel, los rasgos faciales, el idioma y el nombre del grupo humano en particular; en cambio, la religión ha sido la que ha abierto el camino al comienzo de su llamado misionero. El dogmático fanatismo de muchos millones de seguidores del islam los lleva a estudiar apologética y esas habilidades adecuadas culturales que se necesitan para comunicar el evangelio en su medio para la gloria de Dios.

Hay quienes se aventuran a internarse en las selvas del mundo o en las altas regiones montañosas, y se encuentran cara a cara con tribus y clanes animistas que temen poderes, maldiciones, chamanes y espíritus malignos. Se marchan, anhelando regresar para vivir en medio de ellos a fin de proclamar el evangelio del Señor Jesucristo. Sienten urgencia por hablarles de Aquel que los llama a arrepentirse de sus pecados y recibir la salvación. Quieren que conozcan la paz que reciben los hijos de Dios al saber que Aquel que vive en ellos es mayor que todos los demonios del infierno que haya en el mundo.

Otros han visto tierras donde es común y corriente el culto a los antepasados, y con él, la esclavitud en que se vive cuando se trata de mejorar la vida de los muertos. Anhelan decirles que no se pueden salvar a sí mismos con sus ritos filiales, ni tampoco a sus abuelos que ya se marcharon de este mundo. Con todo, para decirles la verdad a estas personas, o a cualquier grupo étnico del mundo, es necesario que digamos las palabras apropiadas y de una manera adecuada en lo cultural. Hablar su idioma es el primer paso dentro de este proceso. Puedo recordar la primera vez que pude comunicar el evangelio en español. Aunque parezca raro, fue antes que aprendiera a hablarlo. El español es un idioma lleno de mucha regularidad, sin las numerosas excepciones a las reglas que plagan al inglés. En realidad, una vez que se aprenden un puñado de reglas, como los sonidos de las vocales, la manera de acentuar las sílabas correctas y algunos sonidos consonantes exclusivos del idioma, es posible leer en español en voz alta y que nos comprenda cualquier persona que hable este idioma. Aquel era mi nivel de español cuando fui en un viaje misionero al Ecuador. Nuestro equipo estaba en Riobamba, en un parque, repartiendo tratados y hablando del evangelio por medio de misioneros que nos traducían. Puesto que los otros integrantes del equipo tenían ocupados los pocos misioneros que nos servían de traductores, me les uní y seguí dando tratados.

Un indígena del lugar se me acercó con cara de que me quería hacer una pregunta y yo le di un tratado, pero me hizo gestos con los que me indicó que no sabía leer. Aunque hablaba quechua, podía comprender algo el español hablado; se comunicaba al nivel oral de un analfabeto y no podía leer ni una palabra en quechua ni en español. Por supuesto, yo no sabía nada de quechua, y el único español que sabía era el que se capta cuando se ven los episodios del Llanero *Solitario* y del *Zorro*. Sin embargo, conocía las pocas reglas de la pronunciación, así que le comencé a leer el tratado.

Para mi total asombro, él comenzó a escuchar con atención y asentía con la cabeza de vez en cuando. No tenía ni idea de lo que estaba leyendo, pero por el formato de la página, podía saber cuándo había llegado a la oración que había al final. Mientras la leía, él cerró los ojos y "oró" junto conmigo. Se estaba enjugando las lágrimas de los ojos cuando por fin un misionero quedó libre y se nos acercó. Yo le pedí que hablara con aquel hombre quechua y se asegurara de lo que estaba pasando con él en lo espiritual. ¡Así supo que el hombre afirmaba haber comprendido el evangelio a partir del tratado, sabía que necesitaba a Jesús y había orado para recibirlo como Señor y Salvador! Dentro de mí sucedió algo; me enamoré de esa gente indígena de habla española, y cuando ya era misionero, quise conocer bien su idioma para poder predicar, enseñar y servir a Dios, al servir a los que lo hablan.

En ese viaje fue cuando mi esposa y yo supimos hacia dónde Dios nos estaba guiando y junto a quiénes le debíamos servir. Los misioneros eran afectuosos servidores cristianos, se amaban entre sí y amaban a los nacionales, y nosotros sentimos que al instante se creaban un lazo y una identidad con ellos que iba más allá de los lazos por el hecho de pertenecer a la misma denominación. Mis tíos también fueron misioneros con nuestra junta de misiones de los Bautistas del Sur, y yo siempre, hasta el día de hoy, los he considerado como héroes de la fe. Cuando me gradué en un instituto superior, recibí el premio especial de estudios bíblicos (por gracia) en el que se incluía una beca para el seminario. Es lamentable, pero tanto el instituto superior como el seminario estaban asociados a otra denominación y en esos tiempos, para ser misionero de los Bautistas del Sur, había que graduarse en uno de nuestros seis seminarios. Nosotros estábamos tan convencidos de que debíamos trabajar con nuestra denominación y con los misioneros que habíamos llegado a amar y respetar en Ecuador, que renunciamos a la beca y nos mudamos a fin de que yo pudiera asistir al Seminario Teológico Bautista de Nueva Orleans. Hay muchos misioneros a los que el compromiso con su denominación los guía en la comprensión de su llamado. En realidad, nunca llegan a considerar la posibilidad de trabajar con la agencia misionera de otra denominación; ni siquiera con una agencia no denominacional.

En cambio, en el caso de otros misioneros, la orientación concreta en cuanto a lo que van a hacer, o dónde van a trabajar en su llamado misionero, hace obvio y lógico que elijan ciertas agencias determinadas. Por ejemplo, hay quienes se sienten llamados a la América Latina, y como es natural, buscan la Misión Latinoamericana. Otros, que se sienten llamados a la traducción de las Escrituras, solicitan entrar a Traductores Bíblicos Wycliffe. Los que están interesados en tribus no alcanzadas hacen contacto con Misión Nuevas Tribus o con *To Every Tribe Ministries*. Cuando Dios llama a un piloto que le quiere servir con sus habilidades como piloto y su experiencia en la cabina de mando de un avión, este suele ponerse en contacto con la Asociación Misionera de Aviación o con *JAARS*. Por supuesto, hay otras agencias que brindan oportunidades en cada uno de estos aspectos; estas solo son ejemplos de la forma en que nuestras capacidades, la ubicación del campo misionero al que queremos ir, la denominación o las relaciones pueden formar parte de la dirección que Dios nos dé para comprender nuestro llamado. Hay misioneros que hablan acerca de un llamado misionero muy concreto, y tal vez usted se pregunte si todos los llamados exigen tanto detalle. ¿Tiene Dios realmente un llamado concreto para su vida? La vida que Él le da, las circunstancias que Él hace que sucedan y su mano, que lo teje todo, crean un llamado misionero hecho a la medida. Sin embargo, es frecuente que la comprensión que uno tenga acerca de este llamado se vaya desenvolviendo de manera gradual a medida que vaya dando pasos para seguir la orientación que Dios le va dando hacia el servicio misionero.

SU PRIMER VIAJE MISIONERO

Cuando las personas me hablan de lo que creen que es su llamado misionero, me encanta preguntarles: "¿Dónde viajó en su primer viaje misionero?". Es común encontrar personas que se sientan llamadas al lugar que fueron en su primer viaje de misiones. Algunas veces, esto se debe a la cordialidad y amistad que les manifestaron sus "guías" misioneros. Los misioneros actúan a cada momento como guías culturales del país, traductores, choferes, guardaespaldas e ilustraciones de carne y hueso de lo que es la vida misionera. Cosas como pasar tiempos con las familias misioneras, escuchar que los hijos de los misioneros hablan dos o más idiomas en la mesa mientras cenan, oír hablar de los sacrificios que esas familias han hecho para ser familias misioneras y las formas tan abrumadoras en que Dios los ha bendecido en medio del proceso, son grandes influencias en la vida de su visitante.

La primera vez que salimos de nuestro país puede ser una experiencia aterradora; todo lo que era normal en nuestra vida diaria va desapareciendo a medida que se va perdiendo la costa de los Estados Unidos tras el avión, a medida que sube a su altitud de crucero. Usted se pregunta cómo serán las comidas y si las barras de dulces con las que llenó su maleta bastarán para ayudarle a pasar dos semanas fuera del país. Revisa en su mente la lista de cosas que se deben hacer y cosas que no se deben hacer, según lo que le ha indicado el misionero: no beba el agua, pero coma lo que le den en los hogares... acompañado por las oraciones del misionero: "¡Señor, me voy a comer esto si tú lo mantienes en mi estómago!", y "Donde Él me guíe, lo seguiré, y lo que Él me dé de comer, lo tragaré".

A pesar de esto, la nerviosidad se convierte en deleite cuando los misioneros lo recogen a usted con su equipo, lo llevan a un cómodo hotel y le dan agua y descanso. En su primera salida del hotel, se siente asombrado y maravillado ante la belleza del país, las reglas suicidas que sigue el tránsito, la devastadora pobreza, la desesperanza que ve en los ojos de los limosneros y la amistosa cordialidad que nota en los nacionales de la iglesia. El ajuste a la vida en ese lugar le exige una curva de aprendizaje que va prácticamente hacia arriba siempre.

Todos los días de la primera semana llenan su diario con cosas nunca antes vistas. La primera vez que comió durián... y la última, dicho sea de paso. La primera vez que se comunicó con alguien que no hablaba su idioma, con solo señalarle sus versículos favoritos en la Biblia de usted, hallarlos después en la de él y viceversa. La primera vez que cantó "Hay victoria en mi Jesús", leyendo fonéticamente las palabras en un idioma que no conocía, de manera que pudo hacer un gozoso ruido. La primera vez que cruzó un río en un canasto, mientras se dirigía a una iglesia en medio de la selva. La primera vez que estuvo en un culto en el que comenzó una pelea entre dos perros que habían estado durmiendo debajo de las bancas. Nunca olvidará la primera vez que la abuela de una familia se arrodilló y le lavó los pies para darle las gracias por llevarle el mensaje del evangelio a su aldea...nunca.

Al final de su corto viaje, se dirige al aeropuerto para regresar a su vida "normal"; solo que ahora no le parece tan normal como antes. Se le rompe el corazón cuando sube al avión y deja atrás nuevos creyentes, discípulos que no se han discipulado y hermanos, hermanas y amigos. En algún momento del viaje de regreso se da cuenta de que su vida nunca volverá a ser la de antes. Quiere regresar para servir a Dios en medio de esa gente. Quiere aprender su idioma y su vida, su cultura y sus costumbres, y su amor por las comidas y la diversión. Ahora sabe que Dios lo está llamando a ser misionero en ese lugar, con esa gente y para su gloria. Así se da cuenta de algo más: nunca llegó ni a tocar sus barras de dulces.

Dios es el que va entretejiendo estas experiencias y otras similares en el llamado misionero de muchas personas. Descubren dónde Dios las está llamando;

hallan el idioma que Él quiere que aprendan, el fondo religioso que necesitan conocer, los misioneros con los que van a trabajar y la agencia que las va a enviar. Comienzan a hablar de su llamado misionero. Ese llamado que antes parecía tan esquivo, ahora es lo que les ayuda a levantarse todos los días y les permite pasar por todo lo que haga falta con tal de regresar. Cuando expresan su llamado, la gente les dice: "Su llamado misionero parece muy concreto como si lo hubiera pensado en todos sus detalles. ¿Cómo es posible que esté tan seguro?". Otros le dirán: "Usted solo está emocionado porque fue a un viaje misionero. Ya se le pasará". ¿Es esa una manera justa y precisa de evaluar un estado emocional? ¿Se trata solo de que usted estuvo allí o Dios usó ese viaje y la emoción que creó en usted para llamarlo a hacer lo que Él quiere que haga? ¿Y si va en otro viaje misionero a otro lugar? ¿Lo va a impresionar de la misma forma? Es raro que sea así. Muchas veces da la impresión de que Dios usa la primera experiencia misionera de las personas para moverlas, tanto de manera emocional como literal. ¿El alto residuo de emoción que deja un viaje misionero es solo una reacción humana o es una respuesta al llamado divino? Recuerde: Dios es soberano y el viaje misionero, la gente que conoció, los alimentos que comió y las experiencias por las que pasó son las maneras en que Él les da forma a los deseos de usted. Al parecer, se trata de una voluntad complicada, detallada y concreta. Lo es, y Él es el que tiene el control de todo y lo va guiando paso a paso por el camino.

Cuando reflexione sobre sus experiencias y los anhelos que acaba de sentir, descubrirá que su mundo se ha reducido a un punto del planeta donde vive un determinado grupo étnico que necesita el evangelio. Ese lugar y ese grupo de personas han atrapado su corazón y avivado su imaginación. Usted nunca volverá a ser el de antes y le alegra que sea así. Dios usa muchos factores para influir sobre nuestra carga por las naciones. A veces es un idioma, una religión del mundo, unos amigos procedentes de algún país o un viaje a ese país, o algún proceso divino de atracción que ni sabemos. A través de cualquiera de estas cosas, o de alguna combinación de ellas, Dios comienza a darnos unos deseos que nos van a ir llevando por una senda muy concreta, por la cual Él ya tiene planificado que caminemos.

El Llamado Misionero Y El Momento Adecuado

EL MOMENTO PRECISO LO ES TODO. Esta norma se aplica a todo, desde las comedias hasta los actos de los trapecistas. También se aplica al llamado misionero en dos aspectos primordiales. El primero tiene que ver con la necesidad de comprender la diferencia esencial que existe entre el llamado misionero y la dirección divina. No cabe la menor duda de que Dios llama a los suyos para que se le unan en las misiones. Ahora bien, ¿en qué se distingue esto de las formas concretas en que los lleva a hacerlo a lo largo de su vida? El segundo aspecto de esta relación entre ese momento preciso y el llamado misionero se refiere a los que están ansiosos por comenzar su labor misionera, pero se encuentran con retrasos por una u otra razón.

En un sentido, el llamado misionero es para toda la vida. No obstante, las formas en que se puede cumplir con ese llamado varían a lo largo de la vida del misionero. La carga por las naciones, el deseo de predicarles el evangelio a las almas perdidas y el anhelo de ver que Dios es glorificado en el mundo entero, van a continuar vivos durante toda su vida, dondequiera que viva. Pablo escribe en Romanos 11:29: "Porque los dones y el llamamiento de Dios son irrevocables". Aunque en este pasaje se está refiriendo de manera concreta a la salvación, esto nos enseña que los planes y las intenciones de Dios son inmutables. Su sabiduría es perfecta. Él no necesita cambiar de idea, ni tener un "plan B", por si falla el primero. Por consiguiente, a nadie le debería sorprender el hecho de que se puede encontrar un amor vivo y activo por las misiones en la vida de los cristianos, cualquiera que sea su ocupación en la vida. Me los encuentro en las conferencias de misiones, en las iglesias locales, en las aulas y en los campos misioneros. Algunas veces, me hablan de la forma en que Dios los llamó a las misiones en su juventud y trabajaron durante un verano o un par de años antes de casarse y formar una familia. Aunque ya no se encuentran en un escenario internacional, aún siguen amando las misiones y sirven a sus iglesias locales como directores de los comités de misiones, organizando clases de *Perspectives*, dirigiendo viajes misioneros y manteniéndose involucrados en el ministerio internacional de otras maneras. Conocen muy bien lo que es la lucha por comprender el llamado misionero y se siguen preguntando si Dios aún no los estará llamando al campo misionero.

No nos debería sorprender el hecho de que la expresión del llamado de Dios sobre nuestra vida vaya cambiando a lo largo del tiempo. Vemos una ilustración de este dinámico desarrollo en el llamado de un joven pastor que más adelante se convierte en pastor principal de una iglesia. El joven comenzó su ministerio aceptando un llamado a trabajar con gente joven y, más tarde, Dios lo lleva a la expresión de su llamado en otro papel. Algunos pastores le anuncian a su iglesia que Dios los está guiando a aceptar un "llamado" a otra iglesia. En realidad, se trata del mismo llamado, pero Dios los está llevando a ejercitar ese llamado en un nuevo escenario ministerial. De la misma manera que el pastor sigue la dirección de Dios y ejercita su llamado al ministerio en el ambiente de un nuevo ministerio, es también muy legítimo que un misionero sienta que Dios lo lleva a trasladarse a otro escenario. Todo está en que esto suceda en el momento que lo disponga Dios. Las iglesias tienden a comprender y aceptar con mucha mayor facilidad la variación de las expresiones que puede tomar el llamado de pastor, que los cambios que realizan los misioneros en su ministerio internacional. ¿Cómo debemos considerar el papel que tienen la dirección divina y los momentos dispuestos por Dios dentro de un llamado misionero?

Los Cambios En El Llamado A Lo Largo Del Tiempo

Recuerdo a un piadoso profesor del instituto superior y por quien sentíamos una profunda reverencia y admiración mientras estudiaba. Puesto que asistí a un centro educativo que no pertenecía a mi denominación, además de la curva normal de aprendizaje, tuve que aprender las normas y los valores que aceptaban. Recuerdo que me sentí un poco confundido el día que alguien me presentó a este profesor. En voz muy baja, me hicieron este comentario: "Él y su esposa trabajaron en el campo misionero durante cinco años". Me quedé esperando a que siguiera el comentario con algo sorprendente. Tenía que haber algo más. Al fin y al cabo, eso era estupendo, pero mis tíos se habían pasado en el campo misionero varias décadas más que él. A decir verdad, casi todos los que iban al campo misionero a través de nuestra denominación lo hacían para toda la vida. Cuando alguien regresaba antes de la edad de jubilación, la gente hacía comentarios, le tenía lástima y hacía especulaciones sobre lo que habría motivado su regreso. En mi manera de comprender las cosas en esos momentos, debíamos admirar y respetar a este profesor, pero él no había hecho en las misiones nada que fuera excepcionalmente digno de elogio, y de acuerdo con la manera de entender las cosas en mi denominación, no había llegado muy lejos en su labor misionera.

Sin embargo, es posible que dentro de la historia de las misiones haya habido otros misioneros que hayan considerado defectuosa la dedicación de mi denominación a las misiones. A lo largo de toda esta historia ha habido misioneros que se han marchado sin intención alguna de regresar a su tierra. Se han hecho ciudadanos del nuevo país, han educado a sus hijos en las escuelas y universidades nacionales, esos hijos se han casado con personas de ese país y nunca les ha pasado por la mente siquiera que solo estarían en el campo en los ciclos de tres o cuatro años separados por un ario intermedio de vuelta en su país de origen. Puesto que existen estos puntos de vista distintos con respecto a la duración y la extensión del llamado misionero, ¿cuál es el punto de vista bíblico? ¿Llama Dios a las personas a las misiones para trabajar allí sin regresar jamás o para que estén en ciclos de plazos cortos? ¿Cómo podría cambiar con el tiempo el llamado misionero de alguien?

La obediencia al llamado misionero, el hecho de convertirse en misionero, es lo que le sucede a alguien cuando deja de forma voluntaria su zona de comodidad para cruzar fronteras con el fin de cumplir la Gran Comisión y los Grandes Mandamientos, movido por la Gran Compasión. El llamado de Dios a las misiones contiene tantos elementos distintos que desafía el esfuerzo de lograr una definición sucinta que se les pueda aplicar a todos los misioneros que han existido a lo largo de la historia. La carga por las naciones, el deseo de obedecer a Cristo, el anhelo de predicar el evangelio y darle gloria a Dios son las cosas que atrapan el corazón y permanecen para siempre con nosotros. Este sentir del corazón se convierte en parte de lo que somos. No se convierte en algo distinto cuando terminamos un período misionero de dos años. Lo que hace es transformarse en otra expresión del mismo llamado. Dios es el que nos da el llamado misionero y el que nos guía en cuanto a comprender cómo, cuándo y dónde expresarlo a lo largo del tiempo.

De la misma manera que un pastor joven, en el momento de aceptar su primera iglesia, no sabe dónde estará trabajando cuando se retire, también el corazón de un misionero puede llegar a palpitar en numerosas ciudades y naciones antes de detenerse. Solo Dios conoce los caminos y lugares que recorre la senda por donde usted debe andar. Él nos guía paso a paso y no nos revela la hoja de ruta cuando echamos a andar. Scott Moreau escribe: "A la mayoría de nosotros, Dios no nos presenta todo el plan para nuestra vida en un solo llamado. Lo que hace es guiarnos paso a paso por el camino. Muchos misioneros aceptan de Dios sus encomiendas de período en período, tanto si ese período dura varias semanas, como si durante varios años"1.

Debido a esto, es posible que el misionero trabaje en un país durante unos pocos meses o años, o durante toda su carrera misionera, y que del mismo modo se halle por completo dentro de la voluntad de Dios. Los misioneros creen que Dios es el que los guía a sus campos de servicio. No obstante, deben tener presente que Ellos puede llevar a otros campos de servicio posteriores durante su carrera y muchas veces lo hace. A.T. Houghton dijo: "Para permanecer dentro de la voluntad de Dios, debemos hallarnos bajo la orientación y el control constantes de su Espíritu Santo. En esa posición, y dispuestos a cumplir su voluntad al precio que sea, podemos estar seguros de que así como fuimos al campo misionero en respuesta al llamado divino, también hará falta un llamado de Dios para que nos retiremos de él o para que nos mande a otro lugar. De lo contrario, a menos que Él intervenga, debemos permanecer en el lugar que nos haya escogido"2.

Una amiga nuestra es misionera cuya familia regresó del campo misionero para que ella aceptara un puesto administrativo dentro de las oficinas principales de su agencia misionera. Ella batalló en gran medida con los cambios de papel y de posición, puesto que muchos consideraron ese cambio como si estuviera dejando las misiones. Después de luchar y orar mucho, halló paz y creyó que eso se hallaba tan dentro de la voluntad de Dios para su expresión del llamado misionero, como sus años de servicio en el campo. En cuanto a muchos que no estuvieron de acuerdo, decía de ellos: "Son muchos los misioneros que no pueden cantar ese viejo himno que dice: "Dondequiera fiel te seguiré", sino solo "Dondequiera fiel te seguí". Había llegado a comprender que hay misioneros que llegan al campo y, ya sea por sus convicciones personales, o por las expectativas que tiene su denominación sobre ellos, nunca le vuelven a preguntar a Dios qué quiere Él hacer con su vida. Llegan allí y desconectan esa parte de su vida devocional.

Dios llama a algunos a irse a una población determinada para pasar allí el resto de su vida, por corta o larga que esta sea. A otros los llama a ir en repetidas ocasiones a la misma población en tareas de corto plazo o a muchas poblaciones del mundo entero. De igual manera, llama a algunos pastores a trabajar en una sola iglesia durante toda su vida, mientras que es posible que otros trabajen en muchas iglesias. Los misioneros que pasan del campo misionero a la oficina misionera, o del campo al aula, o del campo al púlpito, no se deben sentir fracasados, si Dios es el que los guía a dar esos pasos. Lo lamentable del caso es que muchos se sienten plagados por una falsa culpabilidad, aun en los casos en que pasen de un campo misionero a otro; por ejemplo, cuando pasan de una ciudad de Nigeria a otra en la misma Nigeria, o de Kenia a Tanzania. La clave de todo esto está en el llamado y la dirección de Dios. Su llamado es para toda la vida, pero las formas y lugares en que lo cumplimos y vivimos van cambiando a lo largo de nuestra vida, según Él nos va guiando.

UNAS DIRECTRICES BÍBLICAS

El argumento de que el llamado misionero es de por vida, y que todo lo que no llegue al nivel de toda una vida de trabajo en el campo misionero es un fracaso, no encuentra apoyo en la Biblia. Es más, las Escrituras parecen ilustrar lo opuesto. No obstante, recuerde que hemos visto que la Biblia no define el llamado misionero, ni habla en detalles acerca de esta cuestión. Por tanto, tenga presente que la duración de los períodos misioneros en la Biblia es de tipo descriptivo y no normativo. Lo importante aquí es que no existe ninguna instrucción bíblica según la cual esté ordenado que usted deba cumplir con su llamado misionero en un solo lugar por el resto de su vida a fin de ser obediente.

El apóstol Pablo fue el mayor misionero que el mundo haya conocido jamás. El Espíritu Santo lo llamó y lo apartó. En Hechos 13:1-3 se recoge el llamado especial de Pablo:

> En la iglesia que estaba en Antioquía había profetas y maestros: Bernabé, Simón llamado

> Niger, Lucio de Cirene, Manaén, que se había criado con Herodes el tetrarca, y Saulo. Mientras ministraban al Señor y ayunaban, el Espíritu Santo dijo: Apartadme a Bernabé y a Saulo para la obra a la que los he llamado. Entonces, después de ayunar, orar y haber impuesto las manos sobre ellos, los enviaron.

Por supuesto, Pablo ya sabía que el Señor lo había llamado a ir a las naciones; solo necesitaba una orientación concreta con respecto a cuándo y dónde debía cumplir con su llamado. Robertson McQuilken hace esta observación: "Aunque a Pablo lo llamaron y apartaron años antes para la vocación apostólica y evangelística, Dios lo fue guiando hasta la verdadera actividad misionera y a la senda del progreso evangelístico a través de un proceso en el que lo llevó paso a paso"[3]. Pablo mismo habla de su llamado en Hechos 22:12-21:

> Y uno llamado Ananías, hombre piadoso según las normas de la ley, y de quien daban buen testimonio todos los judíos que vivían allí, vino a mí, y poniéndose a mi lado, me dijo: "Hermano Saulo, recibe la vista". En ese mismo instante alcé los ojos y lo miré. Y él dijo: "El Dios de nuestros padres te ha designado para que conozcas su voluntad, y para que veas al Justo y oigas palabra de su boca. "Porque testigo suyo serás a todos los

> hombres de lo que has visto y oído. "Y ahora, ¿por qué te detienes? Levántate y sé bautizado, y lava tus pecados invocando su nombre". Y aconteció que cuando regresé a Jerusalén y me hallaba orando en el templo, caí en un éxtasis, y vi al Señor que me decía: "Apresúrate y sal pronto de Jerusalén porque no aceptarán tu testimonio acerca de mí". Y yo dije: "Señor, ellos saben bien que en una sinagoga tras otra, yo encarcelaba y azotaba a los que creían en ti. "y cuando se derramaba la sangre de tu testigo Esteban, allí estaba también yo dando mi aprobación, y cuidando los mantos de los que lo estaban matando". Pero Él me dijo: "Ve, porque te voy a enviar lejos, a los gentiles".

Con un llamado tan claro, y con una confirmación por parte de su iglesia, ese llamado no solo influiría en el transcurso de su vida, sino que lo determinaría. Pablo funcionó como misionero a corto plazo, pastor y escritor. Si la dedicación de toda la vida a trabajar en el campo misionero fuera la directriz bíblica para el único servicio misionero legítimo, de seguro veríamos esto en el currículum vítae de Pablo y en sus enseñanzas. Sin embargo, este no es el caso. En realidad, Pablo es más un prototipo para los misioneros del siglo veintiuno que para los de cualquier tiempo anterior en la historia de las misiones modernas.

Pablo siguió la dirección de Dios a lo largo de toda su carrera misionera. Muchos se equivocan al considerar el Llamado Macedonio, que aparece en Hechos 16:6-10, como un ejemplo bíblico de llamado misionero. En realidad, este relato no presenta otra cosa más que una de las formas en que Dios guió a Pablo en el cumplimiento del llamado que Él le hizo en su vida.

> Pasaron por la región de Frigia y Galacia, habiendo sido impedidos por el Espíritu Santo de hablar la palabra en Asia, y cuando llegaron a Misia, intentaron ir a Bitinia, pero el Espíritu de Jesús no se lo permitió. Y pasando por Misia, descendieron a Troas. Por la noche se le mostró a Pablo una visión: un hombre de Macedonia estaba de pie, suplicándole y diciendo: Pasa a Macedonia y ayúdanos. Cuando tuvo la visión, enseguida procuramos ir a Macedonia, persuadidos de que Dios nos había llamado para anunciarles el evangelio. 4101

Los distintos lugares hacia los que Dios guió a Pablo para que le sirviera no fueron el único aspecto dinámico de su carrera misionera. Dios llamó a Pablo a concentrarse en los gentiles. Jesús le dijo más de una vez que lo enviaba a los gentiles. Sin embargo, el ministerio de Pablo entre los gentiles se intercalaba con la predicación a los de su propio pueblo, los judíos. En las ciudades a las que iba, acudía primero a las sinagogas. Después que rechazaban el evangelio, entonces se iba a los gentiles. Aunque algunas veces escuchará decir que a Pablo lo enviaron a los gentiles y a Pedro a los judíos, la Biblia los presenta a ambos predicándoles a los dos grupos, y ninguno de los dos recibe una reprensión de Dios por estar fuera de su voluntad.

Pablo hizo viajes misioneros y también pastoreó iglesias (al menos en Corinto y Éfeso). Nunca trató de limitar la expresión de su llamado misionero a un grupo de personas en una población y para toda la vida. Recuerde que iba siguiendo la dirección del Espíritu Santo y no sus propios caprichos. Robert Gallagher afirma: "Tanto en el Evangelio de Lucas como en el libro de los Hechos vemos de continuo que el que va guiando es el Espíritu Santo. Él fue el que dirigió todos los grandes movimientos de expansión misionera. Lucas llega incluso a indicar con claridad que el Espíritu es el Señor de la Iglesia y también el Señor de su misión"[4].

La Biblia también nos presenta a Dios llamando a Abraham, Moisés, David, los jueces, los reyes, los profetas y otras personas para que le sirvieran de formas diversas en distintos momentos de su vida. El que llama es Dios; lo que les corresponde a sus hijos es escuchar su llamado, discernir su voluntad y obedecer. Muchas veces, solo los está llamando a prepararse. Pablo ya estaba preparado años antes de llegarle el llamado. De igual manera, a Moisés le prepararon durante cuarenta años con la mejor educación que recibía la familia del faraón y después con cuarenta años de pastor de ovejas antes que Dios lo llamara a la mayor obra de su vida. Durante años, Dios preparó a David con sus propias ovejas antes de llamarlo a pastorear a su pueblo. Muchos misioneros necesitan una preparación antes de salir rumbo al campo donde van a trabajar; esos años no se desperdician. El método que Dios usa para llamar a sus hijos puede comenzar con la percepción de una necesidad o un viaje misionero, y continuar con la carga por prepararse. Los llamados a misiones médicas necesitan prepararse para el servicio; los llamados a predicar, enseñar y evangelizar también necesitan prepararse para su ministerio.

Las Perspectivas Históricas

Las oportunidades misioneras a corto plazo van en aumento tanto en número como en tipos de ministerios en el mundo entero. Aun así, los misioneros de carrera siempre serán las fuentes esenciales en los campos de los que dependen todos los esfuerzos de las misiones a corto plazo. Los misioneros de carrera son los que conocen los idiomas, las culturas y los testimonios de los creyentes locales. Son esenciales para que la iglesia pueda alcanzar y enseñar a los habitantes de las zonas no alcanzadas del mundo. Robert Coote explica: "En un mundo donde hay centenares de millones de personas que nunca han escuchado una presentación eficaz del evangelio en su contexto cultural, no existe sustituto posible para el misionero de carrera"[5]. Las agencias misioneras tienden a estar de acuerdo con esto. En su estudio, Louis Cobbs revela que el llamado a ser misionero de carrera para toda una vida era el concepto históricamente adoptado por la Junta de Misiones Internacionales de la Convención Bautista del Sur: "El llamado a las misiones se consideraba como un llamado para toda la vida, tal como se afirmaba en el manual de reglas y normas para los misioneros"[6]. En 1901, Henry Jessup dijo: "La obra misionera debe ser, si es posible, una labor de toda una vida. Si va al extranjero, prepárese para pasarse la vida entre la gente del lugar y para identificarse con ella. Que nada lo aparte de su labor"[7]. Por supuesto, esto es admirable y legítimo, pero la Iglesia de hoy no ve esta opción de toda una vida como la única expresión bíblica del llamado misionero.

Algunas de las personalidades clave de las misiones se pasaron toda su vida en ellas, aunque no en el campo misionero. La vida y el ministerio de Hudson Taylor han influido durante muchos años sobre la historia de las misiones y el progreso del evangelio. Taylor sirvió a la causa de las misiones durante toda su vida adulta, pero en el campo misionero solo estuvo la mitad de ese tiempo. La expresión de su llamado misionero a lo largo de toda su vida no consistió en un trabajo ininterrumpido en una población, sino más bien una serie de viajes continuos. En la misma línea, Oswald Chambers desafiaba a los cristianos: "Quien dice: *Te seguiré, Señor; pero...*, es el que está impetuosamente listo, pero nunca va. Aquel hombre tenía sus reservas acerca de ir. El exigente llamamiento de Jesucristo no da lugar a despedidas, las cuales son paganas, por la forma en que muchas veces las utilizamos. Una vez que Dios te llame, empieza a avanzar sin detenerte nunca"[8]. J.R. Mott era extraordinario para la movilización en favor de las misiones y al principio tenía el sincero deseo de ser misionero. Cuando Dios le cerró esa puerta, comenzó a hallar otras formas de servirle. Dios lo usó de manera poderosa para movilizar a jóvenes que fueran a los campos misioneros del mundo, aunque él mismo nunca llegó a vivir en ninguno de ellos como misionero de carrera.

En cambio, otros trabajaron en el campo durante toda la vida. Julia Woodward Anderson fue misionera con los indígenas quechuas del altiplano ecuatoriano desde principios del siglo XX hasta su jubilación en 1953. Sirvió con fidelidad en los fríos altiplanos, quedándose después de la muerte de su amiga y colega poco después de su llegada al Ecuador. Julia trabajó allí desde los tiempos de la nueva constitución del Ecuador en 1901, en la que se permitía la libertad religiosa, y sufrió durante los años de grandes persecuciones contra los evangélicos. En 1955, dos años después de su jubilación, se bautizaron los tres primeros indígenas quechuas del altiplano[9].

Rachel Saint aún servía con fidelidad en el campo al que Dios la llamó cuando Él la llamó al hogar. Entró al territorio huaorani (antes llamados "aucas", nombre con el que se les conoce muchas veces hoy) junto a Elisabeth Elliot y su hija Valerie Elliot, poco después del martirio del hermano de Rachel, Nate, y el esposo de Elisabeth, Jim. Los huaoranis mataron a estos dos hombres y tres más en enero de 1956 mientras trataban de establecer contacto con esta tribu no alcanzada. Sin duda, se requería de una gran fe para entrar a la aldea y vivir en medio de la tribu que asesinó poco tiempo atrás a su hermano. Sin embargo, lo hizo y allí permaneció durante décadas. Después que le diagnosticaron de cáncer, Rachel tuvo la oportunidad de regresar a los Estados Unidos para someterse a un tratamiento. Este cambio le hubiera permitido una vida más fácil y tal vez más larga. Aun así, optó por vivir y morir entre la gente que llegó a conocer al Señor durante su estancia en ese lugar. Se sentía contenta de ir al hogar celestial desde aquel otro hogar. El servicio de toda una vida era el llamado y la expresión que ella entendía.

No obstante, las páginas de la historia de las misiones están repletas de héroes misioneros que han servido de muchas formas y en diversos países como expresión de su llamado. Hudson Taylor creía que el llamado debía ser de por vida y, sin embargo, su propia vida demuestra que creía que la expresión de ese llamado era dinámica. Como ya mencionamos, solo estuvo en China apenas la mitad de su carrera misionera. Arny Carmichael es otra misionera cuyo generoso trabajo misionero constituye un reto para numerosos misioneros jóvenes de hoy. Estuvo trabajando en Japón antes de trasladarse a la India para trabajar allí. C.T. Studd trabajó en China y en el África. Cam Townsend, quien fundara Traductores Bíblicos Wycliffe, trabajó en Guatemala, México y numerosos países más. Los misioneros y los misionólogos del mundo entero respetan a Ralph D. Winter y aprenden de él. Su carrera misionera comenzó en Guatemala para después pasar a California. Dave Howard también se ha ganado el respeto y la admiración de los misioneros y colegas del mundo entero. Su carrera misionera lo ha llevado a ciudades y selvas, púlpitos y salas de juntas, usando piraguas y aviones jumbo de propulsión a chorro, por toda América Latina, Asia y Estados Unidos corno misionero y como ejecutivo de las misiones. Sin embargo, ha sido, y sigue siendo aún después de su jubilación, fiel al llamado misionero de Dios. La vida y el ministerio de estas personas reflejan las numerosas formas en las que se puede expresar un llamado a lo largo del tiempo. Al contemplar su fidelidad, podemos notar lo crucial que es la comprensión de la diferencia existente entre el llamado misionero y las miles de formas de su cumplimiento.

El Momento Oportuno De Dios Y El Papel De Usted Mientras Lo Espera

La espera hasta que Dios abra las puertas puede volverse algo atroz. Hay quienes comparan esto con la búsqueda del amor de nuestra vida. Cuando por fin encontramos ese amor, por razones como el servicio militar, los estudios o cuestiones de familia, nos vemos obligados a esperar para casarnos. La exasperación se apodera pronto de nosotros. Lo mismo es válido en el cumplimiento del llamado misionero. ¿Por qué tengo que esperar? No hay una respuesta única y sencilla, ni para los jóvenes enamorados, ni para el candidato a misionero que anhela trabajar en el campo misionero como respuesta a un llamado. Dios tiene sus razones y sus propios momentos precisos. No obstante, hay otra pregunta que nos ofrece algunas respuestas: ¿Qué debo hacer mientras espero a que Dios me dé la luz verde para irme?

Quizá aún esté recaudando fondos para su sostenimiento, haciendo los estudios que le han exigido, esperando a que su cónyuge sienta el llamado o alguna otra cosa. Entonces, ¿qué hace mientras espera ese momento perfecto señalado por Dios para entrar en el campo misionero? En primer lugar, recuerde que la vida no es algo que comienza cuando nos graduamos, ni cuando nos nombran misioneros, ni siquiera cuando el avión en que vamos aterriza en nuestro país de destino. Si no tiene la intención de llevar la vida de misionero donde está, no va a suceder nada mágico cuando se abroche el cinturón de seguridad del avión.

Trate de vivir el llamado misionero con todo su ser allí mismo donde está. Jim Elliot exhortaba a la gente a vivir al máximo para Dios. Decía: "Dondequiera que estés, vive allí al máximo"[10]. Otros han lanzado retos similares: "Es un verdadero insulto a la sabiduría administrativa del Espíritu Santo sugerir que Él va a realizar su programa de evangelización mundial mediante las labores de pluriempleados". Para que la evangelización mundial se realice (y lo será), se debe hacer en su mayor parte por medio de la vida de miles de hombres y mujeres que saben que el Espíritu de Dios los ha apartado con el propósito específico de proclamar las Buenas Nuevas del amor de Dios por los seres humanos. Deben ser hombres y mujeres que no estén dispuestos a comprometerse con nada que sea inferior a un servicio a tiempo completo"[11]. Esta es la vida que debemos vivir mientras esperamos, no la vida que prometemos vivir un día.

Mientras espera a que Dios le abra las puertas, puede hacer varias cosas. En primer lugar, lo más importante de todo es acercarse a Jesús tanto como pueda y mantenerse así. Robert Murray M'Cheyne solía orar para pedirle a Dios que lo hiciera tan santo como puede ser un pecador salvo por gracia[12]. También nos recordaba que un hombre santo es un arma temible en las manos de Dios[13]. Puesto que eso es cierto, la afirmación de A.W. Tozer de que "cada hombre es tan santo como quiere ser en realidad" nos debería hacer sentir humildes[14]. ¿Hasta qué punto llega su santidad? Esfuércese por ser un instrumento temible y bien preparado en las manos de Dios, mientras cumple con el llamado misionero que Él le ha hecho a su vida. Por supuesto, pueden existir muchas razones para el atraso de su salida hacia el campo, pero si una de ellas es la santificación, no le eche la culpa a ninguna otra persona. Charles Spurgeon decía: "Cualquiera que sea el "llamado" que pretenda tener un hombre, si no lo han llamado a la santidad, lo cierto es que tampoco lo han llamado al ministerio"[15].

Un segundo ejercicio que puede hacer mientras espera es el de explorar las oportunidades de hacer labor misionera allí mismo donde se encuentra. Existen incontables posibilidades para el servicio misionero a disposición de cualquier lector de este libro. Las iglesias locales, los institutos superiores y la mayoría de las agencias misioneras brindan oportunidades para viajes misioneros. Estos viajes misioneros son formas maravillosas de tener la experiencia de viajar entre países y aprender las habilidades necesarias para vivir en el extranjero. Este tipo de oportunidades también facilita la creación de amistades con personas de otros países y con misioneros.

Una tercera opción consiste en recibir el curso *Perspectives on the World Christian Movement* [Perspectivas sobre el movimiento cristiano en el mundo], o algún otro curso que esté a su alcance a través de alguna iglesia local o algún instituto superior. La lectura de biografías de misioneros es otra manera excelente de aprender acerca del mundo de las misiones y de la vida que le espera en el campo. Además de aprender acerca de las misiones, la lectura de biografías de misioneros también servirá como un excelente instrumento de discipulado para su crecimiento personal.

En cuarto lugar, todo el mundo tiene la oportunidad de aprender un idioma. Si el idioma que va a necesitar en el campo es una lengua tribual poco conocida que no se halla a su alcance, siempre podrá aprender el idioma oficial en el país. El hecho de poder hablar en el idioma primario de ese país va a ser de un valor incalculable cuando llegue al campo y es probable que se lo exija su agencia. Otro valor que tiene el aprendizaje de un idioma es que su cerebro desarrolla una facilidad especial para distinguir sistemas verbales, modificadores y numerosas formas de expresar sus pensamientos. Mientras más idiomas aprenda, más fácil le será aprenderlos.

En quinto lugar, puede establecer algún tipo de relación con los extranjeros que vivan en su ciudad. La globalización ha hecho que el contacto con numerosos grupos étnicos se vuelva un fenómeno cada vez más común, sin que tengamos siquiera que salir de los Estados Unidos. Por ejemplo, cada día los residentes de Manhattan hablan en más de trescientos idiomas[16]. "Escuche con atención en la calle o en el tren subterráneo, y lo más probable es que oiga un mínimo de cinco idiomas distintos en una sola hora"[17]. Hasta en la zona metropolitana de Louisville, estado de Kentucky, viven personas de mucho más de doscientas nacionalidades diferentes[18]. Dondequiera que viva, lo usual es que pueda hallar personas que pertenezcan al grupo étnico al que le ministrará a la larga en el campo misionero. Incluso antes de partir, puede comenzar a aprender su idioma y su cultura, y es posible que establezca contactos muy valiosos para conocer a diversas personas cuando llegue a su nuevo país. Una de las formas de conocer a estos residentes de origen extranjero son los festivales internacionales. En esas reuniones, se pueden encontrar puestos que representan a diversas regiones del mundo. Por lo general, existirá toda una red de conexiones que le ayudará a conocer a las personas de esos lugares que viven en su zona.

Una sexta idea es la de dar clases de inglés como segundo idioma. Este tipo de clases es una forma excelente de ayudar a estos extranjeros a asimilarse dentro de la cultura estadounidense y ministrarles en su época de transición. Estas relaciones pueden ser un suelo fértil para sembrar la semilla del evangelio. El intercambio de idiomas es una buena forma de ministrarles a las personas de procedencia extranjera, al mismo tiempo que se aprende un nuevo idioma. Usted enseña y practica su idioma durante una hora, y después ellos le enseñarían y practican su idioma con usted durante otra hora. De esta manera, tanto usted como ellos recibirán lecciones gratuitas, y usted evitará el paternalismo que acompaña en ocasiones a este tipo de ministerios. Recuerde que muchos de estos extranjeros son doctores, ingenieros y maestros en sus países de origen. Aquí sufren porque tuvieron que marcharse con poco o tal vez nada, aún no conocen el idioma y sus credenciales profesionales no se transfieren a nuestros sistemas. El intercambio de idiomas les permite la dignidad de devolverle a usted algo, al mismo tiempo que aprenden nuestro idioma y nuestra cultura. También le permite aprender el idioma y la cultura que va a necesitar, o al menos algún idioma vecino, con su cultura correspondiente.

Además de estas, hay muchas otras formas de pasar su tiempo mientras espera. Muchas veces, la forma en que espere es más importante que lo que hace mientras espera. Trate de cultivar una actitud adecuada. Agustín decía: "La paciencia es la compañera de la sabiduría". El Señor lo ama y tiene un plan para su vida. Esto no incluye solo su carrera misionera en el campo, sino también su tiempo de espera y de preparación. Recuerde que Él lo está preparando para servirle y esa preparación que necesita lleva tiempo. Robert Speer comentó: "Un hombre sin preparación espiritual no debe ir, pero tampoco está preparado para quedarse. Su deber más inmediato es la purificación de su vida y llenarla de poder"[19]. Aprenda a confiar en el corazón de Dios cuando no pueda hallar su mano. Él sabe con exactitud lo que hace falta para conformarlo a la imagen de Cristo y, al final del día, aun cuando lo que esté sucediendo no sea lo que usted preferiría, lo que quiere es ser conformado a Cristo.

Mientras espera, tendrá a su alcance viajes de corta duración que le permitirán ver los lugares a los que Dios lo podría estar llamando. Puede conocer a los misioneros con los que trabajaría y relacionarse con los nacionales dentro del contexto natural que se podría convertir en su próximo hogar. Todas estas cosas lo pueden ayudar a enfocar bien su comprensión de la dirección divina. Algunas veces, la espera solo consiste en querer saber dónde debe ir y preguntarse por qué Dios no se lo dice con claridad. Jim Elliot escribió: "Para mí, Ecuador es solo un camino de obediencia a una sencilla palabra de Cristo. Allí hay un lugar para mí y soy libre para ir. Por supuesto, esto es cierto para otros muchos lugares, pero después de haber dicho que existen necesidades, y sentido mi libertad, a través de varios años de espera en oración, por la motivación a este mismo momento del 'dónde', ahora siento paz para decir: "¡Allá voy, Señor, por gracia!""[20].

CONCLUSIÓN

EL LLAMADO MISIONERO está compuesto por un amor y una carga que duran toda una vida, y que van a hallar su expresión de numerosas maneras. Cuando Dios nos proporciona una nueva orientación con respecto al cuándo y al dónde, muchas veces confundimos esto con un nuevo llamado. No obstante, la dirección divina solo es la forma en que Dios decide usarnos para su gloria. Puesto que Él es soberano, escoge a quien quiere usar, pero también escoge el cuándo, el dónde y el cómo. Es muy importante ser obediente y humilde al aceptar una reorientación, como lo fue para empacar e irnos al principio de nuestro llamado.

Mientras espera por la luz verde para marcharse al campo misionero y comenzar el trabajo, hay mucho que hacer. Ante todo, necesita acercarse a Jesús tanto como le sea posible, y quédese allí. Aprenda a escuchar su voz, conozca y confíe en su Palabra y apóyese en Él. Cuando al fin llegue al campo misionero, tendrá que usar sin cesar los “músculos” de la fe que ha desarrollado en el ejercicio de la vida cristiana mientras esperaba. Cuando piense en su propia vida y mire la historia bíblica y las misiones del pasado, trate de sentir paz al recordar la fidelidad de Dios a sus promesas. Si aún se siente inseguro en cuanto al llamado misionero de su vida, recuerde que Él quiere que usted le conozca y comprenda ese llamado más de lo que usted desea, pero en su tiempo. Y su tiempo no es el nuestro.

TERCERA PARTE

EL CUMPLIMIENTO DEL LLAMADO MISIONERO

¿Qué Debo Hacer Si Mi Cónyuge No Siente El Llamado?

EL LLAMADO MISIONERO le llega a cada cual de una forma única. No hay dos personas que se hayan llamado a las misiones de la misma manera, ni en el mismo momento. A menudo, esto resulta en esposos o esposas cuyo cónyuge no tenga ese llamado. Debido a su trasfondo familiar, un programa de misiones nacionales y sus experiencias personales, hay algunos cristianos que parecen estar más dispuestos a la posibilidad de ser misioneros y, por consiguiente, escuchan y reciben el llamado con mayor facilidad. La tensión y las lágrimas resultantes de un sentido desigual en los llamados pueden devastar la armonía en el hogar. Es lamentable, pero tener un cónyuge que no posea su mismo llamado es una de las preocupaciones más comunes que me comentan los estudiantes. Tanto hombres como mujeres han experimentado esta frustración en cuanto al cumplimiento de su llamado misionero.

Seguir el llamado a las misiones no es lo mismo que aceptar cualquier otra clase de trabajo. Tal vez la esposa no posea el celo de su esposo por las leyes, los deportes o la construcción de casas, pero viven juntos y felices en perfecta armonía. Es posible que el esposo llamado a trabajar en el ministerio de la iglesia, no tenga la carga de su esposa por dar clases en una escuela, trabajar en contabilidad o ser agente de bienes raíces, pero sigue intacto el llamado "sueño americano". La aceptación de un llamado misionero es muy distinta. Cuando un cónyuge se siente llamado a las misiones y lo acepta, no le es posible disfrutar del desayuno en su casa, despedirse de su esposa o esposo y de los niños, ir para el trabajo y regresar a la casa a las cinco y media después de un largo día en la oficina. Todo cambia, y el cónyuge que no está tan seguro de tener un llamado misionero, se va a sentir muy amenazado ante la posibilidad de que se produzcan todos esos cambios.

En mi caso, me sentí llamado a las misiones muy poco tiempo después del día de mi conversión, a los veinticuatro años de edad. Aunque me crié en un hogar cristiano y desde joven hice todo lo acostumbrado para entrar a formar parte de la iglesia, cuando en verdad nací de nuevo ya era un adulto joven. Mis tíos eran misioneros de carrera en la cuenca del Pacífico, así que tanto en mi casa como en mi iglesia, nos resultaban conocidas las misiones y teníamos en alta estima a los misioneros.

Después de casi cinco años de matrimonio, el Señor nos salvó de una manera maravillosa. Yo me sentía abrumado por el amor y la gratitud que sentía hacia mi Señor. Sentí que debido a que había desperdiciado tanto tiempo en mi vida, el resto tendría que dedicarlo a hacer algo importante para el Señor. Casi de inmediato, comencé a pensar en las misiones. Aunque me emocionaba la posibilidad de ser misionero, mi esposa se sentía insegura con respecto a esa amenaza a la seguridad de nuestro hogar, de nuestro hijo recién nacido y de todos los planes que hicimos en el pasado. La tensión que sentíamos es la misma tensión y el mismo estrés por los que pasan miles de matrimonios jóvenes en estos momentos. En la actualidad, sigue presente en la mente y el hogar de muchos creyentes. ¿Por qué hay algunos cristianos que están más dispuestos que otros a las misiones? ¿Por qué uno de los cónyuges se siente emocionado solo con pensar en las misiones, mientras que el otro retrocede temeroso apenas se menciona esa palabra?

DIFERENTES INTERPRETACIONES DEL LLAMADO

Algunas veces, encontramos la respuesta en el trasfondo eclesiástico de la pareja. Muchas iglesias tienen programas de misiones dinámicos para sus jóvenes. Es frecuente que los misioneros que están en su nación durante el tiempo de licencia les hablen a estos grupos de jóvenes y les relaten emocionantes historias sobre su vida y su labor en el extranjero. En estas iglesias, los jóvenes escuchan con regularidad el desafío a considerar el llamado a las misiones y hacen viajes misioneros. Muchos candidatos a las misiones me han dicho que sintieron por vez primera que Dios los llamaba a las misiones en su propia iglesia local, cuando apenas eran muchachos.

Algunas veces, los jóvenes cristianos olvidan este llamado misionero durante la secundaria o el instituto superior. En esta época de la vida es cuando brotan y florecen los romances, y muchos jóvenes que en el pasado iban rumbo á campo misionero, toman decisiones de por vida sin pensar siquiera en su llamado previo, sus votos o sus compromisos con el Señor. Cuando Dios les trae a la mente esos votos y compromisos anteriores, y se comienza a agitar el llamado misionero en su corazón, hay quienes habrían llegado a ser misioneros, pero se hallan ya casados con creyentes sinceros que no sienten llamado ni inclinación alguna hacia las misiones. En un mundo en el que ciertas agencias misioneras exigen que ambos esposos posean el llamado, los posibles candidatos exclaman en medio de su frustración y su desespero: "¡No es justo!". Hay una expresión que se usa más de la cuenta: "Cuando Dios llama a una persona, llama a toda la familia". Esa expresión impulsa al candidato frustrado a declarar que el cónyuge "no llamado" tiene que estar fuera de la voluntad de Dios, o en estado de insumisión, o de desobediencia. Muy raras veces, esa conclusión es justa. El cónyuge que no se siente llamado, a menudo se siente culpable sin causa aparente. Al fin y al cabo, si su cónyuge se siente tan seguro en cuanto a su llamado misionero, tal vez sea usted el que esté impidiendo que su familia cumpla con la voluntad de Dios por su renuencia a partir. Por supuesto, puede ser que ninguno de los dos esposos haya recibido un llamado genuino o que el momento no es el adecuado, pero la angustia que causa un hogar dividido destroza el corazón.

En ausencia de una clara descripción del llamado misionero, dejamos que cada cristiano tenga su propia comprensión del mismo y use una de las incontables formas en las que los creyentes procuran conocer la voluntad de Dios en sus intentos por discernir si es cierto que Dios lo está llamando. Es muy posible que tanto el esposo como la esposa recibieran el llamado al mismo nivel, pero uno de los dos tiene una comprensión inconfesada del llamado misionero en la que se incluyen una visión nocturna o un poderoso relámpago, pero como sabe que no ha experimentado nada tan espectacular, llega a la conclusión de que no le ha llegado el llamado.

LAS AGENCIAS MISIONERAS Y EL LLAMADO DEL CÓNYUGE

En los relatos bíblicos hemos visto que no hay ningún mandamiento concreto ni clara directriz que sirva para guiar de manera definitiva en la comprensión y la aplicación del llamado misionero. Por tanto, en la práctica real, la mayoría de las agencias misioneras basan sus exigencias del llamado misionero en unos principios bíblicos más amplios y en consideraciones prácticas, en lugar de hacerlo en pasajes bíblicos específicos. En estos asuntos, es frecuente que apelen a versículos que son más *descriptivos*, por ejemplo, de la forma en que Pablo desarrollaba su ministerio misionero, que *normativos* en cuanto a indicar cómo debería ser siempre el ministerio de todos. Tal parece que Pedro y los demás discípulos casados deben haber dejado detrás a sus esposas por un tiempo para viajar con Jesús porque en Lucas 18:28, Pablo dice que lo han dejado todo para seguirle. Sin embargo, más tarde Pablo escribe diciendo que Pedro y otros iban acompañados de sus esposas en sus viajes como predicadores (1 Corintios 9:5). Por supuesto, no tenemos indicación alguna de que esas esposas tuvieran que tener claro un llamado misionero para poder viajar con sus esposos.

En el caso de un ministerio pastoral contemporáneo en la iglesia local, el concilio de ordenación, o el comité de búsqueda de pastor, le exige al candidato que tenga y manifieste su llamado al ministerio. Aunque casi siempre el comité exige que su esposa apoye de manera total su llamado, nadie espera que exprese también su llamado al ministerio. Es más, en muchos casos el concilio o el comité ni siquiera la entrevista a ella. Puesto que es obvio que son muchos más los pastores que los misioneros, sería de esperar que se le prestara una mayor atención bíblica al papel de una esposa de pastor. Y, por cierto, encontramos que se les presta esa atención a las esposas de los líderes en el ministerio en pasajes como 1 Timoteo 3. No obstante, lo que no aparece en estos pasajes es la exigencia de que la esposa posea el mismo llamado al ministerio del evangelio que su esposo.

Por consiguiente, desde el punto de vista bíblico, ¿a partir de cuál pasaje justificamos que se le exija a la esposa que manifieste un llamado claro, en especial cuando solo lo hacemos en el caso de que vayan a trabajar en un país extranjero, pero no lo hacemos cuando vayan a ministrar en nuestro propio país? En realidad, no hay pasaje alguno en el que se indique que el cónyuge de alguien deba tener su llamado misionero para validar ese llamado. Aun así, muchas agencias misioneras dicen que ambos esposos deben tener el llamado misionero como requisito para poder servir en esa labor, a pesar de que la Biblia no nos orienta con claridad a que lo hagamos. Como ya mencionamos, estas agencias no les exigen a ambos que tengan un llamado claro por unas razones de tipo exegético, sino por razones prácticas que también es importante tener en cuenta. En lugar de buscar versículos concretos para defender o atacar la exigencia de que ambos esposos posean un llamado misionero, necesitamos tener en cuenta la vida misionera práctica y los principios bíblicos generales con respecto al llamado común. La sabia mayordomía de nuestra vida y los recursos incluyen el que aprendamos las lecciones de los santos que fueron al campo antes que nosotros. Cuando nos alzamos sobre los hombros de los misioneros santos que han servido, y aprendido lecciones para su vida pagando un gran precio, podemos divisar el camino un poco más allá que ellos y aprovechar lo que aprendieron.

ILUSTRACIONES HISTÓRICAS Y BÍBLICAS DEL LLAMADO DEL CÓNYUGE

Con frecuencia nos viene a la mente el nombre de William Carey cuando pensamos en el llamado misionero de un cónyuge. En el capítulo 4, mencionamos algunos de los logros de Carey en el campo misionero. Mientras consideramos si se requiere que ambos esposos tengan el llamado misionero, debemos regresar a la historia de su familia. Cuando Carey se sintió llamado a ir a la India, le suplicó a su esposa que lo acompañara. Estando embarazada de su cuarto hijo en esos momentos, no estaba dispuesta a aceptar esta idea, y al final, Carey decidió irse solo a la India. Aunque había tenido la esperanza de que le acompañara, al hacerse inminente la partida del barco en el que viajaría a la India, le dijo adiós y se marchó. Cuando un cambio inesperado en los acontecimientos retrasó la salida del barco, regresó con un compañero de viaje y le volvió a pedir por última vez que lo acompañara. Ella cedió de mala gana y aceptó ir. Si algo no tenía claro era su llamado misionero.

Una vez que llegaron a la India, se convirtieron en extranjeros ilegales en cierto sentido y trabajaban de misioneros sin permiso. La Compañía Británica de las Indias Orientales había decidido que no se debía incomodar a los nacionales con esfuerzos misioneros. En los meses y años siguientes, la familia Carey sufrió grandes dificultades y pérdidas, incluso la de sepultar a su hijo menor. Dorothy Carey comenzó a perder la cabeza. Hay algunos comentarios históricos más reveladores que otros, pero según toda la información que poseemos, parece haber sufrido una depresión nerviosa irreversible. Algunas veces se agitaba mucho, manifestaba tendencias violentas, gritaba cosas incoherentes, y por un tiempo la "confinaron" a estar atada a su cama. Carey amaba mucho a su esposa, y hay quienes han alegado que ese tratamiento era mucho mejor que el que habría recibido en las instituciones para enfermos mentales en la Inglaterra de finales del siglo XVIII. Aun así, ¿cómo podía usar Dios a una familia dividida de esa forma? De seguro, razonamos, Dios no podía bendecir el ministerio de Carey. No obstante, William Carey fue avanzando desde sus humildes comienzos como zapatero remendón hasta que le llegaran a considerar el padre de las misiones modernas.

Nadie propone la experiencia de William y Dorothy Carey hoy en día corno el modelo a seguir por los matrimonios misioneros y ninguna agencia permitiría que uno de sus misioneros sufriera tanto sin intervenir en la situación. Algunas agencias señalan que en sus días no se exigía que ambos cónyuges tuvieran el llamado misionero y que esta es la posible clase de horror resultante. Algunos candidatos frustrados mencionan los éxitos que logró Carey en su ministerio como ilustración del fruto de un ministerio a pesar de la ausencia de un llamado común. Sin embargo, la mayoría de los que critican el que se exija este llamado común preferirían apoyar su argumento a base de hacer observar la ausencia de directrices bíblicas a su favor. Aunque la Biblia no habla de manera directa con respecto a un llamado misionero en común, da los consejos que necesitamos para que nuestra familia viva en armonía.

Hay muchos principios bíblicos que le podemos aplicar al tema de un llamado en común por un matrimonio.

- Amós 3:3 pregunta: "¿Andan dos hombres juntos si no se han puesto de acuerdo?".
- Eclesiastés 4:9-12 afirma: "Más valen dos que uno solo, pues tienen mejor remuneración por su trabajo. Porque si uno de ellos cae, el otro levantará a su compañero; pero ¡ay del que cae cuando no hay otro que lo levante! Además, si dos se acuestan juntos se mantienen calientes, pero uno solo ¿cómo se calentará? Y si alguien puede prevalecer contra el que está solo, dos lo resistirán. Un cordel de tres hilos no se rompe fácilmente".
- 2 Corintios 6:14 exhorta: "No estéis unidos en yugo desigual con los incrédulos, pues ¿qué asociación tienen la justicia y la iniquidad? ¿O qué comunión la luz con las tinieblas?"

Los principios bíblicos en estos versículos, y en muchos otros, enseñan el valor que tiene la unidad de acuerdo. Ninguno habla de forma directa del asunto de que ambos cónyuges sean capaces de definir con claridad su llamado misionero, pero hablan del valor que tiene el estar de acuerdo para que haya paz y armonía. La unidad, la paz y la armonía en un matrimonio se reflejan en nuestro rostro, nuestras palabras y nuestro hogar. Este propósito común en la vida es un poderoso testimonio de la gracia, la paz y el poder de Cristo, y les predica a las personas que queremos alcanzar un sermón que nuestras palabras nunca les podrían predicar. Un matrimonio que sirve con celo al Señor en su llamado común es un testimonio cristiano mucho más positivo que el matrimonio estresado al máximo, dividido y lleno de aflicciones causadas por unos llamados contrarios.

La Aplicación De Los Principios Bíblicos Al Llamado Del Cónyuge

Por supuesto, podemos y debemos aplicar estos principios bíblicos a todos los aspectos de nuestra vida, cualquiera que sea nuestra ocupación. Entonces, ¿por qué hay quienes los llevan hasta el extremo de exigirles a ambos cónyuges que den a conocer el llamado, solo en el caso de los misioneros, y no en el de los pastores, los ministros de música o los directores de jóvenes? Es lamentable que a menudo se espere y se dé por sentado que los ministros y sus esposas posean el llamado al ministerio, pero esto no siempre es cierto. En toda empresa misionera, es natural que la familia que siente un propósito y un llamado comunes sea la más eficiente. Sin embargo, las Escrituras no parecen exigir que ambos cónyuges posean el mismo llamado al ministerio. Con todo, la experiencia práctica nos hace ver sus beneficios.

Aunque casi todas las agencias misioneras piden que ambos cónyuges tengan un llamado misionero, solo hay una o dos de ellas que insisten en este punto de una manera absoluta. Es más, una de las mayores agencias de misiones en el mundo envía de vuelta a su casa a los que se hallan recibiendo la orientación misionera, si descubren que uno u otro de los cónyuges no puede dar testimonio sincero de que tiene un profundo llamado a las misiones. Otras agencias son menos rígidas y lo bastante flexibles como para estudiar a las parejas caso por caso. Por lo general, esto se debe a que son más pequeñas y tienen menos misioneros, lo cual les permite dedicar el tiempo que sea necesario a examinar las posibles excepciones y las circunstancias atenuantes.

Muchas agencias aceptan también una declaración menos definida del llamado misionero por parte de uno de los cónyuges. En este caso, ambos deben tener aún el llamado sincero del Señor, aunque no sea necesariamente el mismo. Por ejemplo, tal vez el esposo diga que Dios lo ha llamado a fundar iglesias y preparar líderes entre los quechuas de Bolivia. Es probable que tenga numerosos argumentos convincentes por esta profunda creencia. En cambio, cuando la agencia entrevista a su esposa, es posible que responda con sencillez y sinceridad: "Creo que Dios me ha llamado a ser una esposa y madre santa y sometida, y a proporcionarle a mi familia un hogar acogedor. Eso lo puedo hacer en cualquier lugar del mundo. Mi esposo es la cabeza espiritual de nuestro hogar y él considera que Dios nos ha llamado a Bolivia. Yo puedo ir allí con gozo en el corazón y dispuesta por completo a ser esposa misionera en Bolivia, donde serviré al Señor amando a mi esposo, a mis hijos y a la gente que Él nos llame a servir". Hay agencias que aceptarían a una pareja así y considerarían suficiente su llamado misionero. Otras tal vez lo reconozcan como amor y sumisión de acuerdo con las Escrituras, pero se trataría de una declaración menos definida del llamado misionera de lo que preferirían o aceptarían. A decir verdad, habría algunos que les negarían el nombramiento en su agencia.

Como mencionara antes, para algunas de las agencias la cuestión del llamado del cónyuge no tiene que ver para nada con la consideración de determinados pasajes bíblicos, capítulos y versículos. Más bien, movidos por razones prácticas y por lecciones aprendidas de manera dolorosa a lo largo de décadas de experiencia misionera, les piden a ambos cónyuges que posean el llamado misionero. Una encuesta realizada entre algunas agencias misioneras prominentes reveló que solo una de ellas exige de manera absoluta que ambos cónyuges puedan demostrar un llamado a las misiones, sin permitir excepción alguna. Las demás agencias prefieren que ambos cónyuges tengan el llamado misionero, pero añaden que evalúan a las parejas caso por caso. Aunque no existe una orden bíblica de que se exija que ambos esposos tengan el llamado misionero, hay razones sólidas para considerarlo como algo deseable.

La Misión Latinoamericana explicó algunas de las razones básicas por las que prefiere que ambos cónyuges posean el llamado misionero[1]. Estas razones no son exclusivas de la vida misionera, pero casi todos los hogares misioneros las experimentan, y a menudo hasta un grado que es desconocido en los demás lugares. Los aspectos básicos que se atienden son el sacrificio económico; la recaudación para el sostenimiento; la vida intercultural; las transiciones constantes; el estilo de vida misionero que siempre tiene que estar disponible y exige que se satisfagan unas necesidades siempre cambiantes; y la ética que trae consigo la recaudación de fondos para el sueldo del misionero, las relaciones con los donantes y la comunicación con los integrantes.

Es difícil vivir bajo el escrutinio constante de los demás, como quien vive en una pecera de cristal, al mismo tiempo que hay que ajustarse a un presupuesto limitado que se le muestra a todo el que quiera saber cuánto gana uno y cómo gasta ese dinero. Muchos pastores y sus familias conocen esta experiencia. No obstante, si añadimos a estas cuestiones los sacrificios que hay que hacer en una cultura mundana en su mayoría, y el ministerio donde casi toda la gente pertenece a una religión que no lo quiere allí, estaremos fabricando una bomba de tiempo en las tensiones matrimoniales. Las características exclusivas de la vida misionera llevan al matrimonio unos elementos estresantes que no entran en la mayor parte de las demás ocupaciones de la vida.

En una ocasión, estuve dando clases en una conferencia para preparación de pastores en un lugar de América del Sur donde un líder de la iglesia nacional y yo nos turnábamos para dirigir sesiones de una hora cada una. Yo había terminado mi primera sesión del día y estaba sentado en una de las bancas del fondo preparando mis notas, mientras mi hermano hispano estaba dando su clase. Lo estaba escuchando a medias, porque estaba concentrado en el esquema de mi siguiente clase. Sin embargo, puse toda mi atención cuando lo oí mencionar en una ilustración los nombres de unos misioneros que yo conocía. Les preguntó a los hermanos que estaban en la clase si recordaban a un misionero ya jubilado. Todos sonrieron, y era como si un cálido resplandor se desprendiera de sus rostros. Mi amigo recordó lo mucho que todos lo amaban y todo lo que hizo por ellos. De todas partes de la sala surgieron breves testimonios para reafirmar que fue un gran misionero. Entonces, mi amigo les preguntó si se acordaban de su esposa. Todos parecieron sentirse avergonzados y fijaron los ojos en el suelo. Les dijo: "Ella nunca nos dejó entrar a su casa, ni sostuvo una conversación con nosotros, ¿verdad?". "Así es", murmuraron. Hablaba por todos cuando dijo: "En realidad, no le caíamos bien, ¿no es cierto?". Todos lo afirmaron con la cabeza. Entonces llegó a lo que quería decir: "Nunca nos lo dijo con palabras, pero lo sabíamos, debido a su actitud hacia nosotros". Estaba ilustrando lo cuidadosos que debemos ser en cuanto a nuestro estilo de vida porque habla más alto que lo que decimos o dejamos de decir. Algo parecido sucedió con un pastor conocido de nuestra familia que aceptó una iglesia contra los deseos de su esposa. Ella no quería irse de la iglesia anterior donde estaban sus amigas. En la nueva iglesia, asistía los domingos por la mañana al culto, pero no iba a la Escuela Dominical, ni al culto de la noche. Nunca asistía los miércoles, ni a las actividades especiales. No quería estar allí, y era evidente que se estaba conformando con lo mínimo. ¿Hasta qué punto cree que fue eficaz el ministerio de su esposo? Cuando las parejas no poseen un llamado común a servir, sufre el ministerio.

Algunas agencias exigen que ambos cónyuges tengan el llamado con el propósito de retener a sus misioneros. Cuando una pareja se va al campo de misión sin un llamado misionero común, es frecuente que uno de los esposos vaya movido por un sentimiento de culpa, por el deseo de acompañar a su cónyuge para seguirse llevando bien con él o porque "no quiero ser la que impida que nuestra familia siga la voluntad de Dios". Cuando la luna de miel emocional de la etapa turística se acaba y el choque cultural empieza a tomar el control, incluso el más profundo sentido del llamado comienza a cuestionarse y reexaminarse. El misionero sin un llamado ya está empacando mentalmente sus cosas para irse del campo. Cuando el cónyuge "llamado" comienza a expresar las dudas, frustraciones, depresiones e introspecciones inevitables, el otro cónyuge, el que no tiene el mismo llamado misionero, no lo tratará de levantar, sino más bien lo querrá derribar. En su sabiduría, Jesús envió a los discípulos de dos en dos, no solo para que se rindieran cuentas el uno al otro y aprendieran a trabajar juntos en equipo, sino también para que se animaran entre sí.

CONCLUSIÓN

EN EL CAPÍTULO 6 vimos lo que uno puede hacer mientras se espera la aclaración y definición del llamado. No obstante, hay asuntos que tienen que ver de manera directa con las parejas. Recuerde que Dios le dio a su cónyuge como un precioso don. Los esposos deben amar a su esposa como Cristo amó a la Iglesia y se entregó por ella. Pablo dice que debemos cuidar a nuestra esposa y amarla como lo hacemos con nuestro cuerpo. Pedro nos recuerda que les estamos poniendo obstáculos a nuestras oraciones si actuamos de manera pecaminosa con ellas. El intento por hacerle sentir culpabilidad a su esposa, o manipularla para que acepte un llamado misionero, es una buena receta para producir un desastre. Ámela y tenga paciencia. Ore y trate de ser el esposo que Dios usará para proporcionar esa seguridad que necesita su familia.

Las esposas deben respetar a sus esposos y sujetarse a ellos. Si Dios le ha llamado, solo Él puede llamar a su esposo. Pablo le recuerda que debe vivir de tal forma que lo pueda ganar (1 Pedro 3: 1 -2). Por supuesto, se refiere a la salvación de un esposo incrédulo, pero si esto es cierto con respecto a la salvación, también debe serio en cuanto a la orientación hacia las misiones.

Mientras esperan, hagan que su matrimonio llegue a ser tan saludable como les sea posible. Esfuércense por comunicarse y ministrarse el uno al otro. Aprendan juntos un idioma, lean biografías de misioneros, reciban en su hogar a los misioneros que estén de permiso en el país, ya sea como huéspedes en un cuarto que tengan vacío, o solo para una cena, y envíenles correos electrónicos a los misioneros que están en el campo a fin de orar mejor por ellos. Vayan juntos a viajes misioneros de corto plazo. Estén dispuestos y dejen que Dios los dirija. De esta forma, cuando Él los lleve y los guíe hacia el mismo llamado misionero, tendrán un matrimonio sano, aprenderán juntos cosas nuevas y conocerán lo que es la vida de los misioneros. Un matrimonio saludable y una bien desarrollada capacidad de aprendizaje son dos cosas esenciales para una pareja que quiera llevar una vida misionera con un testimonio capaz de transformar al mundo.

La Llegada Al Campo Misionero

LA SENDA QUE VA DESDE LA ACEPTACIÓN DEL LLAMADO hasta el momento en que por fin podemos testificar del evangelio dentro de una nueva cultura, se parece mucho a la escalada de una montaña; el camino es difícil, pero con cada paso que vamos ganando con dificultad, podemos ir viendo el paisaje con mayor claridad y la experiencia se vuelve cada vez más impresionante. Muchas veces, el llamado misionero se define y confirma en la vida de los misioneros a medida que van recorriendo los pasos necesarios para recibir su nombramiento y llegar al campo de misión. Usted explora las opciones que ofrece la agencia misionera y que están abiertas para que pueda ir al campo, aprende acerca de la vida misionera e investiga con respecto a diferentes culturas. Por el camino va dejando atrás una carrera, se desprende de sus pertenencias, vende su auto y su casa, y se despide de sus estimados amigos y parientes. Este camino suele llevar a los púlpitos de numerosas iglesias, puesto que los candidatos a las misiones deben expresar su visión y recabar fondos para su sostenimiento o asegurarse de que oran por ellos las iglesias de la nación de origen. El proceso del nombramiento por parte de la agencia misionera, y de las charlas en las iglesias, le presenta numerosas oportunidades para definir con claridad su llamado. Como consecuencia de esto, ese llamado es cada vez más firme en su corazón.

También pensará en el paso que está dando siempre que se despida de alguien, hable con los posibles compradores de su casa o regale posesiones que apreciara alguna vez. En este punto suele ser cuando la neblina del llamado misionero se disipa para ceder el paso a una paz estable acerca de la obra que Dios está haciendo en su vida. La claridad que viene a este proceso es el "y qué" de este capítulo debido a que la necesidad de la definición y la confirmación del llamado misionero aparecen cuando sale en fe y da los pasos restantes hacia su nuevo hogar. A esta altura, es posible que crea con toda seguridad que Dios lo está llamando a las misiones en el extranjero y se esté preguntando acerca de los siguientes pasos a dar. Si aún no es así, permítame darle ánimo; la información que adquiera en el resto de su peregrinación es la que guiará sus pasos, confirmará su llamado y le concederá la paz que proporciona esa claridad.

Este libro no abarca todas las cuestiones que hay que tener en cuenta, ni explica toda la ramificación existente de misiones, agencias misioneras, ni preparación para las misiones. No es posible intentar siquiera hacerlo en un solo libro, mucho menos en un solo capítulo. Nuestra principal preocupación aquí consiste en ayudarlo a ser consciente de las cuestiones más pertinentes mientras explora las formas de llegar hasta el campo misionero y a orar durante todo el proceso.

Hay una serie de cuestiones prácticas que debe tener en cuenta: ¿Cómo escoger entre los centenares de agencias misioneras esa con la que va a invertir su tiempo y sus energías y tal vez el resto de su vida? Algunas le pagarán un sueldo, mientras que otras le exigirán que consiga su sostenimiento entre sus familiares, amigos y las iglesias. Hay agencias que se centran en regiones geográficas determinadas, mientras que otras se dedican a alcanzar ciertos grupos étnicos. ¿Cómo llegar a saber con claridad el lugar o el grupo étnico al que le llama Dios? La preparación misionera y los estudios sobre misiones son esenciales para servir con eficiencia, ¿pero en qué cantidad hacen falta y dónde los consigue? La consideración de estas cuestiones tan prácticas servirá para guiarlo en su comprensión del llamado divino y para hallar su lugar.

También debe tener en cuenta las cuestiones teológicas y filosóficas relacionadas con su llamado. La preparación misionera y los estudios sobre las misiones lo guiarán para que halle la respuesta a muchas preguntas teológicas y filosóficas de suma importancia, como las siguientes: ¿Qué es el evangelio?, o bien, ¿Cuál es la meta de las misiones? Estas preguntas y muchas más lo esperan en el campo misionero; usted debería conocer sus respuestas antes de llegar allí. Cada vez es más importante la exploración de cuestiones como las respuestas de la Biblia al desafío que constituyen el pluralismo y el *inclusivismo*, o la cuestión sobre si los misioneros deben centrar sus esfuerzos en las necesidades sociales o en la predicación del evangelio. Las respuestas a preguntas como estas son como escalones que sabe que tendrá que ir subiendo mientras avanza. Experimenta una santa inquietud que lo guía en el camino y sabe que no quedará en paz hasta que no llegue al final. Marjorie Collins escribió:

> Muchos de ustedes están buscando la dirección de Dios en cuanto a su ministerio futuro. Sienten un ardiente deseo de permitir que sus talentos, dones y capacidades se usen en su mayor potencial a la causa de las misiones. Procuran que Él los dirija de manera positiva hacia una Junta, un campo, un ministerio y un pueblo a los que no solo les pueda entregar lo mejor para el Maestro, sino también recibir la satisfacción del

ministerio en el que entren. Todo cuanto sea inferior a eso causará frustración, sin importar lo elevada que sea la posición ni lo tentador que sea el salario[1].

LA SELECCIÓN DE UNA AGENCIA MISIONERA

Los que aún están luchando por conocer la voluntad de Dios, se deben sentir alentados al saber que el proceso de escoger la agencia misionera más adecuada, e incluso el propio proceso del nombramiento, ayudan a discernir y confirmar el llamado. Este proceso les da la oportunidad de hablar con misioneros, directores de agencias y hasta presidentes de agencias misioneras, a fin de conocer su visión, su teología, sus estrategias y sus métodos. La selección de la agencia misionera más adecuada para usted y su familia es de gran importancia. Si su denominación tiene una agencia, necesitará decidir si solicita la posición de misionero dentro de esa agencia. Si no la tiene, hay centenares de agencias más y cada una tiene sus propios puntos fuertes y especialidades. Las decisiones entre todas las opciones posibles pueden convertirse en un proceso desconcertante y abrumador. Resístase a la tentación de pasar por alto el fuerte trabajo que significa hacer averiguaciones. Esta selección se parece mucho a la selección del cónyuge, sobre todo si está pensando en las misiones como carrera porque en muchos aspectos se va a conformar a su manera de pensar y a sus prácticas, pasarán juntos toda una vida y, en gran parte, su gozo dependerá de que exista una relación armoniosa. Esta selección podría determinar lo larga que será su carrera como misionero y también su eficacia y su realización. Gordon Olson nos recuerda: "Alguien dijo, con razón, que la selección de la junta misionera es mucho más importante que la selección del país donde se va a trabajar" 2. En realidad, varias veces he oído decir a algunos candidatos que de momento se han sentido llamados a trabajar con una agencia determinada, no tanto en un país, en un idioma, ni con un grupo étnico, pero que sabían con seguridad que tenían el llamado a trabajar con cierta agencia.

Aunque un pequeño grupo de agencias misioneras les dan sueldo a sus misioneros, la gran mayoría exigen que ellos mismos consigan su sostenimiento económico. Algunas solo exigen que consigan parte de su sueldo, pero la mayoría exige que el candidato a misionero recaude todo lo que necesita para su sostenimiento. Esta necesidad de tener que conseguir su sostenimiento es desalentadora para muchos candidatos. J. Hudson Taylor y su Misión al Interior de la China fueron los que abrieron el camino en cuanto a este modelo de sostenimiento misionero. Muchos misioneros se sienten intimidados, creyendo por error que son limosneros que les piden a unos extraños que se desprendan del dinero que tanto les ha Costado ganar para beneficiarse ellos. ¡Nada de esto es cierto! Al contrario, son ellos los que le están dando a la Iglesia de Cristo una oportunidad para invertir en el adelanto del Reino. Don Hillis explica: "El misionero de la Cruz no acepta las ofrendas del pueblo de Dios como limosnas destinadas a conseguir su bienestar propio. Es un representante de la obra de Dios. Esa obra no puede seguir adelante sin que los siervos de Dios la realicen, y estos no la pueden realizar si no tienen un sostenimiento"[3]. Un punto de vista más saludable acerca de la recaudación para el sostenimiento es el de recordar que estamos reclutando a todo un cuadro de creyentes que van a orar por nosotros, visitarnos en el campo, recibirnos cuando volvamos a nuestro país de origen y ser defensores de las misiones, además de contribuir económicamente todos los meses con su ministerio. Está formando un equipo de personas que van a ser los que le *envíen*, mientras usted es el que *va* a desarrollar su empresa misionera. Hillis continúa: "En la vida del obrero cristiano hay pocas cosas que hagan más por fomentar un interés a largo plazo por parte de la Iglesia de su nación de origen, tanto en dar como en interceder, como las relaciones personales"[4].

A medida que vaya reuniendo de forma lenta, pero constante, su apoyo económico, su seguridad con respecto al llamado se irá haciendo más profunda. Nos hace sentir a un tiempo humildes y confiados el darnos cuenta de que Dios va moviendo los corazones de los suyos para que satisfagan sus necesidades económicas. A.T. Houghton afirma: "Puede tener la seguridad de que, si Dios lo ha llamado, también atenderá sus necesidades económicas, de manera que quede bien equipado para servirle. Esta dependencia con respecto a Dios, y la confianza de que Él suplirá lo que usted necesita, va a ser un elemento positivo más en su preparación y fortalecerá en gran medida su fe porque podrá demostrar que Él es fiel"[5]. Hillis está de acuerdo con estas ideas: "Cuando el candidato a misionero considera la labor de recabar fondos para su sostenimiento económico como una oportunidad para demostrar su fe, informar a los demás cristianos sobre la obra de Dios, inspirarlos a invertir en cosas de trascendencia eterna y exhortarlos a interceder por él y por la obra del Señor, su tiempo de gira por las iglesias, en lugar de ser una montaña que escalar, se convierte en un ministerio"[6] .

Son pocas las agencias misioneras que dan el sueldo entero y no exigen que el misionero busque su propio sostenimiento. Las denominaciones, las iglesias grandes y algunas agencias de ayuda son las que dominan la lista de estas opciones. A simple vista, está claro que el modelo de sostenimiento pleno por parte de la agencia parece mucho más atractivo para los candidatos, que el modelo de búsqueda de fondos. Sin embargo, existen ventajas y desventajas, así que debe tener en cuenta dos cuestiones importantes. En primer lugar, el modelo de sostenimiento con sueldo entero suele exigir casi siempre para el nombramiento un proceso mucho más minucioso que el proceso del que recoge su propio sostenimiento. En segundo lugar, el modelo en el que el candidato recoge su sostenimiento aumenta el nivel de responsabilidad con las iglesias locales.

La Junta de Misiones Internacionales (IMB, por sus siglas en inglés) de la Convención Bautista del Sur (CBS) les proporciona el sueldo entero a sus misioneros y tiene un proceso de nombramiento muy exigente. Históricamente, la IMB (la antigua Junta de Misiones Foráneas) ha exigido un nivel de minuciosidad desconocido en otras agencias. Por ejemplo, Louis Cobbs informa sobre el proceso de nombramiento de la CBS en las décadas de los treinta y los cuarenta: "La Junta de Misiones Foráneas fue la primera en la nación de la que se sepa que les exigió a los candidatos a misioneros que pasaran por un examen psiquiátrico como parte del proceso de nombramiento [...] Durante su visita de tres días a un hospital psiquiátrico, tenían que poner por escrito su historia personal y se les hacía una evaluación médica, neurológica y psiquiátrica completa"[7]. Por supuesto, este riguroso proceso de nombramiento (que dicho sea de paso, ya no exige que el candidato permanezca dentro de un hospital psiquiátrico) es producto del profundo sentido de responsabilidad fiduciaria y mayordomía que la IMB considera que les debe a las iglesias de la Convención.

A lo largo de su historia, las agencias misioneras han empleado numerosos instrumentos y exámenes para determinar si la persona está en condiciones de trabajar en las misiones. Ted Ward escribe: "Durante los pasados doscientos años, y sobre todo a medida que las agencias misioneras se han ido considerando más desde el punto de vista de sus funciones administrativas y tecnológicas, la investigación del personal en potencia se ha ampliado mucho más. La dificultad en cuanto a valorar los dones espirituales y la presión para hacer uso de misioneros más jóvenes han causado un cambio desde los criterios bíblicos literales hacia los relacionados con la competencia y los rasgos personales mensurables"[8].

En el proceso de nominación que tiene la IMB, la primera cuestión que exploran los asesores en los candidatos en potencia, es la forma en que entienden su llamado misionero. En un reciente mensaje, dirigido a los candidatos en potencia, un asesor afirmaba que estaban buscando personas que *supieran* que estaban llamadas. Todos los candidatos, es decir, ambos esposos, deben expresar con claridad un llamado misionero para poder trabajar con la IMB. Cobbs informa: "Se identificaban cuatro elementos: (1) El llamado de Dios a la salvación; (2) el llamado de Dios a ser consciente de los dones y talentos recibidos de Él; (3) el llamado de Dios bajo la forma de un impulso interior; y (4) el llamado de Dios que involucra a otros cristianos: su pastor, los otros creyentes, la iglesia y la junta misionera"[9]. Cobbs continúa: "La seguridad en cuanto al llamado de Dios y su liderazgo se consideraron como vitales para que la persona pudiera perseverar y trabajar con eficiencia en el extranjero"[10].

La exigencia de que exista un llamado misionero es uno de los elementos más controversiales dentro del proceso de nombramiento, puesto que no hay en la Biblia ningún "capítulo y versículo" que lo defina ni lo exija. No obstante, hay agencias como la IMB que han hallado mediante su experiencia con miles de misioneros que la exigencia de que haya un llamado misionero es una de las claves para que los misioneros permanezcan en el campo cuando los tiempos se vuelven difíciles. El hecho de poder expresar un llamado misionero, defenderlo ante la familia y la iglesia, y perseverar a través de un largo proceso de nombramiento, tiene por consecuencia un profundo sentido de que existe ese llamado que va a ser capaz de sostener a la persona durante los difíciles días que pasará estudiando el idioma, viviendo en un país extranjero y proclamando a Cristo donde la mayor parte de la gente no quiere ni que usted esté presente.

Hay un segundo aspecto a tener en cuenta cuando se compara el modelo del sueldo completo con el modelo de la recaudación de fondos. Cuando usted es el que recauda sus propios fondos, los que le sostienen le proporcionan gran parte de su responsabilidad espiritual. Sí, la agencia de misiones por fe con la que se relaciona también lo va a supervisar. Sin embargo, hay un "sistema de comprobaciones y equilibrios" implícito cuando su sostenimiento procede de personas e iglesias que lo conocen y que se mantienen al tanto de lo que está haciendo. Con frecuencia, los puestos otorgados con sueldo completo comprenden unas encomiendas de trabajo detalladas, con pequeños gerentes que supervisan todos los aspectos de su labor. En cambio, cuando usted es el que recauda su propio sostenimiento, su descripción de responsabilidades puede ser tan amplia y flexible como "todo lo que el Señor le indique que haga". Hay misioneros a los que les encantan las estructuras de una encomienda de trabajo, de tener un supervisor y formar parte de un equipo. Hay otros que prefieren la libertad de seguir en el campo la dirección que les señale Dios, de la misma manera que lo han seguido a Él para llegar allí. Nuestra familia ha pasado por ambos modelos; cada uno tiene sus propios puntos fuertes y débiles. Usted es el que mejor se conoce a sí mismo y conoce a su familia. ¿Preferiría la estructura del modelo con un sueldo o el de la libertad que acompaña al modelo de fe? Asuntos de seguridad Las otras cosas que tienen en cuenta las agencias misioneras suelen tener que ver con asuntos prácticos, como las estrategias y la metodología. Por ejemplo, muchas agencias están utilizando ciertas plataformas para lograr la entrada a esos países donde hace falta tener un "acceso creativo". Esos países mantienen un estrecho control de las visas que dan derecho a la residencia legal y solo permiten que entren allí las personas que aportan una capacidad necesaria y valorada por el gobierno. Puesto que los gobiernos hostiles al evangelio no les conceden este tipo de visas a los misioneros cristianos, el obrero cristiano tiene que obtener su visa utilizando una plataforma como la labor de asesor financiero, asesor de cibernética, maestro de inglés o alguna otra capacidad que se necesite. Asegurando los beneficios de las plataformas, Barnett dice: "Las plataformas de acceso creativo son medios viables proporcionados por Dios para darles a los obreros de las misiones la oportunidad y la base de relaciones necesarias para realizar con eficiencia su principal objetivo o misión. Lejos de ser una "cubierta" para otras actividades encubiertas, las plataformas constituyen una base para vivir entre los que nos rodean, interactuar con ellos y comunicarles el evangelio con un sentido de integridad"[11].

Una vez en el país, los misioneros se pueden dedicar a otras actividades, según se lo permitan el tiempo y la libertad de que dispongan. No obstante, son muchos los misioneros que se sienten incómodos con el arreglo de una plataforma. Muchos han preguntado qué le dirán al recién convertido que se entera durante su proceso de discipulado que su nuevo amigo cristiano es en realidad un misionero que vino con la idea de captarlo y que no tiene nada de asesor de negocios. Más de un recién convertido se ha preguntado qué otras cosas le ha tergiversado el cristiano. Algunos misioneros se preguntan si el uso de las plataformas no tendrá por consecuencia que estén levantando su ministerio sobre una mentira y no sobre la verdad.

Los misioneros con acceso creativo llevan una vida de intriga y emoción en naciones extranjeras. Esto tiene un inmenso atractivo para numerosos candidatos; ir donde nadie ha ido antes y hacer la obra de ministerio contra los deseos de unos gobernantes que odian al evangelio son cosas que se parecen mucho a lo que relata el libro de los Hechos. Estos misioneros usan programas de computadora con codificación a fin de proteger el contenido de sus correos electrónicos; usan códigos en su lenguaje cuando escriben al país de origen (como "cotorreando con papá" en lugar de "orando al Padre"), y llevan una vida secreta. Esto puede ser muy emocionante, pero también se puede convertir en algo muy agotador. Es un estilo de vida que no es para todos. Dios ha diseñado a unos para que vivan solo donde puedan predicar, enseñar, evangelizar y discipular sin trabas. Shakespeare lo expresó muy bien: "Sé fiel a ti mismo". Usted es el que sabe cómo lo hizo Dios y cómo hizo a su familia. Las plataformas son vías de acceso creativo a países que de otra manera permanecerían cerrados al evangelio. Sin embargo, exigen una manera de vivir que no todo el mundo tiene el llamado a vivir.

Selección De Un Equipo

Otro paso en su recorrido hacia el campo es el de conocer a su equipo. Muchas agencias misioneras trabajan en equipos que a menudo incluyen misioneros veteranos y, cada vez con mayor frecuencia, creyentes nacionales. Cuando se une a un equipo ya existente en el campo misionero, es algo que se parece mucho a su propia familia; no escoge las personas que lo forman. Es crítico que dedique el tiempo necesario y emplee cuantos esfuerzos y fondos hagan falta para llegar a conocer a su equipo antes de firmar su aceptación. Hace poco aconsejé a un joven matrimonio que estaba en el campo y que había llegado a trabajar en el país escogido con los ojos y el corazón abiertos de par en par. Derramaron toda su vida en el trabajo. Sin embargo, se hallaban en una situación en la que había un equipo muy disfuncional y descubrieron que un integrante descontento del equipo estaba socavando su trabajo. Después de trabajar y orar en medio del dolor de esta angustiosa experiencia, esta pareja me pidió que les advirtiera a todos los candidatos que se aseguraran de conocer a los integrantes de su equipo antes de aceptar un destino determinado, aunque tuvieran que gastar dinero para hacer un viaje misionero y conocerlos en el campo. Tal vez ese consejo le parezca un poco espantoso y exagerado, pero una de las estrategias favoritas del enemigo siempre ha sido dividir para vencer. Conéctese con ellos por correo electrónico, llámelos por teléfono y viaje para visitarlos. Lea sus cartas de oración y escríbales cartas. Conozca a su equipo y asegúrese de que tanto usted como ellos piensen que va a encajar bien en el grupo.

Necesita conocer lo que están haciendo y si va a poder adaptarse a ese trabajo. Por ejemplo, algunos de los misioneros que trabajan en países musulmanes se dan a sí mismos el título de "musulmanes", puesto que esta palabra solo significa "uno que se somete". Usan el nombre de Alá para referirse a Dios, dado que ese es el nombre de Dios en su idioma. Otros usan el Corán para evangelizar porque en algunos pasajes habla bien de Jesús. Sin embargo, muchos misioneros sienten una aversión por esta estrategia que se halla muy cerca de volverse una verdadera reacción física... ¡les enferma que se hagan esas cosas! Lo que estamos considerando ahora es si esta estrategia es viable y se basa en una misionología sólida. El punto principal es que el tiempo para investigar cuál es la estrategia de su equipo no es cuando llegue convertido en un nuevo misionero y los otros le digan: "Aquí tienes tu Corán, hermano musulmán. Tú eres misionero, así que ve a hablarles de Alá a los demás". La pena interna, la angustia y la discordia que su propio desacuerdo y su propia aflicción causarán no son justos con respecto a su equipo. Más importante aun es el hecho de que el estrés y la irritación le vayan a abrumar a usted y a su familia, y cuando a esto se añada su choque cultural naciente, es muy probable que todas estas cosas juntas hagan de la adaptación necesaria algo demasiado grande para soportarlo.

Es lamentable, pero las posibilidades de que surjan desacuerdos dentro de los equipos son incalculables. Durante décadas, los que han escrito acerca de las misiones han dicho y vuelto a decir que la principal fuente de estrés y de frustración en el misionero son los demás misioneros. Usted se puede evitar gran parte de esta confusión si busca la forma de conocer a su equipo antes de unírsele. Para los misioneros que son conservadores en su teología, lo prudente sería que averiguaran si el equipo, y en especial su líder, es liberal o moderado. Los misioneros calvinistas que insisten en la soberanía de Dios sufrirían y harían sufrir a otros si los colocaran en un equipo de misioneros arminianos, que estarían resaltando la responsabilidad del ser humano. Por supuesto, no siempre las personas llevan al extremo sus diferencias doctrinales, de manera que los equipos pueden funcionar en medio de una relación sana cuando sus miembros están de acuerdo en su derecho a disentir y les dan un gran valor a la unidad y al amor fraternal que Cristo nos ordenó que tuviéramos. Con todo, el hecho de ser consciente de esas diferencias y de su nivel de gravedad puede ayudar al candidato a saber si debe unirse a ese equipo o no. Al menos, podrá reconocer cuáles son los posibles puntos de tensión y evitar las disputas dentro del equipo. Hay equipos que insisten en la satisfacción de las necesidades físicas de la población nacional, mientras que otros insisten en la proclamación del evangelio. El candidato a misionero prudente tendrá en cuenta lo que cree con respecto a estos asuntos y averiguará lo que cree el equipo en el que es posible que se integre, con el fin de evitar las fricciones y los sufrimientos. Tenemos un excelente punto de partida en la obra *Paradigms in Conflict*, por David Hesselgrave, en la cual el autor presenta ambas posiciones en diez temas diferentes que causan una fricción continua dentro de la familia de los misioneros. Al precio que sea necesario, busque la manera de conocer a su equipo.

PREPARACIÓN MISIONERA

¿Por qué necesita preparación misionera? Esa preparación exige bastante tiempo. La tercera parte de la población mundial nunca ha oído el evangelio y a diario mueren cincuenta mil de esas personas. La impresión que tenemos es que no se puede perder tiempo y que el llamado es urgente. Al fin y al cabo, no necesita la preparación de un integrante de la unidad especial de la Marina de los Estados Unidos para poder salvar a un niño que se esté ahogando en una piscina, ni tampoco necesita tener un título de seminario para entregar un tratado. Este argumento y muchos semejantes resuenan en las salas donde se celebran conferencias misioneras. Esos lemas bien intencionados llevan la intención de mover a los jóvenes para que piensen en las necesidades del mundo y vayan a las naciones sin tardanza. Los oradores misioneros y los administradores de las agencias han visto una y otra vez que los jóvenes han pasado al frente, han firmado una tarjeta y se han comprometido con las misiones en el extranjero. Sin embargo, por desdicha, es frecuente que en el instituto superior tengan que asumir unas deudas que impidan su partida. Otras veces, se enamoran y se casan con alguien que no se siente llamado ni comprometido, o se enamoran con el sueño estadounidense de tener una casa con su cerca de madera, dos o tres hijos, un perro y un auto nuevo. Los oradores y administradores quieren enviar a los jóvenes mejor antes que después, a fin de evitar el riesgo de perder estos voluntarios. No obstante, son graves los problemas que surgen cuando llegan al campo misionero sin una preparación hecha a conciencia.

Hace poco oí que un orador misionero le decía a su público de candidatos: "Ustedes, los misioneros nuevos, van a formar la teología de ese grupo étnico". Los retaba a ir a un campo donde algunas personas habían aceptado a Cristo, pero no había creyentes discipulados. Estaba en lo cierto, y su afirmación solo era la punta del iceberg. Los nuevos misioneros escriben teología y doctrina en el corazón de la gente. No obstante, muchos de esos candidatos aún no estaban seguros de lo que creían con respecto a numerosas cuestiones doctrinales y muchos pronto se tendrían que codear con imanes musulmanes, escépticos, ateos, gente de la Nueva Era, sacerdotes hindúes y seguidores de sectas.

Los misioneros deben estar preparados para representar a Cristo y su Iglesia en sitios donde muchas veces no hay iglesia alguna. A veces, tendrán también que amonestar y corregir a líderes de iglesias con ideas heréticas. Los misioneros dedicados a fundar iglesias deben ser capaces de distinguir entre un estudio bíblico y una nueva iglesia. ¿Cuáles son los requisitos que debe cumplir una iglesia o un pastor, y quién debe administrar la Santa Cena y el bautismo? Asimismo, a menudo los misioneros se ven obligados a enfrentarse con el problema de la poligamia en culturas donde ha sido la norma durante siglos o explicar la Trinidad con la mayor claridad posible de manera que sus detractores comprendan que no están adorando a varios dioses. Estas cuestiones de tanta gravedad exigen una fuerte preparación. Mi alma máter en el instituto superior tomó su lema de Marcos 10:45: "Porque ni aun el Hijo del Hombre vino para ser servido, sino para servir". Mi alma máter en el trabajo para el doctorado proclama este lema: "La mente para la verdad y el corazón para Dios". Las manos, los pies, la mente y el corazón son esenciales. Las manos que están listas para servir y los pies que están listos para ir son dignos de elogio, pero también es necesario que se preparen la mente y el corazón.

La preparación que necesita un candidato a misionero va más allá de lo que hace falta para entregar un tratado sobre un tema evangélico. Es posible que el médico misionero que estudió para cirujano se pase la mayor parte de sus días en actividades que no le exijan el uso de todos sus años de estudio y de cirujano residente. Algunas veces, dirige una clínica de primeros auxilios, reparte píldoras contra los gusanos o inmuniza y pone esparadrapos. Sin embargo, en los días en que se necesitan esas habilidades de cirujano, el celo y la carga por llegar al campo misionero no pueden sustituir a los años que pasó en sus estudios. Nadie contrataría a un abogado ni a un ingeniero que estuviera ansioso por ayudar, pero solo tuviera conocimientos rudimentarios acerca de su campo. Prepararse no es perder el tiempo, sino que es esencial para la eficacia en el servicio. Oswald Chambers nos recuerda que la preparación no solo es importante, sino que nunca debe terminar: "Es fácil imaginar que llegaremos a un punto en nuestra vida donde estaremos completamente listos; pero la preparación no se produce de manera instantánea. De hecho, es un proceso que debe continuar ininterrumpidamente"[12].

En realidad, la preparación misionera y el proceso de estudios que se sigue confirman en muchos casos el llamado del misionero. Es frecuente que lleguen estudiantes al seminario para estudiar misiones porque hicieron un viaje misionero o recibieron un curso sobre misiones en su iglesia local y esto los anima a saber más del tema. Otros llegan al seminario porque saben que Dios los está llamando a dar el siguiente paso en su vida cristiana y que los está llamando a algún tipo de ministerio. Aunque no sepan aún con exactitud lo que esto significa, sí saben que un llamado al ministerio es un llamado a prepararse. A medida que van pasando los semestres, sienten el latido de los corazones de sus profesores misioneros, van a viajes misioneros con otros estudiantes, escuchan los testimonios de los misioneros que hablan en los servicios diarios de la capilla, leen biografías de misioneros y batallan con el llamado de Dios sobre su vida. Dios usa todos esos elementos para ir enfocando su llamado y guiándolos hacia la mejor de las sendas para su vida. Aquí podríamos citar el Salmo 32:8: "El SEÑOR dice: "Yo te instruiré, yo te mostraré el camino que debes seguir; yo te daré consejos y velaré por ti"" (NVI).

Asuntos Culturales

De la misma forma que el conocimiento de los puntos difíciles que presentan los integrantes del equipo en su personalidad le puede ayudar a evitar tensiones en el campo, también le puede ayudar el conocimiento de la cultura a la que le llama Dios. No tiene por qué huir de la dirección divina en cuanto a unirse a un equipo por el simple hecho de que en él haya gente imperfecta. En lugar de salir huyendo, debería usar ese conocimiento para fomentar la armonía. De igual manera, el conocimiento de los retos culturales que le esperan no lo debería llevar a rechazar los lugares difíciles ni a optar por los más cómodos. Sin embargo, se dice que "hombre prevenido vale por dos", y este conocimiento le debe ayudar a esperar y reducir el número y el impacto de los incidentes culturales que acaban con la paciencia y con la cordura.

Toda cultura usa el idioma por dos razones. Una es comunicar información y la otra es mantener relaciones. La cultura de los Estados Unidos usa el lenguaje en este mismo orden de prioridad. En cambio, las sociedades orientadas hacia el grupo, cuya cultura destaca las relaciones y el acercamiento cara a cara, operan en el orden opuesto. Nuestra cultura de comunicadores directos espera unas respuestas sinceras a las preguntas; es más, nuestra sociedad depende de esto. En cambio, las culturas donde hay una comunicación indirecta le responden lo que usted quiere oír, con el fin de apaciguarlo y evitar el mal momento que podrían causar al negarse ante una petición. La confusión resultante hace que el misionero estadounidense parezca grosero y exigente en ocasiones, mientras que él piensa que los que componen su nueva cultura son unos mentirosos incapaces de decir la verdad.

La cultura de los Estados Unidos valora la vida íntima y los derechos personales del individuo. En cambio, en el mundo hay muchas culturas que consideran esta manera de ver las cosas como egoísta y fría. Criamos a nuestros hijos para que respeten a los demás y lleguen a tiempo a sus citas. Es frecuente que la gente de negocios del mundo occidental se dedique a los juegos de poder de nuestra cultura a base de tener esperando a la gente. En cambio, hay otras culturas donde se considera que la hora que marca el reloj no es tan importante como lo que va a suceder y la sensibilidad en cuanto a los sentimientos de las personas involucradas en dicho suceso. Algunas veces se producen tensiones cuando un misionero orientado hacia el trabajo y amigo de fabricar listas dirige a un equipo que incluye gente procedente de una cultura más orientada hacia las personas. En las prioridades del misionero, la tarea que tienen por delante eclipsa a todas las demás consideraciones y no puede comprender por qué sus obreros están afuera jugando fútbol, cuando lo que se necesita es que estén terminando su proyecto. Otras fuentes potenciales de tensión son los distintos usos del espacio, los contactos visuales, los gestos y los diversos matices de la interacción diaria que no implican el mismo significado en culturas diferentes.

El candidato a misionero no debe tratar de comprender su propia cultura ni las tendencias culturales de la cultura donde es posible que vaya a trabajar, de tal manera que evite los lugares difíciles y procure adaptarse con facilidad a otros; tampoco debe usar la información para justificar el no ir a donde lo llama Dios. La concienciación de las diferencias culturales solo le permite al nuevo misionero prever dónde van a estar los puntos de tensión. Con este conocimiento, puede orar para pedir más gracia cuando esté en situaciones que sepa que le van a ser estresantes en especial, y repetir hasta la saciedad el axioma intercultural: "¡No está equivocado, ni es estúpido, solo es diferente!".

CONCLUSIÓN

LA COMPRENSIÓN de que Dios lo está llamando a dar un paso hacia las naciones del mundo lo llevará a dar otros pasos posteriores: las agencias misioneras, las cuestiones de misionología, las dinámicas de equipo, las diferencias culturales y las opciones en cuanto a su preparación. La preparación recibida en un seminario teológico es una experiencia rica y gratificante. La preparación que da el seminario es la más completa, profunda y exhaustiva que se puede recibir antes de ir al campo misionero, pero no es una opción que se encuentre a la disposición de todos. Hay otras opciones disponibles para su preparación tales como los cursos en línea, institutos bíblicos y organizaciones de preparación misionera. Por supuesto, siempre está la posibilidad de educarse a sí mismo leyendo libros sobre la historia de las misiones, las biografías de diversos misioneros, la antropología cultural y la misionología, además de entrevistarse con misioneros para hablar de sus experiencias.

El mensaje misionero es el evangelio de Jesucristo, que de una vez para siempre fue entregada a los santos. Son las Buenas Nuevas en cuatro partes: Dios es santo, el hombre es pecador, Jesús es la respuesta, y se debe arrepentir y nacer de nuevo. El mensaje en sí es muy sencillo. Sin embargo, la comunicación de estas cuatro verdades a las culturas del mundo es un proceso muy complejo. Es necesario aprender el idioma, vivir dentro de la cultura y ganarse la amistad de los nacionales para que estén dispuestos a escuchar y predicarles el mensaje salvador del evangelio de una manera adecuada a la cultura; una manera en que lo puedan escuchar y comprender. No hay otro evangelio. No hay reglas más flojas para los lugares más difíciles y el mensaje del evangelio es esencial para la salvación.

Las cruciales decisiones de cuál es la agencia misionera adecuada para usted, y después las consideraciones del equipo de trabajo, se parecen mucho al proceso de escoger a la persona que nos acompañará para toda la vida. Un proverbio dice en broma: "A la hora de casarse, no precipitarse". También le podríamos aplicar este proverbio al misionero que se apresura a irse para el campo misionero con un conocimiento mínimo o nulo de la gente con la que va a vivir y trabajar, o con poca comprensión de las cuestiones bíblicas y teológicas de importancia. Es esencial que escoja con gran prudencia su agencia y su equipo de trabajo. Prepárese con toda la capacidad para las misiones y todos los estudios posibles. Su gente se merece los esfuerzos que emplee en prepararse. La pureza de su Iglesia y la solidez de su doctrina van a brotar de lo que les enseñe. Investigue todo lo que pueda acerca de la cultura a la que se dirige, antes de montarse en el avión para llegar al lugar. En sí mismo, este proceso de aprendizaje profundizará más su amor por ellos y fortalecerá su sentido del llamado misionero.

LOS OBSTÁCULOS A SUPERAR PARA LLEGAR AL CAMPO

EXISTEN DOS VERDADES bíblicas muy sencillas que se relacionan con las misiones mundiales: el mundo necesita escuchar el evangelio y Cristo nos ha dado la encomienda de llevárselo. Entonces, ¿por qué aún las naciones no han oído el evangelio si ya han pasado dos mil años? No es porque Dios no haya proporcionado un número suficiente de cristianos, ni porque no haya llamado a un número suficiente de nosotros a las misiones. Dios llama a muchos más de los que llegan a ir. Muchos cristianos testifican que en algún momento de su vida se han preguntado si tenían un llamado misionero, pero que las decisiones que fueron tomando después en la vida les cerró esa puerta o al menos la convirtió en una opción que les era muy poco práctica para tener en cuenta. Isobel Kuhn, misionera en China y Tailandia, habla de esta cuestión al reflexionar acerca de una tribu que poco tiempo antes había pedido que alguien fuera a enseñarles lo que es el cristianismo.

> Han estado esperando diez años. ¿Cree que cuando pidieron mensajeros del evangelio Dios no les respondió? Eso no puede ser. Él entregó a su preciado Hijo para que todos conocieran y recibieran la vida eterna. Creo que quien no respondió fue el ser humano. Cuesta bastante dejar atrás a los seres amados y las comodidades de la civilización. Creo que en cada generación Dios ha llamado suficientes hombres y mujeres como para evangelizar todas las tribus de la Tierra que no se hayan alcanzado aún. ¿Por qué creo esto? Porque dondequiera que voy me encuentro siempre con hombres y mujeres que me dicen: "Cuando era joven, quería ser misionero, pero en lugar de eso me casé". O bien: "Mis padres me hicieron cambiar de opinión", o cosas por el estilo. No, no se trata de que Dios no llame. Se trata de que el hombre no le responde [1].

En realidad, esos mismos "obstáculos" continúan y, a menudo, nosotros mismos nos inventamos o imaginamos otros más. Tales obstáculos nos permiten alejarnos de la necesidad de Cristo del mundo y de nuestros propios deseos con la conciencia tranquila.

Sin embargo, ni nos imaginamos todos los obstáculos, ni tampoco los recibimos con agrado. Algunos obstáculos que les impiden a los misioneros, o los frustran por un tiempo, el cumplimiento de su llamado son importantes y van más allá de su control. La vida de misionero es un verdadero desafío y exige unos hombres y unas mujeres que no solo estén dispuestos, sino bien adaptados y preparados también. Stephen Neill, historiador de las misiones, dijo: "La obra misionera cristiana es la cosa más difícil que hay en el mundo"[2]. Aunque nos inventemos e imaginemos algunos obstáculos, hay otros que son muy reales. Aun así, le es posible evitar muchos antes que estorben su carrera misionera. Hay otras clases de obstáculos que solo los puede resolver la mano de Dios. Nos da una gran paz el recuerdo de que Él es soberano y la obra de las misiones es suya. Él puede hacer en nosotros, para nosotros y por medio de nosotros toda su santa voluntad. Oswald Chambers lo expresó: "Si un hombre o una mujer reciben el llamamiento divino, no importa cuán desfavorables sean las circunstancias, al final todos los factores en juego servirán para el propósito de Dios"[3].

Por lo tanto, es crucial el discernimiento de la voluntad de Dios y el lugar de usted en las misiones. Si está seguro de su llamado, también puede estar seguro de que, en su tiempo, Él quitará las barreras que le impedirían su servicio. Descanse en eso. Aunque Jim

Elliot era un ferviente reclutador de las misiones, le aconsejaba a su amigo Pete Fleming, quien terminó martirizado junto con él, que tuviera en cuenta los obstáculos: "No tengo ninguna palabra para ti con respecto al Ecuador. Por supuesto que me sentiría gozoso Si Dios te persuadiera para que te fueras conmigo. Sin embargo, el que te debe persuadir es Él. ¿Cómo predicarán si nadie los envía? Si el Dueño de la Cosecha no te mueve, espero que te quedes donde estás. Hay demasiados muros que saltar para que lo hagamos sin estar plenamente persuadidos de la voluntad de Dios"[4].

En este capítulo hablaremos de siete categorías de obstáculos para el cumplimiento del llamado misionero, y lo que puede hacer al respecto.

FÍSICO

Las agencias misioneras exigen que los candidatos se encuentren en buen estado físico. Mientras que algunas agencias solo piden una constancia de un médico que verifique que goza de buena salud, otras exigen unos exámenes físicos muy rigurosos, un análisis de sangre completo, rayos X, el historial médico de la familia y una evaluación psicológica. Muchos candidatos a misioneros consideran que estas pruebas son impertinentes e innecesarias. Se preguntan qué podrá importar el que tengan el colesterol unos puntos más altos de la cuenta.

Recuerde que a menudo los misioneros deben trabajar en zonas remotas del mundo, apartados del cuidado médico avanzado que está al alcance de la mayor parte del mundo desarrollado. El mismo misionero podría ser el único "médico" que tendría su familia durante muchos meses seguidos. Con frecuencia, los problemas médicos latentes salen a la superficie debido al estrés de la vida misionera o los ataques repetidos de problemas gastrointestinales debidos a parásitos o amebas. Los candidatos alegan que siempre han resuelto con facilidad sus problemas médicos menores haciéndose exámenes periódicos, usando medicinas que no necesitan receta médica y cuidándose en su alimentación. En el campo misionero, estas comodidades y opciones no son posibles muchas veces.

Además, los misioneros se deben hallar en buen estado físico porque el estrés de los viajes internacionales y la vida misionera exige resistencia. Los misioneros que deben vivir en selvas calientes y húmedas sin una dieta equilibrada, ni un refugio siempre seco, y que estén en medio de una constante amenaza de infección en ese ambiente tan hostil debido a la cortada más insignificante, descubren que la salud se puede deteriorar con rapidez. A otros que solo tenían un poco de asma en los Estados Unidos, se les hace difícil vivir en un país donde los campesinos queman los campos, cubriendo la región con un denso humo y con ceniza durante semanas dos veces al año. Aun los que tienen una excelente salud física descubren muchas veces que cuando uno vive a una altitud de entre tres mil y cinco mil metros sobre el nivel del mar, sufre su salud. Los candidatos a misioneros que son demasiado obesos hallan muy difíciles muchas circunstancias para servir con eficiencia y solo se pasan gran parte de su tiempo dedicados a recuperarse del esfuerzo de su vida diaria.

Por estas razones, y muchísimas otras demasiado numerosas para mencionarlas, a las agencias misioneras les interesa el estado físico del candidato. Cuando les revela todas sus enfermedades del pasado y les da a conocer el historial médico de su familia, las estará ayudando para que lo ayuden a usted. Los obstáculos físicos son reales y a veces impiden el servicio misionero; al menos, donde planeaba ir. Así, el hecho de tener en cuenta su salud y los rigores que acompañan a la vida en los diversos lugares que se hallan a su disposición, podría ser una forma más en que Dios lo guíe para que conozca y cumpla su voluntad.

Craig Storti insiste en que las cuestiones relacionadas con el choque cultural se complican más con el "choque de países" que significa vivir en ambientes con temperaturas, altitudes o paisajes extremos, muy diferentes a los de nuestro lugar de origen[5]. Si planea trabajar entre los aimaras, a cuatro mil metros de altura sobre el nivel del mar, en medio del altiplano boliviano, y el médico descubre que usted tiene una condición médica que alerta en contra de esta mudanza, tal vez podría escoger un lugar en el que la altitud sea menor. Conozco misioneros que escogieron una ciudad determinada debido a su salud o a la de alguien en su familia, y de esta forma indirecta hallaron el gozo de su corazón y la voluntad perfecta de Dios. A pesar de esto, hay algunos candidatos que no tienen la flexibilidad que da esta manera de ver las cosas y no están dispuestos a trabajar en un lugar que no hayan escogido ellos mismos. Sin embargo, tal como escribe Henry Jessup, "no debería ir nadie que no estuviera dispuesto a ir donde sea necesario ir. Debería existir una entrega total propia"[6].

Los candidatos pueden evitar la frustración de muchos obstáculos físicos manteniéndose en buena salud y dentro de un peso adecuado. Mediante una dieta apropiada y el ejercicio, esfuércese por estar listo para servir donde Dios quiera y en el momento que lo decida Él. De este modo, el candidato se parece al jugador que espera en la línea de banda la serial del entrenador para que lo envíe al juego: listo, dispuesto y ansioso por ir. La triste verdad es que la tercera parte de los adultos que viven en los Estados Unidos y tienen entre veinte y setenta y cuatro años de edad son obesos. La diabetes también está en aumento, en parte debido al incremento de la gordura de los ciudadanos estadounidenses[7]. A veces, los candidatos a misioneros se ven impedidos de servir debido a su obesidad, su falta de buen estado físico o las consecuencias de una dieta pobre. Estas son cosas que podemos controlar. Manténgase siempre listo para cuando el Señor lo llame por su nombre y lo envíe al mundo.

EMOCIONAL

Los obstáculos emocionales y psicológicos también pueden impedir que un candidato llegue a servir con eficiencia. El estrés que significa vivir en el extranjero unido al choque cultural puede sacudirle en lo más íntimo y puede hacer que cuestione su fe, por no decir su cordura. El estrés emocional y psicológico puede incitarlo a sentir aversión y desconfianza hacia los mismos nacionales que ha venido a alcanzar. A veces, alguna cuestión del pasado que pensaba resuelta y olvidada lo puede asaltar y brotar atravesando todas las capas de racionalización con las que había cubierto en los Estados Unidos. Como sucede con los obstáculos físicos, las disfunciones emocionales pueden permanecer ocultas y tapadas dentro de la comodidad y la familiaridad de su estilo de vida estadounidense. David Mays escribe:

> Es necesario superar los trasfondos disfuncionales. Los que han tenido que batallar con los maltratos, las adicciones, la destrucción de la familia y los problemas en las relaciones

> cargan con un bagaje adicional que tiende a salir a la superficie ante las presiones de las situaciones transculturales y los retos espirituales. Nuestros amplios espacios y estilos de vida independientes nos permiten evitar a las personas con las que tenemos problemas. En cambio, en el extranjero es frecuente que esas cuestiones no se resuelvan con tanta facilidad[8].

Es frecuente que los hijos maltratados desarrollen habilidades para sobrevivir y arreglárselas que no son sanas y sigan luchando con esas formas de conducta durante su adultez. Las inseguridades, los temores y las ansiedades que se alivian a partir de comida, amistades o excesos de trabajo en los hábitos de vida de los Estados Unidos, no se pueden desestimar con tanta facilidad en un nuevo ambiente que se desconozca.

De manera similar, la depresión también puede ser debilitante y un gran obstáculo para el servicio. Claro, todo el mundo tiene sus pequeñas depresiones de vez en cuando. Entre las lumbreras más resplandecientes que han brillado en el cielo de los héroes cristianos, ha habido algunos que han sufrido de depresión de vez en cuando. Nos vienen a la mente el rey David y Elías de la Biblia, junto con Martín Lutero y Charles Spurgeon de la historia cristiana. Es frecuente que los misioneros sufran de añoranza, desaliento y soledad, lo cual es de esperarse. En cambio, una depresión clínica que se vaya convirtiendo en un verdadero abismo de desespero, no solo debilita, sino que es peligrosa y es posible que necesite una intervención. Una evaluación bien hecha durante el proceso de nombramiento puede ser una bendición maravillosa, no solo para evitar semejante desastre en el campo, sino también para que usted alcance una vida saludable dondequiera que viva.

Los temores y las preocupaciones son comunes a cada creyente. Dios sabe que nuestras tendencias a pecar nos llevan a preocuparnos y sentirnos ansiosos, así que la Biblia está repleta de amonestaciones que nos indican que no temamos ni nos preocupemos. Pablo llega incluso a darnos indicaciones concretas para que tengamos la paz de Dios (Filipenses 4:4-9). Lo cierto es que, desde el punto de vista humano, en el campo misionero hay muchas cosas que temer. C.S. Lewis dijo, en uno de sus escritos, que vivimos en un mundo peligroso[9]; en ningún lugar esto es más cierto que en el campo misionero. La mayoría de la gente no lo quiere a usted allí, la religión dominante seguramente no lo quiere allí, y el enemigo tampoco quiere que esté allí. Hay enfermedades en ese lugar, para las que su cuerpo no se ha inmunizado; hay guerras, y con frecuencia, un odio abierto a todas las cosas y las personas procedentes de los Estados Unidos. Como humano, debería estar muerto de miedo; sin embargo, en realidad ya está muerto, ¿no es así? "Con Cristo he sido crucificado, y ya no soy yo el que vive, sino que Cristo vive en mí; y la vida que ahora vivo en la carne, la vivo por fe en el Hijo de Dios, el cual me amó y se entregó a sí mismo por mí" (Gálatas 2:20). Recuerde que Aquel que nos entregó nuestras órdenes es soberano y lo ama con un amor que sobrepasa todo entendimiento.

Sin duda, Elisabeth Elliot tenía causas para sentir temor cuando entró con su pequeña hija y Rachel Saint en la aldea de los mismos hombres que asesinaron a su esposo y los cuatro amigos de este. Con todo, escribe: "No hay necesidad de fe donde no hay conciencia de que exista un elemento de riesgo. La fe, para que sea digna del nombre, debe aceptar la duda. En nuestra entrada al territorio de los aucas había una inmensa cantidad de riesgos, que nosotros sabíamos. También estaba la base de nuestra fe: la Palabra de Aquel que es llamado "el autor y consumador de la fe""[10]. "El SEÑOR irá delante de ti; Él estará contigo, no te dejará ni te desamparará; no temas ni te acobardes" (Deuteronomio 31:8).

Espiritual

Cada cristiano debe buscar la santidad. Sin embargo, hay quienes la buscan con mayor diligencia que otros, y los misioneros no son la excepción. Por supuesto, la salud espiritual de un misionero es importante para su santificación personal y su crecimiento en la gracia, pero en especial porque el misionero es el que establece el tono espiritual que tienen los discípulos en el campo. En muchos lugares del mundo, la única cosa que conocen los miembros de las iglesias acerca de Cristo y la Biblia es lo que es, dice y hace el misionero. No hay lugar para los que se creen superiores a los demás en lo espiritual. Estos personajes son los proverbiales destructores que les causan grandes daños a la obra, a los demás misioneros y también a la causa de Cristo entre los nuevos creyentes, aún inmaduros. El orgullo y la arrogancia son de mal gusto entre los creyentes discipulados en una iglesia cristiana fuerte, pero pueden hacer daño por generaciones entre los nuevos creyentes que están tratando de moldear su vida cristiana de acuerdo con el modelo que ven en los misioneros que les enseñan. Los obreros cristianos que han olvidado que la santidad, el amor y la compasión son las cosas que deben caracterizar su vida, enseñan sin quererlo a vivir en medio de ambiciones egoístas y fricciones.

Es frecuente que escondamos, racionalicemos o justifiquemos los pecados que nos acosan, cuando los confesamos durante nuestros devocionales diarios, en especial si esos pecados son escondidos, o incluso "aceptables" dentro de la cultura de los Estados Unidos. En cambio, en el campo misionero todo el mundo le está observando para ver lo que es un cristiano y cómo se comporta. No le es posible relegar el estilo de vida bíblico al ámbito del debate abstracto mientras vive su vida delante de los nacionales. Todo lo que van a saber de Jesús es lo que aprendan de usted. George Murray escribe: "Los misioneros que llevan el mensaje de Cristo a los pueblos no alcanzados están entrando directamente en el territorio de Satanás. No hay nada que le agrade más al enemigo que hacer que los misioneros caigan en pecado a fin de anular su testimonio"[11]. La salud espiritual de un misionero es más importante que su salud física porque un testimonio cristiano sólido puede glorificar a Cristo de maneras que nada puede hacerlo. Sin embargo, el misionero que cae en la carnalidad o el egoísmo obra en sentido contrario y obstaculiza el adelanto del evangelio.

Muchas veces es más difícil buscar la santidad en el campo misionero. La combinación del choque cultural, el choque nacional, el rechazo y la soledad vive en las sombras de muy poco compañerismo cristiano, adoración colectiva o amigos a los que rendirles cuenta en nuestro andar cristiano. Una de las razones por las que va en aumento la adicción a la pornografía de la Internet es que se trata de un pecado que uno puede cometer a solas, sin testigos... en secreto. Imagínese lo que es vivir solo en otro país. En un artículo que habla sobre las tentaciones de los misioneros, Murray dijo:

> Por lo general, los misioneros se hallan lejos de su lugar de origen, lejos de las personas que los conocen, lejos de una comunidad cristiana. Si

> pierden la compostura o hacen alguna trampa, ninguno de sus conocidos lo va a saber jamás y ninguno de los cristianos locales se escandalizará porque no existen. No hay iglesia local, ni creyentes, ni estudios bíblicos, ni reuniones de oración, ni siquiera radio cristiana [...] El misionero se ve solo a través de las líneas enemigas. La atracción del pecado es fuerte, y no hay nadie cerca que lo ayude a permanecer firme. Con todo, podemos vencer a Satanás, resistirnos a las tentaciones e impedir que el pecado nos domine, aun en el campo misionero[12].

Un proverbio conocido dice que el carácter de una persona se revela en lo que hace cuando nadie la está observando. A.T. Houghton escribe: "El carácter del cristiano es más que la personalidad. No se hereda ni se asimila como puede ser en otros atributos. Su formación depende en gran medida de la decisión que tome la persona de hacer uso de las circunstancias y oportunidades externas para desarrollarlo"[13]. A medida que vamos creciendo en nuestro andar cristiano, descubrimos que la vida está formada por decisiones. Las decisiones que tome, no solo brotan de su carácter interno, sino que lo modelan. Esta relación simbiótica revela no solo quién es usted en realidad, sino también en quién se está convirtiendo.

Es esencial tener una estrecha relación con Dios para ser eficiente en el servicio misionero. El cristiano se deleita en Dios y lo glorifica. En los designios divinos, este deleite de glorificar a Dios también obra para beneficio del misionero. Las bendiciones que acompañan a una vida cercana a Dios son los medios necesarios y los cimientos para la labor misionera. Usted no solo enseñará y predicará, sino también actuará como modelo de lo que necesitan aprender los creyentes, y ellos van a aprender más de lo que es usted, en lugar de lo que dice.

La comunión con Dios que influye en la salud espiritual resulta en la seguridad del misionero en experimentar su liderazgo para la vida y el ministerio. La percepción de la dirección de Dios exige que uno reconozca su voz cuando la escuche. Aiden Gannett escribió: "Aunque sea de naturaleza subjetiva, en realidad es muy cierto que la paz de Dios que produce su Espíritu (Gálatas 5:22) "actúa como árbitro" en el corazón para definir cuál es la decisión adecuada de acuerdo con los propósitos divinos. El medio que usa el Espíritu para cada decisión es la Palabra escrita (Colosenses 3:16; compárese Salmo 119: 105)"[14]. El simple hecho de conocer la voluntad de Dios nos ofrece una claridad y una firmeza que ninguna otra cosa nos puede dar. Oswald Chambers hizo esta conexión cuando declaró: "Nosotros hacemos de nuestra consagración un llamamiento. Pero cuando llegamos al punto de andar bien con Dios. Él echa todo a un lado y nos administra un dolor terrible para asegurar nuestra atención en algo que nunca soñamos, podría ser su llamamiento. Y por un momento resplandeciente vemos su propósito, y decimos: *...Heme aquí, envíame a mí*"[15].

Relacional

Las habilidades de la gente para las relaciones sanas son esenciales para los misioneros. ¡Imagínese un pastor diciendo que le gustaría su trabajo si no fuera porque detesta el olor a oveja! Los misioneros deben predicar el evangelio y discipular a los creyentes, y esto sucede mejor en el contexto de las relaciones personales. En ocasiones, esto exige que uno ame al antipático y al difícil de amar.

El misionero debe tener la habilidad suficiente para hacer amistades con facilidad y relacionarse bien con los demás en casi cualquier situación. Es embajador de Cristo, y a los embajadores les ayuda tener el don de la diplomacia. El misionero debe tener también buenas relaciones familiares, tanto con la familia que dejó atrás, como los familiares que lo acompañan al campo. No es posible dejar atrás el bagaje familiar diciendo adiós en el aeropuerto y huir a un país lejano; estos problemas lo seguirán y serán un obstáculo para su eficiencia en la labor. El misionero que no se puede relacionar bien con los demás no logrará representar a Cristo. El misionero que no se lleva bien con su cónyuge, no está capacitado para ocultar esa disfunción en el campo misionero. La familia es un modelo del cuerpo de Cristo. La habilidad para sostener buenas relaciones es esencial a fin de trabajar en un equipo, animar a los creyentes y enseñar acerca de nuestra relación con nuestro Padre celestial y nuestro Hermano Mayor.

ECONÓMICO

Espero que esto no le resulte chocante, pero los misioneros no son casi nunca personas acaudaladas. Los que han tenido que recaudar su sostenimiento le podrán decir que hay que andar por fe para ver que el dinero entre cada mes. También pueden testificar que, aunque Dios nunca llega tarde, tampoco es usual que llegue temprano. Él nos proporciona lo que necesitamos cuando lo necesitamos. Para vivir así, hace falta fe. Aun los que reciben su sueldo completo para el sostenimiento mensual, no reciben una paga abundante.

La idea de renunciar a una casa espaciosa y bien amueblada para mudarse a un país en vías de desarrollo donde es posible que viva con menos de la décima parte de sus ingresos actuales es un reto sobrecogedor para algunos y obstaculiza su aceptación del llamado misionero. Por supuesto, las consideraciones financieras son dignas de atención, en especial si tiene hijos que aún dependen de usted. Sin embargo, Dios no lo guiará a donde no provea para usted.

Uno de los obstáculos económicos es fruto de una costumbre de los institutos superiores que ahora es casi la norma de los Estados Unidos: las deudas por préstamos al estudiante. La deuda personal es uno de los principales obstáculos para el servicio misionero, y debido a que la mayoría de los candidatos son recién graduados del instituto superior, la razón principal de las deudas son los préstamos para estudios. Los estudiantes que tienen que pedir dinero prestado para asistir al instituto superior, y diferir sus pagos hasta después de la graduación, quizá deban cincuenta mil dólares o más al final de un plan de estudios de cuatro años. Ninguna agencia misionera responsable permitiría que un candidato joven se vaya al campo con un sueldo de misionero esperando cubrir el pago de la deuda causada por un préstamo tan grande. Muchas veces, el estudiante se siente esclavizado a esta deuda, y culpable de que se haya convertido en un obstáculo para el cumplimiento de su llamado misionero. En un ario escolar reciente, el Centro Nacional para Estadísticas de la Educación informó que alrededor de la tercera parte de todos los estudiantes de nivel superior pidieron préstamos de estudiante y, como promedio, se graduaron con una deuda de casi veinte mil dólares sobre este préstamo[16].

Por lo general, las hipotecas y los préstamos para automóviles se ven de forma distinta, puesto que los candidatos pueden vender las casas y los autos antes de marcharse y pagar su deuda. No obstante, algunos candidatos se lamentan de haber tenido que usar su casa o su auto como colateral para conseguir otro préstamo que necesitaban, y ahora deben más de lo que podrían recuperar con una venta. Tal vez el mercado de bienes raíces esté en depresión y esto impida una venta y, por consiguiente, su servicio misionero en el campo.

John Piper exhorta a todos los cristianos a vivir en una economía de tiempos de guerra[17]. Esto no significa que vivamos como pobres de solemnidad. Significa que usemos el dinero con sabiduría. Por supuesto, tal vez usted necesite un auto, tenga que comprar ropa y las necesidades de la vida, pero escoja con discreción. Gaste el dinero en lo que sea necesario para ganar a las naciones. He estado terminando mi sótano para añadirle un estudio a la casa, de manera que la familia tenga más espacio vital. Después de buscar los presupuestos de un par de contratistas, decidimos que debíamos hacer el trabajo nosotros mismos para ahorrar dinero. Leí libros que explicaban paso a paso todo lo que había que hacer, y después fui haciendo todo lo que pude, antes de investigar acerca del paso siguiente y seguir adelante. Mientras trabajaba, comprendí que había algunos trabajos que superaban mis capacidades y le pagué a alguien para que los hiciera. ¡Así sabría que mi familia estaría a salvo de mis esfuerzos como electricista o fontanero! También tuve que comprar algunas herramientas caras para hacer el trabajo. Al menos, a mí me parecieron caras. Sopesé con cuidado la compra de cada una y, para decidirme a comprarla, me basé en la posibilidad de usarla o no en el futuro. Si era una herramienta cara que solo usaría una vez, le pagaba a un profesional que tuviera la herramienta requerida para que viniera a hacer el trabajo, pero si la iba a usar muchas veces en el futuro, la compraba. Después, visitaba las tiendas y comparaba antes de comprar la herramienta, para asegurarme que fuera de la mejor calidad y al mejor precio. No compraba nada que no necesitara en realidad, pero gastaba con gusto el dinero cuando hacía falta, tanto por la seguridad de mi familia, como por conseguir la herramienta apropiada para el trabajo. Ahora ya tenemos casi terminado el sótano y lo hemos hecho con unos ahorros increíbles. Al reflexionar en esto, estoy convencido de que así es que deberíamos vivir toda la vida para el avance del reino y la gloria de Cristo. Pregúntese: "¿Es necesario este gasto? En ese caso, ¿esa es la mejor manera de emplear este dinero?". Piense en los fondos que habría a disposición de las misiones si cada cristiano viviera de esta manera.

Aléjese de las deudas. Las deudas se convierten muy pronto en una esclavitud y usted no será libre para servir al Señor en la forma, el tiempo y el lugar que quiere Él. Lo irónico es que la Palabra de Dios nos enseña que una "deuda" es la que nos amonesta a vivir libres de deudas: "No debáis a nadie nada, sino el amarnos unos a otros; porque el que ama a su prójimo, ha cumplido la ley" (Romanos 13:8). Lo que los obliga es el amor a Cristo y a las naciones que necesitan oír el mensaje.

RECAUDACIÓN PARA EL SOSTENIMIENTO

La idea de conseguir su propio sostenimiento económico se convierte con frecuencia en un obstáculo que mantiene a muchos fuera del campo misionero. El espectro de ir a las iglesias, hablarles a los comités de misiones y congregaciones desconocidas, con el fin de pedirles que les den dinero, es algo abrumador para muchos candidatos. Dicen que se sienten como intrusos inoportunos que deben marchar de iglesia en iglesia pidiendo limosna con el sombrero en la mano. Tienen que recaudar su sostenimiento para amueblar la casa en el campo, comprar un vehículo y muchos gastos más como el viaje hasta el campo, el sostenimiento mensual, los estudios de sus hijos, su seguro y su jubilación... y orar para que les siga llegando todo el tiempo que estén en el extranjero.

El trabajo misionero es obra de Dios. Él es el que nos llama a hacer el trabajo y nos provee de todo lo que necesitaremos para hacer lo que quiere que hagamos. Al igual que su llamado misionero le llena de un gozo indecible, esos con el don de dar experimentan el gozo y la satisfacción por poner en práctica su don a favor de usted. Dios lo capacitará para hablar y presentar su visión, de manera que pueda conseguir el sostenimiento que necesitará. Oswald Chambers escribió: "Dios no nos pide que hagamos lo que se nos facilita por naturaleza, sino aquello para lo cual somos perfectamente aptos por su gracia. Y es ahí donde siempre se hará presente la cruz que debemos soportar"[18].

CIRCUNSTANCIAS FAMILIARES

Otra de las categorías de obstáculos y frustraciones en cuanto al cumplimiento de un llamado es las circunstancias familiares. Por ejemplo, muchas agencias han establecido normas que no permiten que trabaje como misionero nadie que haya estado divorciado. Otras considerarán caso por caso cada pareja o los divorciados solteros. Algunas veces, las reglas son menos rigurosas para los que solicitan trabajar por períodos cortos, que para los que quieren trabajar toda la vida en las misiones. Después de su primer período, a muchas de las parejas que han mostrado un testimonio sólido y una estabilidad interna se les permite seguir adelante para trabajar durante períodos posteriores.

La mayoría de las agencias nombra personas solteras para trabajar como misioneros, y la historia de las misiones refleja que algunos de los adelantos más significativos se han producido por medio de personas solteras, comenzando con el propio apóstol Pablo. Por lo general, la soltería es más un obstáculo a los ojos del candidato que para la agencia. Muchos misioneros, como el apóstol Pablo, han descubierto que esa soltería puede ser beneficiosa. Hay quienes suponen que los huaoranis[19] recibieron a Rachel Saint y a Elisabeth Elliot sin hacerles daño porque unas mujeres solas no significaban una amenaza. Elisabeth Elliot escribió: "Nosotras, como extranjeras, éramos unas anomalías en todo sentido, pero tal vez lo que despertara la curiosidad con respecto a nosotras entre nuestros vecinos, más que ninguna otra cosa, fue que ninguna parecía tener hombre"[20].

Tener los dones y el llamado a ser misionero sin los dones y el llamado a la soltería crea un desafiante dilema cuando uno no ha encontrado su alma gemela. Son muchas las razones por las que esto es un desafío. Cuando alguien va soltero al campo misionero, reduce en gran medida la posibilidad de conocer a su pareja potencial, a menos que se case allí con una persona de esa nación o con una persona soltera del equipo de misioneros. Si conoce a alguien y se casa en el campo, será necesario que su agencia apruebe a su cónyuge; de lo contrario, tendrá que regresar. Además, son muchas las agencias que tienen normas opuestas a los noviazgos en el campo misionero, de manera que muchos candidatos solteros sienten que están escogiendo entre vivir en soltería y obediencia al llamado, o desobedecer a Dios y quedarse en su lugar para hallar con quién casarse. Entre los misioneros existe un gran sentido de culpa respecto a esos sentimientos de fracaso y, casi siempre, es una falsa culpabilidad. Dios lo hizo para que sea la persona que es, y sabe con exactitud qué lo va a completar. Algunas veces, un periodo corto de uno o dos años en el campo le enseñará más acerca de lo que Dios quiere que haga, que todos los consejeros del mundo. Recuerde que Dios no solo es soberano en cuanto a las opciones posibles. Él también tiene el control del dónde y el cuándo.

En el capítulo 7, vimos que el sentido de llamado que tenga el Cónyuge es una cuestión clave tanto en el nombramiento como en la vida de familia en el campo misionero. Además de que muchas agencias lo exigen para conceder el nombramiento, este llamado en común resulta en armonía y gozo en el hogar misionero. Su ausencia causa un gran obstáculo: de discordia, tensión e infructuoso ministerio para la familia en el campo.

Los hijos de los misioneros también forman parte de las familias misioneras, y su presencia en un hogar puede abrir muchas puertas para el servicio eficaz. Los niños abren ventanas de oportunidad para testificar y a menudo logran que los nacionales desconfiados bajen la guardia. Con todo, tener hijos puede también ser un obstáculo, en cierto sentido, para el nombramiento. Hay algunas agencias que no están dispuestas a nombrar a un matrimonio con un recién nacido. Tal vez consideren que el campo escogido sea un ambiente demasiado peligroso para alguien tan delicado.

Otras agencias no les dan el nombramiento a los matrimonios con hijos adolescentes. A través de sus años de experiencia, han llegado a la conclusión de que los adolescentes están realizando ya tantos ajustes en su vida, que la carga añadida del aislamiento y el choque cultural en un país nuevo les resultan excesivos. Por tanto, les dicen a los padres que se comuniquen de nuevo con la agencia cuando sus hijos ya estén estudiando en el instituto superior. Otras consideraciones en cuanto a los hijos de misioneros son las de su cuidado y sus estudios. Es posible que el cuidado médico que necesitan los niños limite la cantidad de lugares en los que puede ir a trabajar la familia. Alguien debe cuidar de los niños pequeños durante el día o mientras sus padres ministran lejos de su hogar. Es necesario atender sus necesidades de estudios llevándolos a un internado, matriculándolos en una costosa escuela internacional si hay una disponible, poniéndolos en una escuela del sistema nacional o dándoles clases en la casa. Cada vez más, las familias misioneras están escogiendo esta última posibilidad por razones económicas. Sin embargo, casi siempre esto limita las actividades misioneras de la madre a solo darles clases a sus hijos, y esa limitación puede resultar frustrante para ella o para la agencia misionera.

Dios sabia que usted tenia hijos cuando lo llamó. La llegada del momento oportuno podría significar una espera, o tal vez su voluntad sea que investigue en otras agencias, o en las opciones de tener un ministerio en su propio lugar. Elisabeth Elliot expresa sus propias ideas en esta liberadora verdad:

> Fue solo que poco a poco llegué a comprender que se espera que se aprecien algunas cosas, en lugar de que se sacrifiquen. La responsabilidad en cuanto a los padres que tuve, mi nacionalidad y mi crianza era de Dios. Y El mismo fue el que me llamó, y me llamó por mi nombre, y no estaba dispuesto a pasar por encima de lo que era yo, ni de las cosas que me habían convertido en lo que era[21].

EL ENFRENTAMENTO DE LOS OBSTÁCULOS

En la mente de muchas agencias misioneras, estas cosas son consideraciones de importancia y tienen sus normas que las guían. Por consiguiente, también deben ser importantes para usted. Las normas que parecen ser un obstáculo para que pueda llegar a servir en las misiones no existen solo para proteger a la agencia, sino que también lo protegen a usted y a su familia. Es desalentador llegar a saber que una circunstancia de nuestra vida, nuestra familia o nuestro pasado se ha convertido en obstáculo para que trabajemos en el campo misionero de la forma en que Jo teníamos planificado. Sin embargo, una actitud adecuada hace prodigios en cuanto a persuadir al departamento de personal de una agencia misionera para que piense en otras opciones que podrían estar a su disposición. Lo más difícil de escuchar es un simple "no"; después de esto, lo más difícil es escuchar un "espere". Sin embargo, por la gloria de Dios y el adelanto de su reino, soportamos todas las cosas por amor a esos que aún necesitan oír.

Por último, recuerde que un obstáculo en cuanto á servicio podría ser solo eso: un obstáculo. No tiene por qué ser en sí una barrera infranqueable. Tal vez haya forma de abrirse paso por encima de ese obstáculo, por debajo o dándole la vuelta. Si un médico le aconseja que no entre al servicio misionero, trate de mejorar su salud, pierda peso si es ese el problema, baje sus niveles de colesterol y haga los cambios que sean necesarios con el fin de poder servir. Tal vez el médico le aconsejara que no aceptara su nombramiento porque su salud no soportaría los rigores del lugar solicitado. En ese caso, tal vez haya otra región adecuada para usted. Si el obstáculo es que tiene deudas, comience a pagarlas con verdadera dedicación. Si le falta preparación, consígala. Si un divorcio en su pasado le impide trabajar con una agencia, investigue la posibilidad de períodos más cortos o, incluso, busque otra agencia. Si sus hijos son demasiado pequeños o tienen demasiada edad, espere o busque en otro lugar. La cuestión es que un obstáculo no constituye un "no". Usted puede evitar muchos de ellos tomando a propósito unas decisiones que los eliminen. Hay otros obstáculos que se hallan fuera de su control, y que podrían limitar o dirigir en otro sentido su expresión del llamado misionero y convertirse en una de las formas en las que nos guía el Señor hacia su voluntad. Algunos obstáculos ya existen en su vida y es imposible evitarlos. Otros solo pueden eliminarse con una intervención de Dios. Él lo puede hacer, y es capaz de hacer más de cuanto le pedimos o nos imaginamos cuando lo que buscamos es vivir para su gloria.

Los Retos Dentro Del Campo

HAY UNA MUY BUENA RAZÓN por la que líderes piadosos y sabios han dicho que los misioneros son héroes; ser misionero en otra cultura y lenguaje de algunos lugares distantes del mundo puede ser una obra increíblemente difícil, frustrante, peligrosa y solitaria. A fin de mantenerse fiel en algo así, se requiere una mezcla única de talentos, capacidades, habilidades, y también la mano de apoyo de Dios. En este capítulo, descubriremos algunos de los desafíos que encontrará en el campo para cumplir su llamado misionero. Esos desafíos hacen inconcebible el ministerio, que en la mejor de las situaciones ya sería un trabajo difícil, sin el poder de la gracia de Dios. Mi intención al plantear estos asuntos no es desalentarlo, sino alertarle sobre los posibles baches de manera que los prevea y los evite.

El Choque Cultural

El choque cultural es un camino accidentado que debe negociar cada obrero intercultural. Algunas veces, los que están acostumbrados a viajar piensan con ingenuidad que no lo sufrirán mucho en realidad. Sin embargo, aunque tal vez los altibajos de su experiencia no sean tan extremos para unos como para otros, todo el mundo pasa por el ciclo de adaptación. Es frecuente que este choque cultural llegue de manera sigilosa y lo atrape cuando menos se lo espera.

Después del largo proceso que significa discernir la voluntad de Dios para su vida, y aceptar el llamado misionero, comienza el proceso para el nombramiento o expresa su visión misionera con el fin de conseguir su sostenimiento. Cada vez que termina uno de los pasos necesarios, se siente más emocionado y ansioso mientras espera la llegada al campo para comenzar su ministerio. Por último, llega el día en que autorizan su viaje al campo. Cuando aborda el avión, sabe que por fin miles de oraciones están comenzando a hallar su cumplimiento y su emoción no tiene límites.

Las primeras semanas en el nuevo país son una especie de luna de miel. Se siente como si hubiera nacido para esa cultura y piensa que no hay nada que pueda salir mal. A esta etapa la llamamos la etapa turista, puesto que este es el nivel más profundo de compromiso que alcanzan la mayor parte de los viajeros. Todas las vistas son nuevas y hermosas, y los colores son brillantes en los campos y en los mercados de los poblados. Descubre que le es imposible describir en sus cartas a los Estados Unidos la forma en que perfuman el aire las fragancias de los restaurantes, los campos llenos de flores y las panaderías. El dinero es como el de algunos juegos de mesa... ¡con diferentes tamaños y colores! La comida, la música, las costumbres y la hospitalidad de su nuevo país hacen que se pregunte por qué todo el mundo no se muda para allí. Hasta el reto que significa no hablar el idioma aún, es más una novedad que una molestia. Disfrute esta etapa porque solo le durará unas semanas.

La siguiente etapa es el profundo abismo del período de rechazo. Esto se produce porque todo lo que antes era normal, ahora es anormal, y usted ya no puede funcionar como lo hacía en el pasado. Nadie habla su idioma, lo cual significa que tampoco usted puede hacerlo. Las deliciosas fragancias que lo tenían encantado hasta el momento, se han convertido en olores desagradables. ¿Qué sucedió? ¿Cambió algo? Mientras más piensa en la comida, más le parece demasiado sosa, o demasiado picante, y echa de menos los platos que preparaba su mamá. Toda la belleza que veía antes, ahora es una monstruosidad. En realidad, nunca había notado la basura, ni los grafitos, pero ahora parecen estar por todas partes. Siempre tiene que estar sacando cuentas en su cabeza para convertir los precios locales en "dinero de verdad". La antes hermosa música ahora es ruido a sus oídos y demasiado estridente. Cree que los nacionales desean vengarse, aprovechándose de usted en cada transacción, y son ladrones a la espera. ¿Qué está sucediendo, y por qué se le ocurrió venir aquí alguna vez?

Hay seriales reveladoras que identifican esta etapa de rechazo. Se sentirá el olor de las hamburguesas en el hogar del misionero todos los días. La música que se escuchará es la de adoración que viene de su iglesia local. En el televisor verán un DVD favorito que se trajeron de los Estados Unidos. Los pantalones vaqueros, los zapatos deportivos y las gorras de pelotero serán todas de Estados Unidos. La camiseta tendrá una bandera estadounidense o un lema en inglés. Ninguna de estas cosas es mala en sí, ni es serial del fracaso de un misionero. Sin embargo, cuando comienzan a caracterizar y dominar su vida, definiendo todos y cada uno de sus días, casi siempre está en función el choque cultural.

La incapacidad para hablar el idioma origina frustración en la vida diaria, como pedir una pizza o pagar la factura de la luz. También lo vuelve paranoico. Cuando dos nacionales hablan su idioma y comienzan a reír, tiene la seguridad de que se ríen de usted. Si acaba de hacer un intento por hablar en su idioma, es probable que tenga razón. Sin embargo, cuando su hijo está enfermo y necesita llevarlo al médico, es aterrador que no pueda hablar el idioma. Hace poco, un amigo nuestro llegó de un país para estudiar en la escuela de idiomas. Después que alguien de la escuela los dejara en el apartamento que sería su hogar durante todo un ario, su hija sufrió unas convulsiones de tipo epiléptico por vez primera en su vida. Estaba inconsciente y no sabían qué le sucedía, no conocían el idioma, ni cómo funcionaban los teléfonos, ni a quién debían llamar. Tomó a la niña en brazos y se lanzó a la calle. Un hombre que pasaba en su auto se dio cuenta de que necesitaba ayuda con urgencia, le hizo serias para que subiera al auto y se los llevó a un hospital internacional donde unos médicos que hablaban inglés podrían cuidar de la niña.

El crimen es una realidad en todo este mundo caído. Cuando uno está en un nuevo país y atraviesa el choque cultural, cualquier crimen parece algo personal. Lo que muchas veces lo empeora es cuando los misioneros más aclimatados, olvidando lo difícil que les resultó adaptarse, no se percatan de las dificultades de uno. Recuerdo lo enojado que me puse durante nuestros primeros días de choque cultural cuando un ladrón se robó el perrito de nuestros hijos, que se había quedado en el auto cerrado con llave mientras yo iba deprisa al correo para enviar una carta. Hubo algunos misioneros a quienes les hizo gracia que dejara que algo tan insignificante me incomodara. Sin embargo, lo tomé como si fuera una afrenta personal; me imaginaba lanzando alguna operación encubierta para atrapar al ladrón y vengarme del que había hecho sufrir de esa manera a mis hijos. De acuerdo, en realidad era algo de menor importancia en medio de tantos crímenes y delitos internacionales, y yo estaba comenzando a perder el control de la realidad, pero ese es todo el asunto. Cuando uno se halla en medio del choque cultural y se produce algún delito, se enfurece, enfoca su atención en los sucesos negativos y caracteriza de manera injusta a todas las personas que ve en las calles como ladrones en potencia. Deja de confiar en los nacionales y comienza a encasillados a todos del mismo modo.

Con el fin de compensar su incapacidad para relacionarse en la sociedad culta y cortés de la nueva cultura, tal vez empiece a pasarse el tiempo con otras personas de habla inglesa. Quizá se inscriba en el club norteamericano o en algún club social, al parecer porque allí hay una piscina donde pueden bañarse sus hijos o porque pueden aprender a jugar tenis. Muy pronto, comienza a asistir a ese club varios días a la semana, donde se junta con sus amigos también expatriados, con quienes se dedica a sentirse mejor al poner en ridículo a los nacionales. Empieza a contar todos los chistes racistas que oyó de niño, pero ahora los tontos del cuento son los nacionales. Algunos candidatos podrían considerar que una conducta tan contraria al cristianismo es difícil de comprender o incluso creer que exista. Esa perspectiva llena de sorpresa es la que aumenta su vergüenza y su convicción de pecado cuando se da cuenta de que participa también en esas conversaciones. Hasta es posible que comience a poner en duda su salud mental o su salvación.

Es necesario que sea deliberado para evitar la pegajosa trampa que suponen las amistades exclusivas con expatriados y para involucrarse en la cultura. Para ser sal y luz del mundo, debe estar en ese mundo. Sherwood Lingenfelter y Marvin Mayers describieron el porqué perseveramos más allá de este punto en nuestra adaptación.

> Aunque no podemos alcanzar la perfección, todavía podemos esforzarnos por la meta menor de ser representantes de la cultura de esos a los que servimos [...] necesitamos movernos desde una posición cómoda para nosotros y para nuestra cultura, hasta una posición que se aproxime a las metas de la cultura a la que nos enviaron. Dondequiera que sirvamos, nuestro objetivo debería ser vivir de tal forma que respetemos, amemos y demos de nuestra vida misma (incluso de nuestras prioridades y metas) a quienes queremos ministrar[1].

Esto se produce debido a que, por difícil que se ponga la situación, hay un gozo que brota de la obediencia que vence las luchas. Un misionero que trabaja en el África escribió hace poco en una carta de oración:

> Estoy sentado en un *cibercafé* de Conakry. No hay electricidad, así que el café funciona con un generador. Es más, solo tenemos entre seis y doce horas de electricidad al día. Nuestro refrigerador apenas puede conservar frías las cosas. No hay lavadora, por eso Billie lava a mano. Cuando la ropa está seca, la tenemos que dejar reposar por tres días antes de usarla para que todos los huevos de moscas incuben y mueran antes, en lugar de ocultarse en nuestra piel. No tenemos ventiladores, aunque aquí hay mucho calor y humedad. Vivimos en un grupo de casas donde hay un matrimonio africano, un misionero de corto plazo procedente del Canadá, dos perros, dos gatos, tres gatitos y unos cuantos sapos y lagartijas. Tenemos que filtrar toda el agua antes de beberla. Cuando viajamos, usamos un taxi. Los taxis de aquí llevan seis pasajeros en cada viaje. Todas estas cosas hacen la vida muy interesante y un poco difícil a veces. A pesar de eso, la disfrutamos porque estamos justo donde nos quiere Dios y haciendo lo que Él quiere que hagamos. La próxima vez que vayamos a los Estados Unidos, la vida allí nos va a parecer bastante aburrida, en comparación con la de aquí. ¡Qué gozo es servir al Serior![2]

Paul Hiebert observa que otra de las causas de estas difíciles temporadas de adaptación cultural es la carencia de un papel a desempeñar. Tal vez usted haya sido un pastor, doctor o maestro importante en su cultura de origen, y ahora ni siquiera se puede comunicar al nivel de un niño de primer grado, mucho menos podría desempeñar el papel al que estaba acostumbrado en la vida. Además, nota que desaparecieron las rutinas cómodas de su vida. Describe esto como las cosas que uno hace en la vida sin tener que pensarlas: preparar una cena, ir en auto al trabajo, detenerse en una tienda para comprar leche o pedir algo en un restaurante. En su nueva cultura, la vida le parece muy dura y lo va agotando hasta secado. Se le presentan unas frustraciones nunca antes conocidas en su país. Jim Elliot escribió de la adaptación a la vida en la selva ecuatoriana:

> El día era caluroso, y teníamos cerca de una docena de hombres trabajando en los cimientos del edificio para la clínica y limpiando la parte de la selva que se hallaba justo detrás. Esa tarde, se presentó de repente una tormenta eléctrica tropical que se llevó el caballete del techo, puso a dar vueltas los calendarios que había en la pared e hizo un gran desastre en nuestros estantes y papeles con el viento. Solo duró unos diez minutos, pero ese tiempo bastó para darle a un

> hombre mucho en qué pensar. Las ventanas con tela metálica lo dejan a uno sin nada que cerrar cuando se presenta una tormenta[4].

Es fácil irse enfrentando a pequeñas molestias como estas, una por una. Sin embargo, lo más común es que lleguen en oleadas que terminen por agotar su protección contra el choque cultural; de allí en adelante, vienen los roces, precipitándose por el terreno de una nueva cultura y preguntándose si esto será más fácil alguna vez.

Esta etapa de rechazo puede durar desde unos meses hasta un par de años. El tiempo que se pase en este profundo valle depende en gran parte de lo buenos que sean los lazos que establezca con la cultura, de que aprenda el idioma y haga amistades. El idioma es de suma importancia para comprender las experiencias culturales y los sucesos. Una vez que lo aprenda, podrá escuchar a dos nacionales riéndose mientras conversan y darse cuenta de que se ríen por algún chiste y no se ríen de usted. La tranquilidad que acompaña a la capacidad para comunicarse con facilidad también trae consigo una sensación mayor de seguridad.

Es crucial que haga amistades en la cultura. Cuando las tenga, podrá asistir a reuniones culturales con su propio guía personal e intérprete cultural. Aprenda a apreciar las comidas, la música, el humor y el ritmo de vida. Si las comidas de la nación les parecen muy extrañas a usted y a sus hijos, establezca la regla de que van a probar un nuevo plato nacional cada semana. Esto lo puede manejar casi cualquier persona, y así se identificará con las comidas nacionales que le agraden en realidad. Los nacionales se sentirán felices y orgullosos al ver que usted disfruta de sus platos más delicados, y así va a ser menos ofensivo que evite los que le parezcan menos agradables. También puede experimentar, y aprender a apreciar, otros aspectos de la nueva cultura poco a poco. El beneficio que resulta de todo esto es que lo que era tan *anormal* para usted solo hace unos meses, comenzará a ser normal. Es más, descubrirá que prefiere algunas de las peculiaridades de esta cultura a las de su propia cultura de origen.

Para salir de este valle del desespero se puede tomar una de varias rutas; dos no son saludables, pero hay una que es la ideal. La primera ruta que no es saludable es la asimilación, en la que algunos misioneros tratan de "volverse nativos por completo". Algunos han tratado de borrar su pasado; han intentado olvidar el inglés y la familia que dejaron atrás, para adoptar de una manera total la nueva cultura como si hubieran nacido allí. Aunque esta actitud parezca sana, no lo es. Dios fue el que lo hizo a usted, lo que es y todas las experiencias que ha tenido en su vida son regalos suyos, puesto que hasta las malas experiencias Él hace que cooperen para el bien de usted y para la gloria suya (Romanos 8:28).

La supresión total del pasado es una receta para el agotamiento psicológico. Imagínese que se case y trate de borrar de su mente a su familia de origen y todas sus experiencias anteriores en la vida; dejaría de ser la persona de la que se enamoró su cónyuge. Si puede aceptar su pasado y también lo mejor de su nueva vida, estará mejor capacitado para ministrarles a los que vino a evangelizar y discipular, al mismo tiempo que se mantiene saludable.

La segunda ruta que no es saludable es el otro extremo de la falta de aceptación. Hay misioneros que nunca se llegan a adaptar a la nueva cultura, sino que se limitan a aceptar a regañadientes el hecho de que ahora viven allí y no pueden escapar. No ven manera de salir de su situación, a causa de la vergüenza que significaría renunciar y volver a su país, o tal vez porque a su cónyuge le encanta el nuevo país, o no quieren impedir que la familia cumpla con el llamado de Dios. Para ellos, las misiones son una cadena perpetua. El resultado es que siempre sienten una tensión, un estrés cultural, y nunca aceptan a los nacionales en un plano de igualdad; nunca confían en ellos, nunca se sientan a su lado en las reuniones y nunca los invitan a su casa. Por supuesto, esto jamás lo dicen en voz alta y a menudo se sienten culpables por alimentar tal actitud. El efecto sobre la eficacia de la familia misionera es devastador. Las acciones causadas por las tensiones culturales hablan mucho más alto que sus palabras.

En cambio, la forma sana de salir del abismo de la etapa de rechazo es la adaptación cultural. Esta se produce cuando la nueva forma de vida que antes nos parecía tan anormal, nos comienza a parecer normal. A decir verdad, nos cuesta recordar que no teníamos que empapar los vegetales y las frutas en una solución de lejía para que no hicieran daño al comerlos, ni que comprábamos la carne muy bien empacada en bandejas envueltas en celofán especial. La vida en la nueva cultura se hace más fácil y uno se va sintiendo cómodo. Regresan las rutinas; son distintas, pero sentimos de nuevo que hay normalidad y volvemos a disfrutar de la vida. Estamos ansiosos por visitar a nuestros amigos de antes para contarles todo lo relacionado con esta nueva vida, mientras disfrutamos de unas pocas de nuestras cosas favoritas al regresar a nuestro lugar de origen.

Cuando regrese al país, tal vez se sorprenda al encontrarse con un choque cultural inverso. La mayoría de los misioneros se siente ansiosa en cuanto a vivir en un país y una cultura nuevos y esperan tener algún tipo de choque cultural. Durante todo el tiempo que transcurre en su primer período en el campo, sueñan despiertos con lo magnífico que sería ir a su restaurante de comida rápida favorito, o disfrutar de las barras de caramelo, de los cereales, del Dr. Pepper o del tocino que tal vez no hayan podido conseguir en su nuevo país. Se imaginan a sus amigos fascinados mientras escuchan todas y cada una de sus palabras, como si ellos fueran Marco Polo de vuelta de sus viajes. La sorpresa es grande cuando descubren que el interés de sus amigos solo dura unas pocas conversaciones amables y que prefieren cambiar de tema. En realidad, no tienen marco alguno de referencia para relacionarse con la nueva cultura del misionero. Casi todas las personas quieren hablar acerca de sí mismas, o al menos, acerca de algo que conocen.

También se sentirá sorprendido al ver las prioridades y las preferencias de las iglesias en su país de origen desde una nueva perspectiva. ¿Cómo es posible que se gasten diez mil dólares en sustituir los forros de los cojines que tienen las bancas, solo para que hagan juego con la nueva alfombra? ¿Acaso no saben que hay decenas de miles de niños que se están muriendo de hambre y que son muchos los millones que necesitan oír el evangelio? La desagradable sensación que se tiene ante el desperdicio y la riqueza de las iglesias en este país nos permite saber que usted ha cambiado. Es cierto; no puede volver a su lugar de origen.., al menos, de la misma forma que cuando se marchó. Cada vez más, se está convirtiendo en ciudadano de una tercera cultura, no la cultura en que nació, ni la cultura en medio de la que trabaja, sino una especie de mezcla de ambas. Se siente como si en realidad no tuviera un hogar. Esta sensación de desplazamiento y de soledad es inesperada y ataca de improviso a muchos misioneros que regresan a su tierra o que vuelven para descansar.

El Aprendizaje Del Idioma

La escuela de idiomas es una experiencia estresante para todos en la familia. Los golpea de una manera única debido a las diferencias entre nuestras necesidades y deseos. Por ejemplo, los esposos tienden a necesitar importancia en su vida y las esposas tienden a necesitar seguridad (digo "tienden" porque ambos géneros necesitan las dos cosas). Sin embargo, la escuela de idiomas con inmersión total amenaza a ambos cónyuges de las dos maneras. Tal vez el esposo y padre sienta amenazada su importancia cuando su esposa aprende con mayor rapidez el idioma y saca mejores notas en los exámenes de idioma que hace... y cuando sus hijos charlan por largo rato de una manera fluida con los niños del vecindario. Le es difícil sentirse importante cuando no puede siquiera pedir un vaso de agua en el nuevo idioma, mucho menos predicar, enseñar o presentar un sencillo plan de salvación. En cambio, es posible que la esposa y madre sienta amenazada la seguridad de su familia cuando no se puede comunicar con una vecina, un médico, un taxista o un policía. Esta sensación de impotencia no es imaginaria; es muy real. Un resultado positivo de este frustrante período en la vida misionera es que nos lanza por completo en las manos del Señor en busca de ayuda, de manera que vivimos en constante dependencia de Él.

Las pruebas de la escuela de idiomas son muchas, pero bien valen la pena. Habrá quien abogue por comenzar el trabajo misionero solo con una comprensión mínima del idioma, pero casi siempre estos misioneros tienen una capacidad pobre para comunicarse y esto es un obstáculo para toda su carrera. En la escuela de idiomas, tal vez el esposo tenga una ventaja injusta sobre su esposa, si hay niños muy pequeños en la familia. En algunos casos, la madre se tiene que quedar en la casa con los bebés y los menores, y confiar en un tutor. Tal vez se sienta injustamente impedida en lo que Dios la ha llamado a hacer. En cambio, en otros casos, la interacción de la madre con los ayudantes domésticos o los vecinos a lo largo del día le sirve de tutoría natural, y esta produce fluidez y facilidad en el idioma. Cualquiera que sea la forma en que aprenda el idioma, asegúrese de aprenderlo. Haga amistades y viaje con los nacionales cuando realice viajes de trabajo; pídales que le corrijan su habilidad con el idioma; tráguese el orgullo y aprenda a reírse de sí mismo. Como resultado, será un mejor orador para la gloria de Cristo. Los misioneros más extraordinarios tuvieron que comenzar a aprender el idioma en algún momento y también tuvieron que vencer el desaliento que sentimos todos. Con respecto a su propia sensación de insuficiencia, envidia y frustración, Jim Elliot escribió en su diario:

> 26 de julio: Me maravillo ante mi debilidad interior de ayer. Me sentí tristemente indigno de estar aquí como "administrador de los misterios de Dios". Es extraño que me hayan puesto, al parecer para toda la vida, en estrecho contacto con Pete y Betty, de quienes siento que son con mucho superiores a mí en lo intelectual [...] Ambos me pueden corregir mi gramática y mi pronunciación, y parecen ser capaces de aplicar las reglas de los tiempos verbales con mucha mayor facilidad que yo. Me sentí lloroso e inútil ayer al mediodía, azotado por oleadas de envidia y de interrogantes sobre mis fallos en estas cosas[5].

La Vida Familiar

Es importante mantener abiertas las líneas de comunicación en cualquier familia, dondequiera que se encuentre, pero es algo especialmente importante en el campo. Es posible que los peligros que existen en los países en vías de desarrollo exijan ciertos planes de contingencia y precauciones que no harían falta en los Estados Unidos. Es esencial que pasen juntos momentos de calidad, no solo para tener armonía y darse aliento, sino también para asegurarse de que sienten unidad y seguridad. Los hijos necesitan saber que su padre se encuentra a su disposición. La tiranía de las cosas urgentes es la que controla la agenda de la mayoría de los ministros en todas partes, y esto también es cierto en el campo misionero. No obstante, en ausencia de la familia extendida, y del apoyo, la comodidad y las opciones de vida que existen en los Estados Unidos, ambos padres necesitan pasar tiempo con la familia. Esto es muy cierto si los hijos de misioneros (HM) de su familia asisten a un internado. Durante los tiempos en que están de vacaciones, el padre necesita reorganizar su calendario a fin de poder pasar tiempo con la familia y tal vez irse todos juntos a la playa.

Las familias misioneras con hijos muchas veces encuentran puertas abiertas y oportunidades para el ministerio que no tienen otros. Los que llegan al campo con hijos tienen menos aspecto de espías o charlatanes, y esto hace que los nacionales bajen la guardia. Unos niños rubios, de ojos azules y piel clara en una nación de niños con pelo negro, ojos castaños y piel bronceada son una fuente de asombro. Son como imanes, tanto para las madres nacionales, como para sus hijos. Criar a los hijos en el campo puede ser una gran bendición y dan realce a su ministerio, pero también incluye el reto de darles estudios. La escuela de los HM le da un fuerte golpe al presupuesto familiar si asisten a una escuela internacional de habla inglesa. Usted podría escoger una escuela nacional, pero el idioma es un problema, en especial para los niños mayores. Como observamos en el capítulo 9, cada vez se están escogiendo más los estudios en el hogar como método.

Otra consideración de importancia para los HM es su separación con respecto a la familia que quedó atrás en su país de origen. Cuando observaba a nuestros HM relacionarse entre sí en el campo, pensaba con frecuencia en estas palabras de Jesús:

> En verdad os digo: No hay nadie que haya dejado casa, o hermanos, o hermanas, o madre, o padre, o hijos o tierras por causa de mí y por causa del evangelio, que no reciba cien veces más ahora en este tiempo: casas, y hermanos, y hermanas, y madres, e hijos, y tierras junto con persecuciones; y en el siglo venidero, la vida eterna. (Marcos 10:29-30)

Una de las formas en que hemos visto que el Señor cumplía esas palabras es que las familias misioneras son en sí una familia unas con otras. Los HM se dirigen a otros misioneros llamándolos tíos y tías, y se tratan entre sí como primos. Aunque esto es una gran bendición para la familia misionera, ¡a veces es desconcertante para sus familiares de los Estados Unidos cuando los niños hablan de unos tíos y tías que nadie conoce en casa! Muchos HM se sienten más cercanos a otras familias misioneras que a sus propios parientes sanguíneos en el país de sus padres. A menudo, estos HM nacieron en el campo, y los otros misioneros cuidaron de los hijos mayores mientras los padres estaban en el hospital para el parto, o les dieron el cuidado y el apoyo que les habría dado su familia natural en su país.

Estos tiempos de separación de la familia biológica extendida no son el único reto que supone la crianza de los hijos en el campo. Los HM que crecen en otro país aprenden la letra del himno nacional de ese país, recitan el juramento de la bandera y conocen a las celebridades y los héroes deportivos de allí, pero es posible que ignoren por completo los aspectos similares de la cultura de los Estados Unidos. Esto causa una clase de choque cultural exclusivo de los HM. Cuando los padres regresan a los Estados Unidos para su tiempo de descanso, o para trabajar, piensan que los HM se sienten Felices porque "vuelven a casa". Dan por sentado que se alegrarán de estar de vuelta "en casa" en los Estados Unidos.

Sin embargo, los HM no se sienten muy seguros sobre dónde estará su "casa". Una de las preguntas que les resulta más difícil responder a los HM es la siguiente: "¿De dónde eres?". Tal vez nacieran en los Estados Unidos, pero se marcharon cuando eran muy pequeños y después de esto vivieron en dos o más países. Es frecuente que se sientan muy fuera de lugar en el país de sus padres. Esto les puede causar una sensación de culpabilidad a los HM que en secreto se habrían querido quedar con sus amigos, mientras sus padres viajaban a los Estados Unidos. A menudo se dice que se sienten más cómodos en un avión entre los dos países. Imagínese que estos jóvenes entren por primera vez en un grupo de jóvenes de una iglesia en Estados Unidos siendo ya adolescentes. No conocen a los músicos más populares ni a las estrellas de cine del momento, ni las frases adecuadas entre la gente de su edad y ni siquiera se saben vestir como se espera. La presión de los de su edad, e incluso el ridículo, pueden ser abrumadores para un HM adolescente. En cambio, los HM poseen habilidades que los de su misma edad en la cultura original de sus padres no poseen. Conozco a hijos de misioneros que viajaron solos de un país a otro siendo adolescentes y tomaron un taxi para entrar a Hong Kong e irse allí de compras en busca de la ropa del próximo ario escolar, en medio de una larga espera entre aviones.

Los beneficios que trae consigo el hecho de crecer siendo un HM y un jovencito de una Tercera Cultura son fenomenales en verdad. Los HM aprenden que la felicidad no procede de las posesiones materiales, puesto que sus amigos en el campo son felices y muy pobres al mismo tiempo, de acuerdo con lo que es la norma en los Estados Unidos. Alguien dijo que uno sabe que es HM si puede hablar tres idiomas, pero no puede deletrear ninguno de los tres, si ve un machete y le llama "cortadora de hierba", si ve un documental especial del *National Geographic* y ve allí a alguien conocido, o si va al zoológico y dice: "¡Ah, sí! ¡Esos animales son muy sabrosos!". Los HM no son solo bilingües ni multilingües, son biculturales y se pueden mover con facilidad de una cultura a otra... y de vuelta a la primera. Debido a esas habilidades culturales y lingüísticas, los HM adultos que no se dedican al ministerio trabajan muchas veces como representantes de corporaciones internacionales. La vida del HM es todo un reto, pero produce algunas de las personas más notables del mundo. Lo sé bien; dos de ellos crecieron en mi hogar.

La Falta De Privacidad

En las culturas occidentales hay un fuerte sentido de privacidad, espacio personal y derechos individuales. Las culturas colectivas del mundo, orientadas hacia el grupo, no comprenden ni aprecian estos valores. Lo cierto es que la mayor parte de los campos misioneros del mundo no poseen el sentido que les da el estadounidense a estos "derechos". Por ejemplo, en muchas culturas es muy apropiado preguntarle a una mujer su edad o su peso, o cuánto pagó por un vestido. Es posible que los vecinos nacionales se sientan en la libertad de tomar prestadas unas herramientas sin pedirlas, o solicitar con osadía que los llevemos en auto hasta una ciudad cercana. Tal vez un amigo o colega nacional llegue a su hogar sin anunciarse en medio de un viaje y espere quedarse con usted, tal vez por varios días, si tiene que resolver algo donde usted vive.

Los estadounidenses parecen pensar que la privacidad es un derecho inalienable dado por Dios. Cuando el misionero extranjero baja al río para bañarse, no es raro que los nacionales se reúnan para observarlo y se queden mirando incrédulos lo blanca que tiene la piel. Las familias misioneras que levantan cercas en las poblaciones donde estas se desconocen, están dando el mensaje de que no quieren vivir como los nacionales, ni en medio de ellos. Elisabeth Elliot escribe del estrés que le causaba la falta de privacidad cuando vivía con su hija Valerie y Rachel Saint entre los huaoranis en las selvas del Ecuador.

> A Rachel la invitaron a compartir [una casa] con Gikita, su esposa Mankumu y los hijos de esta (su otra esposa, Umaenkiri, tenía una casita cerca), y a mí me dieron una casa muy pequeña junto a la suya. Ninguna de las casas tenía otra cosa más que un techo. La ausencia total de paredes, aunque las casas estaban juntas o a pocos metros unas de otras, no parecía incomodar a nadie más que a mí. Me habría agradado poder entrar de vez en cuando en un cuarto y cerrar la puerta [...] No teníamos opción en la manera en que

> vivíamos. Nos dieron una casa auca; allí vivíamos. No era la casa de mis sueños. Además de la falta total de privacidad y de limpieza, no había protección alguna contra la lluvia, los insectos e incluso las serpientes. Una noche, después de encontrar una serpiente enroscada cerca de la cabeza de Valerie mientras ella dormía, comencé a pensar en hacer algunas mejoras. Sin embargo, no tenía manera de hacer nada sin crear nuevos problemas, cosa que queríamos evitar en esos momentos[6].

Cara a cara, en las culturas orientadas hacia el grupo se incluyen a todos los presentes. El concepto de excluir a ciertas personas no tiene sentido para ellos y les resulta ofensivo. Además, nuestra cultura resalta los derechos de la persona, mientras que otras culturas prefieren pensar en las necesidades y los derechos del grupo entero.

LOS MISIONEROS SOLTEROS

Uno de los retos a los que se enfrentan muchos solteros candidatos a misioneros es la posibilidad de irse solteros al campo. Aparte de las normas de la agencia misionera que contemplan y regulan los noviazgos y los matrimonios en el campo misionero, hay otras consideraciones de importancia. Cuando dirijo equipos de corto plazo, siempre les aconsejo a los solteros que tengan gran cuidado con respecto a la posibilidad de establecer algún tipo de relaciones. Es lamentable, pero en algunos países hay nacionales solteros que creen que casarse con un ciudadano de los Estados Unidos es su mejor y a veces única esperanza de escapar de la pobreza. Tienen la seguridad de que con solo llegar a los Estados Unidos les espera una vida maravillosa. Muy pocas veces, una motivación de este tipo puede ser el camino a la felicidad matrimonial. Si esta advertencia es válida para un viaje misionero de dos semanas, con mayor razón es una preocupación diaria para los misioneros solteros que viven en el país. Una amiga que fue misionera soltera en el África dijo que los nacionales siempre querían saber por qué no estaba casada y le hacían preguntas un tanto atrevidas. En su cultura, donde los matrimonios se conciertan entre las familias, ¡era algo inaudito que una mujer en edad casadera viajara a otro país siendo soltera! Explicarles que no se había encontrado con un hombre con el que sintiera que Dios quería que se casara era perder el tiempo. Eso era algo increíble por completo para ellos. Al final, descubrió que cuando alguien le preguntaba dónde estaba su esposo, le podía dar una respuesta que era adecuada en lo cultural: "Todavía está en la casa de su padre". Eso podía significar que el futuro cónyuge del matrimonio concertado aún no tenía la edad suficiente, no había pasado por su iniciación o mil explicaciones más, pero para ellos tenía sentido.

Los matrimonios entre personas de diferentes culturas también suscitan otras cuestiones. En algunos países, el esposo puede ser dominante y exigente, y esta manera de comportarse se considera apropiada. Tal vez la cultura espere de la esposa que se vea en ocasiones, pero que se escuche muy pocas veces. Aunque esos extremos puedan tomar una forma menos fuerte entre los creyentes, el joven misionero debe ser consciente de las normas culturales en cuanto al matrimonio antes de comprometerse. Va a haber una gran cantidad de miembros nacionales de las iglesias que querrán "casarlo" o "casarla" con su hermano, hermana, primo o amiga. Aun en el mejor de los casos, el soltero que sostiene un noviazgo con alguien de otra cultura y se casa con esa persona, se compromete a pasarse toda la vida en explicaciones sobre por qué las cosas son divertidas, quiénes son las personalidades famosas en Norteamérica, por qué celebramos ciertos días de fiesta y, además, todos los aspectos culturales pertinentes del trasfondo del que procede la persona nacional. Ya sea que el nacional o el misionero (o ambos) vayan a vivir toda la vida lejos de su familia, y sus hijos crezcan sin conocer a una de las dos familias y su herencia cultural, o a la otra familia, o ambas en algunos casos. El noviazgo y el matrimonio con nacionales en el campo llevan aparejadas ciertas consecuencias para la carrera del misionero que exigen unas explicaciones que hace falta darle a la iglesia local, y algunas veces tiene como consecuencia la pérdida de unos sueños de toda la vida o de una parte de su propia identidad.

No hay ninguna respuesta a este dilema que abarque todas las situaciones. Algunos solteros sienten un llamado a las misiones que sobrepasa todas las consideraciones con respecto al matrimonio, en especial si para casarse tienen que renunciar a su relación con la agencia misionera. Tal vez sientan, como el apóstol Pablo, que de seguro el matrimonio limitaría su utilidad y que Dios puso en ellos un llamado a las misiones antes de permitirle esta oportunidad de casarse. Otros creen que Dios los ha llamado a las misiones internacionales y los ha guiado al campo por un tiempo, sabiendo el plan que tenía para ellos. Creen que el plan de Dios para ellos era ir al campo y conocer allí al cónyuge que Él les tenía preparado. Se casan con una conciencia limpia y sirven a Dios de otras maneras durante el resto de su vida.

El Desaliento Y Las Dudas

La guerra espiritual toma numerosas formas mientras el enemigo batalla contra el adelanto del Reino y la eficiencia de los misioneros. Una de las armas clave de su arsenal es el desaliento. El aprendizaje del idioma puede ser muy desalentador. Recuerdo de mis primeros tiempos de misionero ciertos días en que entraba en mi auto a fin de irme a casa después de predicar en iglesias del campo e irme arrepintiendo durante todo el camino por lo terrible que fue mi manera de manejar el idioma durante el sermón. Me sentía como si fuera una mala persona; eso devastaba mi autoestima, en especial cuando me daba cuenta de las risitas que lanzaban los adolescentes en la congregación o cuando los adultos sonreían ante mis errores. Sentía que nunca aprendería y que era muy difícil. Había oído hablar de un misionero que fue a Francia para estudiar en la escuela de idiomas, se desalentó en gran medida cuando vio que no podía aprender el francés. Así, se encontró en un parque, debatiéndose en su interior sobre la posibilidad de renunciar y volver a su casa. Después de un largo tiempo de oración e introspección, acertó a escuchar a dos mujeres que hablaban en un banco detrás de él. Se sintió gozoso cuando se dio cuenta de que podía comprender en realidad lo que decían. De la comprensión pasó a la emoción, ¡pero enseguida se disipó y se volvió desaliento cuando se dio cuenta de que las damas hablaban en inglés! Ya hemos hablado de lo difíciles que pueden ser las relaciones con los integrantes del equipo y los nacionales. Los misioneros tienden a ser personas de carácter muy fuerte. Ha tenido que recorrer todos los pasos hasta llegar al nombramiento, con frecuencia ha sido usted mismo el que ha tenido que conseguir todo su sostenimiento y ha terminado vendiendo sus pertenencias para mudarse al campo. Ha llegado con una visión y un celo fortalecidos por las dificultades que ha tenido que superar para llegar hasta allí. No obstante, debe recordar que los demás integrantes de su equipo también pasaron por lo mismo. Sienten su visión con la misma fuerza y raras veces se trata de la misma visión. El hecho de que haya propósitos encontrados no es favorable para la armonía en las relaciones. Cuando uno siente con tanta fuerza una visión, pone en tela de juicio la espiritualidad de todo el que no la acepte también. Es frecuente que el equipo de trabajo termine formado por un grupo de gente contrariada, cada uno de cuyos integrantes pone en duda la espiritualidad de los demás.

A menudo, los nacionales nos decepcionan. Pensamos que solo les interesa el dinero del que piensan que tenemos repletos todos los bolsillos. Tal vez el progreso que cree haber logrado entre los nacionales se evapore cuando surjan las divisiones entre ellos. A lo mejor haya un creyente al que esté discipulado y al que consideraba convertido de verdad, pero se echa atrás y abandona la fe. O bien, una familia que vive en un lugar hostil al evangelio, pero acepta a Cristo, comienza a manifestar su gozo recién adquirido y la martirizan. Como ya indicara, es raro que esas decepciones nos vengan una a una, sino que se suelen presentar por oleadas.

En ocasiones, la lentitud con la que progresa la obra es la fuente del desaliento. Es como si se diera un paso adelante, para después dar dos pasos hacia atrás. Da la impresión de que nadie quiere oír el mensaje. Parece que la cultura no tiene sentido y da la impresión de ser algo caótico. Los familiares se enferman y el enemigo le recuerda que no estarían enfermos si usted se hubiera quedado en su tierra. Es por su culpa y los está haciendo sufrir sin razón alguna, puesto que no ve frutos en su ministerio. Otras veces, los familiares que quedaron atrás son los que se enferman y usted no solo echa de menos el hogar, sino que se siente culpable por no estar presente en un momento de necesidad.

Una vez que el desaliento ha hecho su obra, el enemigo saca de su arsenal otra arma; es el arma de la duda. Los interrogantes que plagan sus pensamientos le ceden el paso a la duda sobre si en realidad Dios lo llamó o no. El enemigo le dirá que todo fue idea suya y una especie de aventura infantil que lo ha hecho poner en riesgo a su familia en el campo. Sus dudas van a causar que ponga en cuestión su propia salvación, o el poder y el amor de Dios, o la veracidad de su Palabra, cuando ve tantas frustraciones y tan poco fruto en su labor. Mike Wakely escribió de estas dudas:

> Aun en los primeros años en que era un misionero lleno de entusiasmo, me enfrentaba a cada momento con interrogantes y dudas acerca de la tarea a la que me había lanzado. Cada vez que se contestaba una oración, mi mente me preguntaba si acaso eso no sería una coincidencia. Cada vez que recibía una bendición espiritual, mi

> mente se preguntaba si no sería una experiencia que pudiera explicar la psicología. Cada vez que tenía una victoria espiritual, me preguntaba por qué había tantos fallos [...] Es una lucha continua que tumba a muchos y hace que abandonen la carrera, a menos que estén equipados y preparados para enfrentarse a ella[7].

Los retos en el campo para el cumplimiento del llamado misionero son muchos. No obstante, siga adelante porque usted tiene el llamado, la presencia, el poder y las promesas de Dios. Sí, son muchas las dificultades, pero también hay grandes recompensas. A mí me persigue el peligro de vivir mi vida de tal forma que, cuando llegue a su final, mire atrás por encima del hombro y me dé cuenta de que la he vivido en medio de una comodidad y una facilidad egoístas. La autodisciplina produce unos beneficios eternos, y supera con mucho los retos que significan los obstáculos temporales. Pablo nos exhorta con estas palabras: “Golpeo mi cuerpo y lo hago mi esclavo, no sea que habiendo predicado a otros, yo mismo sea descalificado” (1 Corintios 9:27).

LOS HÉROES MISIONEROS Y EL LLAMADO MISIONERO

A LA HORA DE DISCERNIR LA VOLUNTAD DE DIOS para su vida, es sabio que busque el consejo piadoso. Imagínese lo que sería tener la oportunidad de sentarse con David Brainerd, William Carey, Hudson Taylor y otros reconocidos héroes misioneros del pasado para pedirles consejo, conocer todos los detalles de su vida, sus experiencias en las misiones y su llamado misionero. Sería una inmensa bendición. Por la gracia de Dios, tenemos ese privilegio a través de los escritos que nos dejaron y sus biografías que escribieron quienes los conocieron bien. En nuestro mundo de confusas voces y contradictorias opiniones, sería refrescante oír resonar el clarín de los misioneros piadosos y los pastores con mentalidad misionera llamándonos a través de las páginas de la historia con respecto al llamado misionero. Cada generación tiene la bendición y el deber de elevarse sobre los hombros de los que han pasado antes a fin de aprender de sus fracasos, sus éxitos y sus enseñanzas. Cuando aprendemos con la vida de algunas de las luces más resplandecientes que brillan en el firmamento misionero, nos elevamos sobre los hombros de unos gigantes. Sin embargo, aun allí, vemos que el llamado misionero se produce de una notable diversidad de formas, según la obra soberana que Dios realiza en cada vida. Con todo, cada una de sus historias tiene algo que enseñarnos acerca de las misiones y, en especial, acerca del llamado misionero.

Algunos misioneros recibieron su llamado en experiencias místicas. Susan Fitkin describió la suya cuando escribió:

> Me desperté temblando y muy conmovida, y me preguntaba qué significaría todo aquello, cuando fui consciente de la presencia divina. Era como si hubiera una persona de pie junto a mi cama y con una voz audible me dijera de manera solemne: "¡Ve al mundo entero, y predícale el evangelio a toda criatura!". Estaba atónita, pues seguía inválida, pero enseguida respondí: "Señor, estoy dispuesta a ir, pero sabes lo frágil que soy. Vas a tener que asumir tú toda la responsabilidad". Él me aseguró que lo haría, y una gran paz inundó mi alma. Ese

> llamado fue tan claro que nunca dudé de él. Era una ocasión memorable, pero solo era el consentimiento humano ante la obra de Dios. Porque, años antes, Él me dijo con claridad al corazón estas preciosas palabras: "No me escogiste a mí, sino que yo te escogí a ti, y te designé para que vayas y des fruto". ¿Y acaso Él no lo ha ratificado una y otra vez? 1.

Rachel Saint, misionera de toda una vida entre los aucas, también experimentó algo que para ella fue un llamado misionero inconfundible, pero que para otros es muy místico. En un viaje transatlántico, mientras oraba acerca de una oportunidad que le ofrecieron de servir a una dama adinerada que le habría podido proporcionar una vida cómoda,

> Rachel se dio cuenta de que le sucedía algo extraño. Era como si ya no estuviera de pie sobre la cubierta del barco, sino que estaba en un claro de la selva, observando un grupo de personas semidesnudas de piel bronceada. Esas personas le hacían serias de que se les acercara. Aquella escena, tan pronto como llegó, se marchó [...] Raquel cayó de rodillas y cerró los ojos. "Dios mío", oró, "te entrego toda mi vida e iré y seré misionera entre esa gente de piel bronceada si eso es lo que quieres para mí"2.

Tales experiencias son extraordinarias, y al ver el fruto de las vidas llamadas así, no nos atrevemos a ponerlas en tela de juicio; pero no son normativas, ni constituyen la manera usual de recibir un llamado a las misiones. Cuando los misioneros en potencia leen relatos acerca de este tipo de llamado, muchas veces dudan del suyo, puesto que no ha sido tan místico. Muchos se quedan en su lugar a la espera de una experiencia sobrenatural o una revelación mística de la voluntad de Dios, determinando que Dios no los ha llamado aún.

Es alentador saber que a través de la historia otros respetables y reconocidos misioneros se limitaron a hablar de un *sentido del deber* que creció de la percepción de la gran necesidad, y esto inició y acompañó su llamado misionero. La necesidad no es el llamado, como nos recuerda Thomas Hale, pero que a menudo es lo que Dios usa para captar nuestra atención a fin de que escuchemos el llamado: "La Palabra de Dios, junto con el apremio del Espíritu Santo, es lo que constituye el llamado. Con todo, es cierto que la necesidad le da a la persona un ímpetu mental y emocional extra para que atienda ese llamado"[3]. Hale continúa: "Se comienza a ser misionero cuando se recibe el llamado. Nosotros no decidimos ser misioneros por nuestra cuenta, sino que tenemos el llamado a serlo. Nuestra única decisión está en obedecer o no a ese llamado"[4].

Las Diferentes Maneras De Comprender El Llamado Misionero

Como vimos en el capítulo 4, otros han resaltado el punto de vista según el cual la Gran Comisión es el único llamado que necesitamos, y a nosotros es a los que nos corresponde obedecerlo o no. Las siguientes palabras de Ion Keith-Falconer han movilizado a muchos para ir a las misiones: "En mi vida solo tengo una vela que encender, y preferiría hacerlo en una tierra llena de tinieblas que en una tierra inundada de luces"[5]. Alguien dijo que nadie tiene derecho a oír dos veces el evangelio, mientras quede alguien que no lo haya oído una vez. Robert Savage, misionero en América Latina, se lamentó: "La orden ha sido "id", pero nosotros nos hemos quedado: en cuerpo, dones, oraciones e influencias. Él nos ha pedido que seamos testigos hasta el fin del mundo [...] pero el noventa y nueve por ciento de los cristianos se han quedado entreteniéndose en alguna cosa en la tierra natal"[6]. William Booth, fundador del Ejército de Salvación, exclamó: "¿Dice que "*no lo llamaron*"? Más bien pienso que debería decir que *no ha escuchado el llamado*. Pegue el oído a la Biblia y escuche cómo Él le pide que vaya a sacar a los pecadores del fuego del pecado"7. Hay quienes han insistido mucho en el deber de ir que tiene todo cristiano, a menos que tenga un claro llamado a quedarse para enviar a otros. Ese ir muchas veces ha exigido costosos sacrificios e incluso el martirio. Cuando en una ocasión sus amigos y seres queridos le dijeron que el sacrificio era demasiado grande, C.T. Studd comentó: "Si Jesucristo, siendo Dios murió por mí, no hay sacrificio que pueda ser demasiado grande para que lo haga por É1"[8]. En 1910, cuando zarpó de Inglaterra con rumbo al África, dejando atrás a su esposa y sus cuatro hijas, escribió: "Dios me ha llamado para que vaya y yo voy a ir. Abriré el camino aunque mi tumba solo llegue a ser un escalón para que otros hombres más jóvenes sigan adelante"[9]. Así se mantuvo ferviente en el servicio misionero en el África hasta que murió allí en 1931.

La expectativa de que todos deban ir al campo misionero a menos que Dios los dirija de otra manera ha saturado las tradiciones de algunas iglesias. Louis Cobbs informa: "Un artículo que apareció en la revista *Southern Baptist Missionary* en 1847 sobre "El deber de los candidatos al ministerio" insinuaba que todos los ministros deberían ir al campo misionero, a menos que tengan un llamado especial a quedarse en su tierra. Este era el punto de vista del Movimiento de Estudiantes Voluntarios, y lo apoyaban mucho los bautistas, incluyendo los dos primeros secretarios que tuvo la Junta de Misiones Foráneas"[10].

Sin embargo, otros han enfatizado una comprensión del llamado que hace hincapié en la importancia de ir a los lugares de mayor necesidad. James Gilmour escribió:

"Aun moviéndome al bajo nivel del sentido común me parecía que me habían llamado a ser misionero. ¿Es el reino un campo con cosecha? Entonces, me pareció razonable que debía buscar trabajo allí donde el trabajo abundaba más y los obreros eran más escasos [...] En lugar de buscar una razón para irme al extranjero, preferiría decir que no he logrado descubrir razón alguna por la cual me debería quedar en mi tierra"[11]. Gordon Olson cree: "Si puede escoger, y a menos que tenga razones convincentes en el sentido contrario, el obrero cristiano debe escoger el lugar en el que exista una necesidad mayor. El hecho de no haber considerado de la manera adecuada este factor ha causado la increíble desigualdad existente en la distribución de los obreros)". El conde Nicolás von Zinzendorf, benefactor y líder de los Hermanos Moravos, declaró: "Solo tengo una pasión, y es a y solo Él. El mundo es el campo y el campo es el mundo; y de aquí en adelante, será mi hogar aquel país en el que más me puedan usar en ganar almas para Cristo"[13]. Esta manera de comprender el llamado misionero enfatiza que los misioneros reciben su llamado de Dios, pero después escogen el lugar de su servicio basados en su comprensión de la mayor necesidad.

Otros creen que, aunque existe un llamado general a las misiones, el Espíritu Santo es el que nos debe llamar al lugar preciso donde debemos servir. Thomas Hale escribió: "Esta distinción entre el "llamado general" de

Dios y su "llamado específico" es muy similar a la distinción entre la "voluntad general" de Dios, tal como nos la revelan las Escrituras, y su "voluntad especifica" para cada persona. La voluntad general de Dios (su llamado) es que yo sea su testigo. Su voluntad específica (su llamado) es que sea su testigo en Nepal, en Chicago o donde sea"[14]. Algunos de los nombres mencionados hasta este momento le serán conocidos, mientras que otros no lo son. Veamos ahora la vida de algunos de los héroes misioneros más famosos y sus puntos de vista del llamado misionero.

DAVID BRAINERD (1718-1747)[15]

David Brainerd fue misionero entre los pueblos indígenas de las colonias americanas. En 1743, comenzó su carrera misionera entre estos pueblos y trabajó hasta su muerte cuatro años más tarde. Se convirtió a los veintiún años y empezó su servicio misionero a los veinticinco, muriendo de tuberculosis en la casa de su amigo Jonathan Edwards, a la corta edad de veintinueve años. Edwards publicó el diario de Brainerd, que Dios lo ha usado para lanzarles un reto y un llamado a miles de misioneros, incluyendo a William Carey, el padre de las misiones modernas.

En un inicio, Brainerd sintió el llamado a predicar y comenzó su preparación ministerial en Yak. Es lamentable, pero una observación informal que hizo a la ligera y en privado, llegó a oídos de la administración de la escuela y dio lugar a su expulsión. Diversos predicadores y líderes de Nueva Inglaterra que tenían un alto concepto de Brainerd trataron de que aquel instituto superior lo aceptara de nuevo, aunque sin resultado alguno. Al parecer, las puertas del ministerio habían quedado cerradas para él. Sin embargo, los Comisionados de la Sociedad Escocesa para la Propagación del Conocimiento Cristiano lo examinaron y aceptaron enviarlo como "misionero" a los pueblos indígenas.

La primera etapa de su ministerio misionero fue en esencia un ministerio intercultural de predicación. Al principio, Brainerd no discernía un llamado a las misiones, pero su llamado misionero fue creciendo poco a poco hasta convertirse en la pasión de su vida. Después de pasar solo un par de años trabajando entre los indígenas americanos, en unas condiciones muy difíciles, se le ofreció un pastorado en un lugar cercano a su ciudad natal. Brainerd no aceptó este pastorado, ni tampoco otras ofertas que le hicieron más tarde, escribiéndole a Jonathan Edwards para decirle que había llegado a comprender que su labor entre los indígenas era su llamado y el propósito de Dios para él durante esos momentos de su vida. Su diario revela: "Jueves, 5 de abril: De nuevo me sentí muy fatigado y débil, y con dolor de cabeza [...] Decidí seguir con el asunto de los indios, si lo permitía la providencia; aunque había sentido antes alguna inclinación a dirigirme a East Hampton, donde me pidieron que fuera"[16].

El ministerio de Brainerd comenzó con un llamado a predicar, pero se desarrolló hasta convertirse en un llamado misionero.

Brainerd manifestó flexibilidad y sensibilidad en su obediencia al llamado de Dios. Cuando se sintió llamado a predicar, entendió que esto implicaba un llamado a prepararse y estudiar. Una vez que se le cerraron las puertas del ministerio como predicador, trató de realizar su llamado de otra manera. Al hacerlo, halló un llamado misionero y, en él, el amor de su vida. La influencia de su vida y sus diarios continúa hasta el día de hoy. La profundidad y comprensión que manifiestan las espirituales anotaciones que contiene su diario influyen de manera profunda, producen convicción y dan aliento a miles de lectores que se maravillan de que un joven misionero de veintitantos años fuera el que los escribiera.

De David Brainerd podemos aprender numerosas lecciones. Primera, el llamado de Dios es flexible y dinámico, y se va desarrollando a lo largo de toda la vida. Segunda, tenemos que caminar por fe y no por vista, buscando siempre la ventana abierta cuando Él nos cierra una puerta. Tercera, no permitamos que nos amarguen las desilusiones en cuanto a nuestro plan para la vida; usémoslas para llegar a ser mejores. Comprendamos que, aunque tal vez el plan que Dios tiene para nuestra vida pueda ser radicalmente distinto al que nos habíamos imaginado, o pensamos que habríamos preferido, ese plan es el camino hacia la paz y hacia un servicio fructífero. Cuarta, aunque el Señor nos dirija de formas que nos resulten inesperadas, aprendamos a confiar en Él y en el amoroso plan que tiene para nosotros.

WILLIAM CAREY (1761-1834)[17]

A William Carey lo llamaron a pastorear una pequeña congregación bautista poco después que comenzara a trabajar como maestro. Tenía un don natural para los idiomas y sed por conocer los pueblos del mundo. Aprendió solo varios idiomas, seis de los cuales ya sabía a los veintiún años de edad, y leía todo lo que encontraba acerca de las naciones y las culturas del mundo. Leyendo los diarios del capitán Cook, tomaba notas de los idiomas, los nombres de los pueblos y todos los demás datos que podía hallar en unos pedazos de cuero a los que les dio la forma de un mapamundi. Mientras leía *El último viaje del capitán Cook y la Vida y diario de David Brainerd,* desarrolló una pasión por alcanzar a los "paganos" perdidos con el evangelio de Jesucristo. George Smith lo relató:

> En las horas de clase, mientras les trataba de enseñar a los niños la geografía y la Biblia, y al mismo tiempo aprendía él mismo, la idea misionera surgió en su mente, y su alma ardió con esa consagración propia, desconocida para Wiclif y Huss, Lutero y Calvino, Knox e incluso Bunyan, pues sus labores eran otras. Todos sus conocimientos pasados de la naturaleza y los libros, todas sus lecturas favoritas de travesías y viajes que llevaron a que sus compañeros de estudios le apodaran Colón, todo su difícil estudio del mundo, sus experiencias del amor de Cristo y las exposiciones del significado de su mensaje a los hombres durante seis años, se agruparon, intensificaron y se dirigieron con un concentrado poder al pensamiento de que Cristo murió, tanto por él, como por esos millones de salvajes de tez oscura que Cook le revelaba a la cristiandad, y que nunca habían escuchado las buenas nuevas de gran gozo [18].

La apremiante situación y las necesidades de las naciones que nunca habían escuchado el evangelio conmovieron de manera profunda a Carey. Sentía en especial una gran carga por las necesidades espirituales que se reflejaban en esos relatos. Dios usó sus conocimientos sobre los pueblos del mundo para convencerlo de que se necesitaba un movimiento misionero para alcanzar a los paganos. Así comenzó a crecer su comprensión de que todos los hombres que crean en el evangelio tienen ese deber y, por tanto, la Iglesia tiene el deber de darlo a conocer en medio de todas las naciones. Entonces respondió: "Heme aquí; envíame a mi". Carey sentía que ese llamado le venía de Dios. Mary Drewery describe la forma en que Carey entendía el llamado divino. "No hay duda alguna de que Carey sintió el llamado de Dios. Continúa la carta a su padre [...] con estas palabras: "No me pertenezco, ni tampoco escogería por mi cuenta. Que Dios me emplee donde Él considere oportuno, y me dé paciencia y discreción para cumplir con mi deber para su honra y su gloria""[19].

Carey perseveró en medio de grandes obstáculos mientras trataba de cumplir con su llamado misionero. En un principio, los demás ministros de su asociación no sentían su preocupación por las naciones, los barcos que zarpaban de Inglaterra con destino a la India no estaban dispuestos a llevar a nadie sin que tuviera una licencia para ir y no se les concedían licencias a los que tuvieran la intención de dedicarse al trabajo misionero. Además, como ya observamos, mientras que Carey sentía un fuerte llamado misionero, su esposa no. Esto debe haber hecho que su difícil decisión de dejar atrás su hogar y su familia se le hiciera increíblemente dolorosa.

El sentido del llamado misionero que tenía Carey surgió de la comprensión de los mandatos bíblicos en cuanto a evangelizar a las almas perdidas y ministrarles a los pueblos del mundo en sus necesidades espirituales. Consideraba muy bien que el llamado de Dios era superior a todas las demás obligaciones que tenía en su vida, incluso esposa, hijas, hogar y nación. Al igual que le sucedió a Carey, nuestro profundo sentido del llamado nos debe llevar a vencer los obstáculos iniciales para ser pioneros en las estrategias y metodologías que tendrán por resultado un fruto que permanezca. Carey trabajó duro, sufrió mucho y aprendió paciencia a lo largo de años infecundos. Sin embargo, su perseverancia produjo un legado que continúa vivo en la India hasta el día de hoy.

JUAN G. PATON (1824-1907)[20]

Juan Paton nació en Escocia en 1824. Su devoto padre hizo con Dios el pacto de entregarle sus hijos para el ministerio. Esta piadosa herencia no se perdió en Paton y desde temprana edad se orientó hacia el ministerio. Siendo aún joven, discernió que tenia un llamado a las misiones y se mudó a sesenta y cuatro kilómetros de distancia con el fin de prepararse en estudios teológicos y médicos mientras trabajaba como misionero urbano en Glasgow.

También Paton tuvo que luchar con obstáculos para poder cumplir con su llamado misionero. Al llegar a Glasgow para comenzar su preparación, tuvo problemas médicos que lo obligaron a regresar a su casa por un tiempo a fin de recuperar su salud. Después de esto, unos cambios que se produjeron en la escuela le cerraron las puertas de la educación durante un tiempo. Por fin pudo regresar a sus estudios y pasó un total de nueve años ministrando en Glasgow. No obstante, sentía que Dios quería de él algo más. Theodore Mueller comentó:

> Juan Paton se sentía muy feliz en su trabajo con la Misión Urbana, y estaba convencido de que sobre él descansaban las abundantes bendiciones del Señor. Sin embargo, aunque tanto él como sus piadosos padres se regocijaban con todo esto, siempre se sentía perturbado "con el gemido de los paganos que perecen en los Mares del Sur". Había continuado con perseverancia sus estudios teológicos, hasta terminar el plan de estudios prescrito para poder recibir la ordenación como ministro de su iglesia. No obstante, sentía que todo el trabajo que había hecho hasta ese momento solo era una preparación para su verdadero llamado: su ferviente anhelo era servir a Dios en el campo de las misiones extranjeras[21].

Cuando hablaba de servir como misionero en otros países, sus familiares y amigos objetaban: "Hacían todo cuanto podían por inclinarlo a desistir de su decisión. Se le ofreció "cualquier sueldo que fuera razonable" con una excelente casa pastoral si solo se quedara, mientras que los Directores de la Misión solo le podían conceder seiscientos dólares al ario si iba a las Nuevas Hébridas. Cuando sus amigos comprendieron que el problema del dinero no haría que se quedara en Glasgow, trataron de llenarlo de temores. "¡Acuérdate de los caníbales!", le decían. "¡Esos caníbales te van a comer!""[22]. Sin embargo, la paz que sentía Paton resplandece en su respuesta: "Si muero aquí en Glasgow, me van a comer los gusanos; pero si puedo vivir y morir sirviendo al Señor Jesús, no me va a importar si me comen los caníbales o los gusanos porque en el Gran Día mi cuerpo resucitado se levantará tan hermoso como los de ustedes a semejanza de nuestro Redentor resucitado"[23]. Tomando una esposa, se casó solo dos semanas antes de partir con rumbo al campo misionero.

En sus escritos se puede notar la forma en que comprendía el llamado misionero. Su llamado hacía que estuviera dispuesto a ir donde fuera necesario, cualquiera que fuera el posible precio a pagar. Paton sabía que el llamado exigía sacrificio. Fue mucho lo que sacrificó, puesto que tuvo que sepultar a su esposa y a sus hijos en el campo, pero se mantuvo fiel a su llamado.

J. HUDSON TAYLOR (1832-1905)[24]

Hudson Taylor nació de unos padres que eran fieles cristianos y cuando experimentó una conversión radical en su adolescencia, le pidió a Dios que lo usara en las misiones. Al principio, se resistió a comprometerse con los estudios de medicina, por temor de que esto le impidiera marcharse al campo misionero cuando se le abrieran las puertas, pero después comprendió el valor que estos estudios tendrían en China para su labor misionera. Intrigado por la idea de ir a China como misionero, fue marchando por ese camino y estudiando libros acerca de la vida y el ministerio en China. "Hudson tomó muy pronto la decisión de ir a la China como misionero, y su interés en esas tierras aumentó gracias a un pequeño libro llamado "China", que leyó una y otra vez hasta casi sabérselo de memoria"[25]. Taylor se fue preparando de manera física al comer una dieta sencilla y renunciar a numerosas comodidades físicas. Creía con firmeza que se debía confiar en Dios en cuanto a los medios económicos y el sostenimiento para su ministerio. Sus piadosos padres oraban para que fuera al campo misionero. Es más, su padre en realidad había orado para que él llegara a ser misionero en China, aunque él no lo supo hasta después de llegar a esa nación.

Sus primeros tiempos en el ministerio se convirtieron en modelo para otros esfuerzos misioneros debido a que trataba de dominar el idioma y contextualizar su ministerio en la cultura. Terminó fundando la Misión al Interior de la China, con la intención de alcanzar el interior del país que no se había alcanzado antes. Uno de los aspectos de su legado es su manera de comprender el llamado misionero. Daniel Bacon escribió: "Nunca redujo el llamado de Dios a una fórmula favorita, ni persuadió a nadie solo basándose en las necesidades.

Las órdenes que hay en las Escrituras, las necesidades del mundo y las circunstancias generales del creyente eran factores significativos que se debían tener en cuenta y poner en oración"[26]. El propio Taylor escribió de su llamado: "Nunca podré olvidar [...] la sensación que me embargó. Nunca tendré palabras para describirla. Sentía que estaba en la presencia de Dios, entrando en un pacto con el Todopoderoso. Sentía como si me quisiera retractar de mi promesa, pero no podía. Era como si algo me dijera: "Tu oración se ha respondido; tus condiciones se han aceptado". Y a partir de ese momento nunca me dejó la convicción de que tenía el llamado a la China"[27].

A decir verdad, el llamado a un lugar determinado era un enfoque central dentro de la manera en que Hudson Taylor comprendía el llamado misionero. Tal vez esto se debiera a que trataba de movilizar a personas que tuvieran un llamado específico a China, para la Misión al Interior de la China. Taylor decía: "No bastará que usted diga que no tiene un llamado especial para ir a China. Con estos datos delante de sus ojos, lo que necesita más bien es asegurarse de tener un llamado especial para quedarse en su casa. Si ante la presencia de Dios no puede decir que está seguro de tener un llamado especial para quedarse donde está, ¿por qué está desobedeciendo la clara orden de ir que le da el Salvador?"[28]. Taylor es bien conocido por la perspectiva de que cada cristiano tiene algún tipo de llamado misionero debido a su muy citada frase: "La Gran Comisión no es una opción a tener en cuenta; es un mandato que se debe obedecer"[29]. J. Hudson Taylor entendía que el llamado misionero tiene como motivaciones los lugares en los que hay mayor necesidad, una ubicación geográfica concreta y la creencia de que el mismo Dios que llama es el que va a satisfacer todas nuestras necesidades.

CHARLOTTE "LOTTIE" DIGGES MOON (1840-1912)[30]

Lottie Moon fue una de las primeras misioneras de los Bautistas del Sur, sirviendo en la China por casi cuarenta años. Su nombre se reconoce con facilidad mientras resuena en las iglesias bautistas del sur en cada Navidad; la ofrenda anual para las misiones internacionales lleva su nombre para honrarla, recordando que falleció el día antes de Navidad a bordo de un barco que se dirigía a los Estados Unidos. Entregó tanto de lo que tenía para alimentar a los chinos que se estaban muriendo de hambre durante una época de hambruna, hasta llegar a un punto en el que su cuerpo se debilitó más allá de toda recuperación posible.

Lottie Moon luchó durante un tiempo con un llamado a las misiones en el extranjero, pero descubrió después que los Bautistas del Sur no se sentían muy dispuestos a nombrar y enviar a una mujer soltera. Aun así, se sometió al llamado de Dios en febrero de 1873, después de escuchar un sermón basado en Juan 4:35: "¿No decís vosotros: "Todavía faltan cuatro meses, y después viene la siega"? He aquí, yo os digo: Alzad vuestros ojos y ved los campos que ya están blancos para la siega". La Junta de Misiones Foráneas de la Convención Bautista del Sur estaba cambiando sus puntos de vista en esos momentos y nombró a Lottie Moon como su primera misionera para China en julio de ese mismo año. Wyatt Rogers escribe: "Después de varios años de esfuerzos persistentes, consiguió que la nombraran como misionera soltera. Su profunda consagración y un fuerte llamado a la obra cristiana, junto con una inquebrantable decisión, fueron las claves que llevaron a su nombramiento y a su larga y exitosa carrera"[31]. Lottie Moon escuchó el llamado a partir de las palabras de Jesús que recoge el texto bíblico. Fue incansable en su correspondencia con las oficinas centrales de las Misiones en Virginia, suplicando que enviaran a más personas llamadas a las misiones. Cerca ya del final de su carrera, escribió: "Le pido a Dios que ningún misionero llegue jamás a sentirse tan solitario como me he sentido yo"[32].

AMY CARMICHAEL (1867-1951)[33]

Amy Carmichael sintió el llamado misionero de Dios sobre su vida después de escuchar a J. Hudson Taylor, el gran reclutador de las misiones, quien habló en una conferencia de Keswick en 1887. En una carta dirigida a su madre después de someterse al llamado misionero, escribió: "Fui a mi cuarto y solo le pregunté al Señor qué significaba todo aquello, qué quería que hiciera y, mamá, tan claro como si te estuviera oyendo hablar a ti, escuché que Él me decía: "¡Ve!". Nunca antes lo había oído con tanta claridad. No puedo estar equivocada porque sé que Él habló. Y si Él me dice "¡Ve!", no me puedo quedar"34. Al cabo de poco más de un año de trabajo en el Japón, comenzó su ministerio de toda la vida en la India. Al igual que Taylor, intentó contextualizar su ministerio a la cultura y las formas de vestir de las personas con las que trabajaba. En concreto, su ministerio estuvo dedicado a rescatar jovencitas de una vida de prostitución en los templos.

Una mala caída hizo que permaneciera en cama durante los veinte últimos años de su vida, pero se quedó en la India y comenzó a reflexionar y escribir acerca de la vida cristiana y de lo que es ser misionero. Esto es lo que escribió: "La vida misionera no es más que una oportunidad para morir"[35]. Su llamado al servicio misionero no estaba tan atado a un lugar fijo como el de Hudson Taylor. Su comprensión inicial en cuanto a dónde debía trabajar tenía que ver con el Japón, pero la dirigieron hacia otro lugar después de quince meses. No obstante, su sentido general de lo que es el llamado misionero nunca flaqueó. Amy sabía que se debía marchar a las misiones, descubrió hacia dónde la guiaba Dios, y una vez que llegó allí y conoció a la gente, se pasó la vida descubriendo todas las maneras en que les podía servir. Les proporcionaba un refugio, cuidaba de los niños y rescataba a los indefensos. Aunque se tuvo que enfrentar a grandes dificultades, sentía el llamado misionero de Dios y fue fiel a él. Lois Dick escribe: "Amy, con su salud tan frágil, sometida a neuralgias y dolores de cabeza y encargada del sostenimiento de su madre, que había quedado viuda con siete hijos, parecía la menos adecuada para ser pionera en tierras paganas, pero Dios la había llamado. Es la vieja historia que se repite con tanta frecuencia. Dios usa a los que no son nada, a los necios, a las cosas que no son nada. Pues así se consideraba a sí misma"[36].

Cam Townsend (1896-1982)[37]

Cam Townsend creció en un hogar piadoso donde oyó que su padre terminaba sus oraciones en todas las comidas con la promesa que aparece en Números 14:21, Isaías 11:9 y Habacuc 2:14: "La tierra se llenará del conocimiento de la gloria del SEÑOR como las aguas cubren el mar". Sin duda, estas palabras resonaron en su conciencia durante toda su vida. En 1917, Cam fue con un amigo a Guatemala para vender Biblias. Su venta de Biblias no le fue muy bien, porque casi todas las personas que se encontraba no sabían leer en español. Además, muchos eran monolingües en uno de los idiomas indígenas. Townsend sintió la carga de llevarles la Palabra de Dios a los pueblos del mundo en sus propios idiomas.

Cam Townsend experimentó un creciente y progresivo llamado a las misiones. Es probable que no tuviera la intención de que sus días de ventas de Biblias se convirtieran en una carrera para toda la vida. James y Marti Hefley describen su incertidumbre: "Durante su segundo año de universidad, Cam se sintió atraído hacia el llamado "Grupo de Estudiantes Voluntarios", el brazo local del movimiento nacional de estudiantes voluntarios. Los que se unían al grupo tenían que explicar por qué querían ser miembros [...] cuando llegó su turno, le fue difícil expresar su interés por las misiones extranjeras. Solo pudo decir: "No estoy seguro del porqué quiero pertenecer al grupo""[38]. No obstante, Dios honró su obediencia a ese creciente llamado.

Su interés se intensificó, sin embargo, cuando John R. Mott, el líder del movimiento, llegó al recinto universitario para dar unas charlas. Cam pudo captar la carga que sentía ese hombre y se preguntaba si no habría un lugar para él en el extranjero. Se sintió más retado aun por la vida de Hudson Taylor, el fundador de la Misión al Interior de la China, que ya tenía cincuenta años de existencia. La fe de Taylor, su obra pionera y su adaptación a la cultura china lo atraían. Sentía que si Dios lo llevaba a hacerse misionero, se esforzaría por ser como ese hombre[39].

En la senda de una obediencia continua, Dios puso en su vida el llamado a las misiones. El fruto de este llamado está en las Biblias y los proyectos de traducciones de Biblias que se están llevando a cabo en el idioma principal de centenares de agrupaciones etnolingüísticas en el mundo entero. El sentido que tenía Townsend de su llamado lo guiaba la necesidad de predicar la Palabra de Dios de unas formas que fueran adecuadas desde el punto de vista cultural y lingüístico. Más tarde fundó el Instituto Lingüístico de Verano y Traductores Bíblicos Wycliffe.

El corazón de Townsend latía al igual que el de William Carey; sentía en gran medida la necesidad que tenían los pueblos que forman los distintos grupos lingüísticos del mundo, de tener la Palabra de Dios en su propio idioma. Puesto que era un hombre de visión y de pasión, cuando sus supervisores cerraron las puertas a este ministerio, encontró una ventana y la llamó Traductores Bíblicos Wycliffe.

Jim Elliot (1927-1956)[40]

Jim Elliot es uno de los misioneros que más influencia han tenido en los tiempos modernos. Aunque Dios lo usó de manera poderosa en otros sentidos, su sermón misionero más convincente fue el que predicó de la forma en que salió de este mundo, que sigue siendo todo un desafío para hombres y mujeres en todas partes. Hace poco compartí el púlpito en una conferencia misionera con un matrimonio que se iba a jubilar después de trabajar durante cincuenta años en América del Sur. Moví la cabeza en medio de un silencio sobrecogedor, mientras oía resonar por todo aquel salón unas palabras que les he escuchado decir a muchísimos otros: "Cuando supe las noticias del martirio de Jim Elliot y los otros misioneros en las selvas de Ecuador, dije: "Heme aquí, Señor. Envíame a mí"". Sin duda, nombres como los de Jim Elliot, Nate Saint, Pete Fleming, Roger Youderian, Ed McCully, Ecuador, los aucas y Palm Beach traen a 1a mente la imagen perfecta de lo que es la obediencia hasta la muerte. Aunque todas las páginas de la historia de las misiones estén repletas de relatos similares, este se produjo en tiempos recientes, de nuestro lado del mundo y en una selva que sigue siendo muy parecida a lo que era en enero de 1956.

Jim Elliot fue un cristiano muy serio y consagrado. Al igual que Carey, lo motivaba el número y las necesidades de las tierras donde no se había predicado a Cristo. Exhortaba a otros a pensar en las misiones y no pasarse la vida donde ya otros estaban realizando el trabajo. Después de su muerte, su esposa Elisabeth editó y publicó su diario, donde vemos la evidente influencia de las necesidades del mundo en su llamado misionero.

> Este cuaderno de notas se encontró en la playa de Curaray después de la muerte de Jim, sus páginas esparcidas por la arena, algunas habían perdido la tinta, mientras que otras estaban manchadas por el lodo y la lluvia, pero aún era posible leerlas. Además de los nombres de centenares de personas por las que oraba Jim, [hay] varias páginas de estadísticas misioneras escritas mientras estaba en el instituto superior, de las cuales lo que sigue es un extracto: "Mil setecientos idiomas no tienen la traducción de una sola palabra de la Biblia. El noventa por ciento de las personas que se ofrecen para ir al campo misionero nunca llegan allí. ¡Hace falta algo más que un simple "Señor, estoy dispuesto"! El sesenta y cuatro por ciento del mundo nunca ha oído hablar de Cristo. Cada hora mueren cinco mil personas. La población de la India equivale a las de América del Norte, África y América del Sur combinadas. Allí hay un misionero por cada setenta y un mil personas. Hay un obrero cristiano por cada cincuenta mil personas en tierras extranjeras, mientras que en los Estados Unidos hay uno por cada quinientas". En vista del inconfundible mandato de Cristo, unido a estos pasmosos datos, Jim creía que si se quedaba en

> los Estados Unidos, tendría que dedicarse a buscar pruebas suficientes para demostrar que estaba justificado que lo hiciera[41].

Puesto que era un creyente muy consagrado, Jim sentía tanto el reto de las estadísticas acerca de las necesidades del mundo, como el del número de personas que no iban a él. Durante el tiempo que pasó en el Instituto Superior Wheaton, se siguió confirmando la existencia de un creciente *sentido del deber* en cuanto a ir al campo misionero. Sus relaciones y su interacción con otros estudiantes, como Dave Howard, Pete Fleming y Elisabeth Howard, entre otros, sirvieron para reforzar su sentido de que tenía un llamado. Cuando exploró su manera de comprender ese llamado, la consecuencia fue que supo no solo a dónde lo llamaba Dios, sino también el grupo étnico y el lugar concreto.

Elisabeth escribió que cuando él salió de su hogar en Shandia para unirse a los demás en la Operación Auca, salió por la puerta con tela metálica sin mirar atrás. Escribe de la respuesta que le dio cuando le preguntó si estaba seguro de que debía ir a los aucas: ""Me han llamado", fue su sencilla respuesta. Es decir, que todo estaba bien. Se habían combinado los principios de las Escrituras, las circunstancias dirigidas por Dios y su propia seguridad interna"[42]. Una de las claves de su influencia está en que sentía su llamado misionero con tanta claridad que era capaz de caminar de manera sosegada hacia su propia muerte por amor a Cristo. Para Jim Elliot y para muchos mártires más, el llamado a obedecer era un llamado a morir. Formaba parte del plan de Dios para su vida, y la gloria de Dios estaba en eso también.

CONCLUSIÓN

LOS HÉROES MISIONEROS y los líderes cristianos famosos del pasado han sostenido opiniones diferentes con respecto al llamado misionero y cada uno recibió su llamado de una forma distinta. Algunos llamados misioneros notables brotaron del *sentido del deber* que debe sentir cada cristiano, otros del conocimiento de las tinieblas espirituales en que se mueve un mundo perdido, de una voz audible, de una conciencia mundial que creció y se fue centrando cada vez más en un punto determinado o de una simple obediencia a la voluntad que Dios revela en su Palabra. Ninguna de estas cosas es indebida, aunque ninguna es tampoco normativa ni preceptiva. Eso significa que no debe decidir si su llamado es legítimo al compararlo con la experiencia de otra persona. Dios llama a cada cristiano de la forma en que Él sabe que es la mejor. Hizo nuestros oídos y sabe el llamado que escucharemos mejor. También hizo nuestro corazón y lo llenó con unos anhelos que anhela satisfacer. Por muy útil que sea ver cómo Él ha llamado a hombres y mujeres a través de los años, es más importante que acepte el llamado que le haga cuando se le presente.

La Comprensión Y La Respuesta Al Llamado Misionero

¿QUÉ ES EL LLAMADO MISIONERO? Miles de misioneros cristianos sinceros describen cada uno su llamado de muchas maneras diferentes. No obstante, la Palabra de Dios, los misionólogos y el testimonio de nuestros héroes misioneros resuenan de acuerdo entre sí en cuanto a unos componentes comunes de las formas en que Dios guía a los cristianos hacia la participación en la labor misionera. Este llamado comprende el ser conscientes de las necesidades de un mundo perdido y sentirse preocupado por ellas; obedecer los mandatos de Cristo; estar comprometido de forma radical con Dios; tener el reconocimiento de su iglesia con respecto a sus dones; sentir un anhelo y una pasión fervientes por las misiones; y tener dones del Espíritu. El llamado misionero es el método que Dios usa para motivar a sus hijos para que se dediquen a servirle de manera intercultural y sostenerlos en la obra que les preparó desde antes de la fundación del mundo (Hechos 17:26).

Muchos se han preguntado con exactitud hasta qué punto debe ser específico el llamado misionero. Algunos nuevos estudiantes de misiones me han confesado con timidez que aún no se sienten seguros en cuanto al lugar al que les llama Dios, como si la ausencia de un código postal fuera a poner en tela de juicio su llamado misionero. El llamado misionero no tiene tanto que ver con el vecindario preciso en el que va a trabajar, como con una carga continua por ver que en el mundo entero las almas que van camino del infierno son redimidas por la sangre del Cordero. Es una añoranza por ver postrarse a todas las naciones delante del trono para adorar a Cristo y un sometimiento radical de todo lo que tenemos y somos para su gloria. Es un ferviente anhelo por cruzar cuanta barrera se nos cruce en el camino a fin de predicar el evangelio salvador de la gracia de Dios: las barreras de lenguaje, las geográficas, las socioeconómicas y las culturales. Esto es lo que consideramos que es el llamado interno. Es esencial que comprendamos que el comienzo de un llamado misionero muy pocas veces incluye todos los detalles relativos a los distintos momentos, la agencia misionera, el lugar, el idioma o el grupo étnico. El llamado externo se refiere al reconocimiento de su idoneidad para el servicio misionero, tanto por usted mismo, como por confirmación procedente de la confraternidad de su iglesia local. Incluye el buen entendimiento con una agencia misionera y con un equipo de misioneros, la confirmación que se produce a través de la labor de conseguir su propio sostenimiento económico y el fruto que produce una vida saturada con las misiones.

El llamado misionero es algo siempre presente, irrevocable y de constante crecimiento a medida que va tocando cada uno de los aspectos de nuestra vida. Los cristianos cumplimos con nuestro llamado misionero de numerosas formas. John R. Mott quería ir al campo misionero, pero se quedó en los Estados Unidos e hizo realidad su llamado a base de viajar, predicar y movilizar a otros hacia las misiones en el extranjero. William Carey fue a la India, sirvió con gran distinción durante su labor de toda una vida allí y, al final, se fue de su hogar en la India a su hogar en el cielo. Jim Elliot realizó su llamado yendo a las selvas del Ecuador durante apenas unos años, hasta que lo martirizó el pueblo huaorani al que trataba de evangelizar. Mi antiguo profesor del instituto superior cumplió o con su llamado misionero yendo a servir a Corea durante cinco años, antes de volver a un instituto superior cristiano en los Estados Unidos, donde fue profesor y animó a centenares de estudiantes jóvenes a pensar en irse a las misiones. Ralph Winter realizó su llamado misionero trabajando en Guatemala y regresando después a los Estados Unidos para fundar y presidir el Centro Estadounidense para la Misión Mundial, desde el cual ha movilizado y equipado a miles para que vayan al mundo entero. Conozco un misionero cuyo llamado es trabajar entre los iraníes. Lo interesante es que vive y trabaja entre ellos en Atlanta, Georgia. Hay quienes se sorprenden al saber que su llamado misionero halla su expresión en el trabajo que hace con los iraníes de los Estados Unidos, pero en nuestra era de globalización, los misioneros que pasan de una cultura a otra pueden trabajar con fidelidad como misioneros sin salir nunca de su país de origen. El llamado misionero es para toda la vida, y cada una de sus expresiones legítimas bastarían para llenar otro libro. Además, las formas y los lugares en que se cumple con el llamado misionero pueden variar a lo largo de toda una vida. Es importante reconocer y distinguir el llamado misionero por una parte y la dirección de Dios en cuanto a la manera de cumplirlo por otra.

Al principio de nuestra peregrinación que hemos hecho juntos, hicimos la observación de que hay tres maneras básicas de entender el llamado misionero que han disfrutado de una prominencia particular en la historia de las misiones. Una de ellas niega la existencia de un llamado misionero, puesto que el Nuevo Testamento no menciona el llamado, don u oficio de misionero. Por consiguiente, estas personas dirían que un cristiano puede decidirse a ser misionero de la misma forma que se toma la decisión de ser fontanero, médico o agricultor. La segunda manera de entenderlo es que sí existe un llamado misionero y que todos tenemos uno; es la Gran

Comisión. Esto significaría que todos los cristianos deberíamos ir a las naciones para hacer discípulos y al que le toca buscar pruebas de que Dios lo ha llamado a quedarse en su casa es al creyente que no va a las naciones. La tercera manera es que debido a que la vida de un misionero es muy peligrosa y es una posición especial dentro del ministerio del evangelio, nadie debe intentar ir sin tener un llamado misionero claro y personal. Esta posición afirma: "Si no te han llamado, mejor que no trates de ir, y si lo tienes, mejor que no trates de quedarte".

Cada una de esas posiciones es acertada en parte... y errónea cuando se lleva al extremo. En primer lugar, aunque la Biblia no menciona el llamado misionero, lo cierto es que describe el palpitar del corazón de Dios por las naciones y su deseo de que nos unamos a Él en esa misión. En segundo lugar, sí, Jesús envió a todos los creyentes a hacer discípulos e imitarlo a Él, pero llamó a Pablo y Bernabé de una manera única para propagar su reino donde no se había predicado el evangelio. La iglesia de Jerusalén no buscó la forma de cumplir con la Gran Comisión hasta después del martirio de Esteban, que fue cuando los creyentes se esparcieron y se reagruparon en Antioquía. Allí fue donde comenzaron a evangelizar a los griegos, aparte de hacerlo con los judíos. Cuando el Espíritu ordenó que se apartaran a Pablo y Bernabé, no reprendió al resto de la iglesia por no ir, ni tampoco llamó a ir a todos. Necesitarían tener una mente misionera, pero no tendrían que convertirse en misioneros por obligación. Pablo nunca exhorta en ningún lugar de sus escritos a todos los creyentes para que vayan, ni siquiera a misiones de corta duración como lo hacía él. Se ve con claridad que hay una distinción entre los que deben ir y los que los deben enviar. En tercer lugar, aunque sostengo que de seguro existe un llamado misionero, debemos tener la responsabilidad cuando usemos este nombre; cada misionero describe el llamado de una manera distinta. Es contraproducente que se exhorte a la gente a que no vaya a menos que esté segura de que le han llamado, a menos que también se le explique lo que significa la palabra "llamado".

El llamado misionero también incluye un profundo sentido de un deber que Dios ha puesto en nosotros; una carga por las almas que se pierden en un mundo agonizante; un ardiente anhelo de ver que cada grupo étnico del mundo se postre en adoración ante el trono de Dios. Es un reconocimiento de los dones y las capacidades que Dios le ha dado a usted, mezclado con el anhelo de ir donde mejor pueda invertir su vida a fin de "alcanzar aquello para lo cual Cristo Jesús [lo alcanzó a usted]" (Filipenses 3:12, NVI). Es algo a la vez sutil e irresistible, repentino y creciente, comprendido y, con todo, siendo cada vez más claro en su vida.

Sí, hay un llamado misionero personal, y es tan personal que ningún otro lo puede comprender de verdad en su totalidad. En la ausencia de una enseñanza clara acerca del llamado misionero, muchos yerran al dar por sentado que nos debe llegar en una visión, en una voz audible, en unas circunstancias innegables o mediante alguna otra revelación sobrenatural. Es más, el inexplicable término, "el llamado misionero", es una de las razones más comunes para que alguien no vaya a las misiones. Muchos dan testimonios tales como: "Me encanta predicar el evangelio y estar donde haya gente de otros países. Me fascinan los idiomas y disfruto de veras mis intentos por aprender cuanto puedo acerca de las diferentes culturas. Me gusta viajar y quisiera poder vivir en el extranjero para servir a Dios en las misiones. Lo único que quisiera es que Él me llamara". Después de decir esto, se quedan sentados en su casa a la espera de una visión en medio de la noche, algo escrito en el cielo o una voz profunda y estentórea procedente del cielo que los llame por su nombre.

No podemos determinar si tenemos un llamado misionero solo mediante la comparación con una lista objetiva de los componentes requeridos. La Biblia no describe un llamado de este tipo, ni tampoco nos presenta los puntos esenciales de lo que es un llamado misionero. Una vieja ilustración para los sermones se refiere a todos los ciegos que sanó Jesús. Un día, los hombres que recibieron sanidad estaban sentados juntos, conversando sobre cómo Jesús les devolvió la vista. Según esta anécdota, uno de los hombres dice: "¿Se acuerdan de lo maravilloso que fue todo cuando Él hizo el lodo y se lo puso en sus ojos y después les dio la orden de que se fueran a lavar?". Entonces, otro de los hombres sanados dijo: "Él nunca me puso lodo en los ojos, solo me tocó". A continuación, y después de una animada discusión, ¡el primer hombre declaró que el segundo estaba ciego aún diciendo que era imposible que viera sin experimentar el lodo en su proceso de sanidad! Nosotros creamos la misma confusión cuando comparamos los llamados misioneros.

Jesús llama a cada cual en medio de unas circunstancias distintas y de una forma exclusiva.

Cuando oramos por las naciones, le pedimos a Dios que derrame su Espíritu y envíe un avivamiento a los pueblos perdidos del mundo. Jesús nos ordenó también que le pidiéramos al Señor de la mies que enviara obreros a la mies (Mateo 9:38). Él hace esto mediante el llamado misionero. Cuando nuestros amigos, hijos, padres o miembros del personal de la iglesia anuncian que Dios ha movido su corazón a favor de las naciones y los ha llamado a un campo misionero, la reacción que honra a Dios no es rasgarnos las vestiduras, sino hacer una celebración. Así como lo alabamos cuando Él responde de manera milagrosa nuestras oraciones sanando, salvando o liberando, también lo debemos alabar cuando responde a las oraciones en las que le pedimos que envíe obreros... aun cuando los llame en nuestro propio hogar.

Es comprensible que se sienta ansiedad en cuanto a seguir la dirección de Dios para ir alas misiones y explorar el llamado misionero. Sin duda, la ola de terrorismo que cubre el planeta nos da razones justas para detenernos. Es prudente que nos vayamos abriendo paso a través de las cuestiones relacionadas con el llamado misionero y que procuremos conocer la voluntad de Dios. No obstante, cuando esa ansiedad toma unas dimensiones desproporcionadas, no permita que sea el temor el que tome la decisión en su lugar. Recuerde que, desde la caída del ser humano, el mundo siempre ha conocido el terrorismo en diversos grados. A lo largo de todos estos años, las guerras, la persecución religiosa, los secuestros, la piratería en alta mar, los ataques no provocados lanzados por "indígenas salvajes" y las enfermedades exóticas han sido duras realidades en la vida de los misioneros. Los peligros que existen son auténticos, pero solo sirven para ilustrar la realidad de que todos los seres humanos necesitamos a Cristo. El sufrimiento y la muerte de los misioneros han hecho avanzar al reino como ninguna otra cosa lo habría podido hacer, y la sangre de los santos siempre ha sido la semilla y el combustible para el avance del evangelio. Cuando sus temores oscurezcan su visión acerca de su llamado misionero, examínese para ver si esos temores proceden de la posibilidad del sufrimiento y la persecución, o de una evaluación sincera de sus dones y capacidades. El temor puede ser sano y adecuado, en su perspectiva apropiada, pero no permita que lo abrume, que gobierne su vida y que sea un obstáculo para su obediencia al llamado misionero de Dios.

La posibilidad de escuchar el llamado misionero de Dios tiene mucho que ver con lo que *estamos* escuchando. El consejo de Herbert Kane es que no se quede sentado, de brazos cruzados, en espera de que caiga un relámpago o se produzca una visión de Dios que lo llame a las misiones. Él les aconsejaba a los que estaban atentos a la posibilidad de que Dios los llamara a ser misioneros que se mantuvieran con la mente abierta, el corazón puro, las manos ocupadas y los pies siempre listos[1]. No obstante, también insistía en que, aun después de hacer todo eso, el llamado sigue siendo subjetivo y recordaba lo que dice Pablo en 1 Corintios 7:40: "Creo que yo también tengo el Espíritu de Dios". Se cuenta una historia acerca de un indígena estadounidense que caminaba con un amigo durante los ruidos y la locura de Manhattan al mediodía. En medio del escándalo de las bocinas, el rechinar de los frenos de los taxis y el estrépito del ferrocarril metropolitano, le dijo a su amigo: "Oigo un grillo". Su amigo le dijo que era imposible, pero él se acercó a un tiesto con matas y halló el grillo debajo de un arbusto. Entonces le dijo que uno oye a lo que le presta atención. Para demostrárselo, tomó un puñado de monedas y las dejó caer en la acera. De inmediato, se volvieron a mirar todas las cabezas que había en seis o siete metros a la redonda[2]. ¿A qué le está prestando atención usted?

Cuando sabe que Dios lo está llevando a aceptar un llamado misionero, se le comienza a llenar la mente de interrogantes acerca del lugar, la compañía, el momento y la forma. En primer lugar, siga los pasos necesarios para asegurarse de que se trata de la voluntad de Dios y después busque el consejo de las agencias en las que está pensando. Prepárese y dé pasos concretos para ir; no se duerma en las buenas intenciones y las fantasías de su mente. Cuando se responde de manera positiva al llamado misionero, se producen numerosos cambios y esa percepción es aterradora. La valentía es un rasgo esencial en cada paso de la vida misionera: la disposición para escuchar el llamado, responderlo, buscar su nombramiento y conseguir su sostenimiento económico... y mucho más cuando se despida y deje atrás todo lo que le resulta conocido a fin de aprender un nuevo idioma y una nueva cultura, mientras vive y cría a sus hijos en otro país. Sin embargo, nunca olvide que para disfrutar las bendiciones, la gracia, la paz, la misericordia, los desafíos, las recompensas y el alto privilegio de un llamado misionero, estos pasos son necesarios... y ordenados por Dios también.

Llegamos ya al final de nuestra peregrinación juntos para comprender el llamado misionero y hallar el lugar que le corresponde ocupar en el mundo de Dios. Permítame exhortarle a ser fiel a su llamado en cuanto lo escuche con claridad. Lo elogio por haber estado dispuesto a escuchar y explorar ese llamado y por estar preparado para hacer el sacrificio. Recuerde que Dios tiene el control; Él tiene un plan para alcanzar a los que necesitan escuchar y tiene un pueblo al que está preparando y llamando para ir. Manténgase centrado durante el proceso. Un millar de voces le van a presentar apasionados argumentos para darle las razones por las que no debería ir. El sacrificio le va a parecer demasiado grande. Si no se mantiene centrado, se va a deslizar hacia el esquema del sueño americano de pedir prestado para vivir a un nivel que la Avenida Madison le asegura que es lo que se merece y necesita, o tal vez se case con alguien que no quiera ir al campo misionero, ni reúna los requisitos necesarios. Sí, hay un llamado misionero personal, y es tan personal que ningún otro lo podrá comprender por completo. Le pido a Dios que, si lo está llamando a las misiones, escuche y responda a su llamado, y si no lo está llamando, que se quede y siga su dirección. En el capítulo 2, consideramos la pregunta del catecismo para niños: "¿Cómo se puede glorificar a Dios?" y su respuesta: "Amándolo y haciendo lo que Él nos manda". También consideramos el Salmo 37:4: "Pon tu delicia en el SEÑOR, y Él te dará las peticiones de tu corazón". ¿Cuáles son las peticiones de su corazón?

Reconocimientos

NADIE HA ESCRITO JAMÁS un libro sin la ayuda que Dios le ha proporcionado por medio de centenares de personas. ¿Por dónde se comienza a la hora de darles las gracias a los que han participado en la formación de habilidades, pensamientos y cosmovisión, y nos dieron el ánimo necesario? ¿Se comenzará acaso con la Escuela Dominical o con los maestros de párvulos de los primeros años de la vida? ¿Y qué decir de los amigos sin los que usted no sería la persona que es, y mucho menos, pensaría como piensa? Es imposible irlos nombrando a todos y por eso sentimos la tentación de no darle gracias a nadie por miedo a omitir a los ayudantes clave. Con todo, necesito mencionar a algunos que han contribuido de manera significativa a convertir este libro en una realidad.

Cuando Dios me salvó, el nombre de "Moody" adquirió importancia dentro de mi desarrollo espiritual. Estudié un par de cursos por correspondencia de Moody como primeros pasos en mi nueva vida. Ahora, con este libro, la gente de Moody vuelve a ser una bendición una vez más. Les doy muchas gracias a las personas tan estupendas de Moody Publishers; a los editores Paul Santhouse, Lisa Major, Jennifer Lyell y Chris Reese que me han alentado mucho en este proceso; a Holly Kisly, gerente de mercadeo de la marca que también dio muestras de una inmensa energía en este proyecto. Mi agradecimiento para todos y cada uno de ustedes.

También va mi gratitud a todos mis colegas y amigos del Seminario Teológico Bautista del Sur. Mi agradecimiento a los doctores Al Mohler y Thom Rainer por concederme el privilegio de unirme a la facultad de la institución. El Dr. Mohler ha reunido una facultad excelente que atrae a unos estudiantes fantásticos y el ambiente resultante es muy evangélico y académico en gran medida, y tiene como meta glorificar a Jesucristo. Gracias también a mi decano, Chuck Lawless, por su testimonio cristiano, su carga por las naciones y su gran ejemplo de escritos académicos que se mantiene muy involucrado en el ministerio de la iglesia local. Gracias a todos mis colegas en la Escuela de Misiones, Evangelización e Iglecrecimiento Billy Graham: George, Tim, Jim, J.D., Vaughn, Ted, Bryan, Hayward, Adam, Bill y Paul. Les agradezco su calurosa amistad y su aliento.

A mis estudiantes del Seminario Teológico Bautista del Sur y de todo el mundo, mi más profunda gratitud porque me han dado ánimo, me han enseñado, me han retado y me han obligado a mantenerme al día, y porque han soportado horas enteras de conferencias sobre estos temas a medida que iban tomando forma en mi corazón y mi mente. He aprendido más de ustedes que todo lo que ustedes van a aprender jamás de mí. Son ustedes los que han hecho posible este libro.

A mi pastor y amigo, el Dr. Bill Cook, al personal y a todos los demás miembros de la Iglesia Bautista de Novena y O, y en especial a los guerreros de oración de mi clase de la Escuela Dominical, gracias también por permitir que los sirviera en el liderazgo misionero. Gracias por haberme acompañado repetidas veces al Ecuador y a Perú y por permitirme observar cómo Dios llamaba a algunos de ustedes dándoles su propio llamado misionero.

A Mary, mi mejor amiga, siempre constante, gracias por darme ánimos cuando me parecía que este proyecto estaba demasiado elevado para mí. Me siento muy agradecido al saber que, en medio de todo esto, siempre has estado y estarás junto a mí. Eres una gran bendición en mi vida y le doy gracias a Dios por ti.

A Christopher y Molly: más que mis dos nietos, son mis maravillosos amigos. Hablamos de todo, nos damos ánimo unos a otros y nos reímos... Y MUCHO. El gozo y la risa que traen a nuestro hogar es una de las bendiciones más ricas que me ha dado Dios. Estoy muy orgulloso de ustedes, tanto por ser lo que son, como por hacer lo que hacen. Cuando pienso en su mamá y en ustedes dos, digo con David: "Las cuerdas cayeron para mí en lugares agradables" (Salmo 16:6). Les estoy muy agradecido, tanto a ustedes como a su mamá, por concederme el tiempo necesario para escribir este libro.

También me siento agradecido a todos los héroes misioneros de la vida real que he conocido y que han sembrado en mí lo que es escuchar el llamado misionero de Dios y permanecer fiel a él, tanto en los buenos tiempos como en los malos.

Por último, te agradezco a ti, Señor, la gracia, el perdón, la misericordia, la paz y el gozo que derramas en abundancia sobre mi vida a diario. Me siento honrado de que me hayas llamado y usado para hacer avanzar tu reino y glorificar tu Nombre en el mundo... ¡y ahora en este libro! Me siento como se sintió el rey David: "Entonces el rey David entró y se sentó delante del SEÑOR y dijo: ¿Quién soy yo, oh Señor Dios, y qué es mi casa para que me hayas traído hasta aquí?" (2 Samuel 7:18).

Glosario

General

Llamado misionero: El llamado misionero incluye la conciencia ante las necesidades de un mundo perdido, los mandatos de Cristo, la preocupación por las almas perdidas, un compromiso radical con Dios, la bendición y el envío por parte de su iglesia, un ferviente anhelo, los dones que le da el Espíritu para su tarea, su pasión y una añoranza indescriptible que motiva más allá de toda comprensión posible.

Misionero: En el contexto de este libro, una persona que atraviesa las barreras culturales y lingüísticas con el propósito de hacer discípulos.

Introducción

Etnocentrismo: La tendencia general a juzgar todas las culturas por su propia cultura original. En el proceso, la nueva cultura casi siempre se ve como inferior, falta de eficacia, equivocada y deficiente.

Globalización: El efecto de mayor conciencia, interconexión y propagación de cuestiones y tendencias comunes entre los países del mundo entero.

Urbanización: La tendencia mundial al traslado desde las zonas rurales hacia las zonas urbanas.

Plataformas de acceso creativo: Una ocupación o explicación suficiente para que alguien califique como residente en un país que no admite misioneros.

Pluralismo: La creencia de que todas las religiones tienen igual valor y proporcionan un medio de salvación.

CAPÍTULO 1

Agrupación etnolingüística (llamada también "grupo étnico"): Se refiere a la identificación de las personas a partir de su cultura, idioma, valores y propia identificación comunes, más que a partir de las fronteras geopolíticas o la simple identificación de tipo racial. En el sentido misionológico, la agrupación etnolingüística es el mayor grupo dentro del que se puede propagar el evangelio sin cruzar barreras culturales ni de idioma.

CAPÍTULO 3

Protoevangelio: Literalmente, "el primer evangelio" según se encuentra en Génesis 3:15, con la promesa de Dios para redimir al ser humano por medio de la simiente de la mujer que aplastaría a la serpiente.

Gran Comisión: La orden dada por Jesús de ir a los grupos étnicos del mundo y hacer allí discípulos (Mateo 28:18-20; Marcos 16:15-16; Lucas 24:47; Juan 20:21; Hechos 1:8).

Gran Compasión: Reflejada en la compasión y el amor de Cristo para alcanzar a las multitudes y enseñarles, y personificada también en nosotros cuando tenemos en cuenta las necesidades del mundo y la perdición en que se halla sumida la humanidad.

Grandes Mandamientos: Los dos mandamientos mayores según los presentó Cristo para amar en primer lugar al Señor nuestro Dios con todo nuestro corazón, alma y mente, y en segundo lugar, amar a nuestro prójimo como a nosotros mismos (Mateo 22:34-40).

CAPÍTULO 4

Contextualizar: La adaptación de las formas del cristianismo a los escenarios culturales del mundo de maneras que sean fieles a la Palabra de Dios, pero que también sean adecuados desde el punto de vista cultura al grupo que se quiere alcanzar.

Cosmovisión: El lente a través del cual una persona mira al mundo, responde a los interrogantes decisivos acerca de la realidad y procesa la información y sus experiencias.

Cultura: Las creencias, formas de conducta, valores, normas y "reglas en el juego de la vida" comunes que sostiene un grupo de personas.

Grupo étnico (llamado también "agrupación etnolingüística"): Se refiere a la identificación de las personas a partir de su cultura, idioma, valores y propia identificación comunes, más que a unas fronteras geopolíticas o a una simple identificación racial. En sentido misionológico, el grupo étnico es el mayor grupo dentro del cual se puede propagar el evangelio sin cruzar barreras culturales ni de idioma.

Grupo étnico no alcanzado: Un grupo étnico dentro del cual no hay ninguna comunidad nativa de creyentes cristianos con un número de miembros y recursos adecuados para evangelizar a este grupo. El comité editorial del Proyecto Josué original escogió como criterio el que hubiera menos del dos por ciento de cristianos evangélicos[1].

Hipercalvinismo: La doctrina no bíblica que hace un énfasis excesivo en la soberanía de Dios, al mismo tiempo que le resta importancia a la responsabilidad del ser humano, dejando al hombre sin ninguna responsabilidad verdadera en cuanto a buscar el cumplimiento de los mandatos de Cristo.
Indígena: Cualquiera que sea originario de una tierra o un país.

Misioneros con plataforma de acceso creativo: Los misioneros que han adquirido su residencia en un país que no permite legalmente la presencia de misioneros cristianos, basándose en un propósito de tipo educacional o profesional distinto al ministerio.

Misioneros con profesión: Los misioneros que trabajan con el propósito de alcanzar a las personas y participar en los esfuerzos misioneros, pero se sostienen a sí mismos mediante un empleo secular a tiempo completo, en lugar de recibir el sostenimiento total que se le entrega al misionero tradicional a tiempo completo.

Misiones de fe: Los esfuerzos en las misiones que solo se sostienen a través de donativos individuales o iglesias locales.

Misionólogo: Una persona que estudia la teología, filosofía y metodología de las misiones con el propósito de ayudar a adelantar el reino por medio de los misioneros.

Sincretismo: El proceso de mezclar dos sistemas de creencias de forma tal que el resultado sea la creación de un tercero. Los misioneros evangélicos utilizan este término para referirse a la confusión de religiones cuando se mezclan las relaciones anteriores con el evangelio, lo cual trae como resultado una religión contraria a las enseñanzas del cristianismo.

Teología de la Búsqueda: Aboga por la identificación de los grupos humanos del mundo que no se han alcanzado a fin de proclamar en medio de ellos el evangelio.

Teología de la Cosecha: Aboga por centrar los esfuerzos misioneros en los pueblos y lugares en los que ya ha estado obrando Dios.

CAPÍTULO 5

Descanso (llamado también "encomienda en el país de origen"): Se refiere al período en el que los misioneros regresan a su país de origen por varios meses o un ario, para después regresar al campo misionero.

Mundo Mayoritario: Expresión que se está usando cada vez más para referirse al Tercer Mundo o a las. Dos Terceras Partes del Mundo.

CAPÍTULO 6

Animistas: Culturas que tienen un sistema de creencias según el cual al mundo lo gobiernan fuerzas invisibles y espíritus que se deben apaciguar o manipular mediante ritos y rituales con el fin de evitar la mala suerte, aumentar las bendiciones o contrarrestar la hechicería.

Chamanes: En las culturas animistas, una persona que actúa como mediadora entre el mundo visible y las fuerzas invisibles del mundo a través de la práctica de ritos, rituales y ofrendas.

Misiones de carrera: El compromiso vocacional de tiempo completo con las misiones para toda la vida.

Misiones de corto plazo: Históricamente, toda obra misionera que dura menos que el servicio para toda la vida, aunque cada vez más se va usando esta expresión para referirse a un servicio misionero prestado por varias semanas o unos pocos años.

CAPÍTULO 7

Paternalismo: La práctica según la cual los misioneros le proporcionan ayuda a la iglesia nacional, o manejan a perpetuidad a la iglesia y a sus líderes nacionales, en lugar de prepararlos para que lleguen a la independencia.

CAPÍTULO 8

Arminianos: Por lo general, palabra usada para referirse a los que rechazan las enseñanzas del calvinismo y preferían el libre albedrío, la responsabilidad humana y la naturaleza universal del sacrificio expiatorio de Cristo, con lo que hacen destacar el papel del ser humano en la obra de la salvación y la santificación.

Calvinistas: Por lo general, palabra usada para referirse a los que aceptan las doctrinas de la depravación total, la elección incondicional, la limitación del sacrificio expiatorio de Cristo, la gracia irresistible y la perseverancia de los santos, reconociendo la importancia absoluta de la soberanía de Dios en la obra de la salvación y la santificación.

Modelo de recaudación para el sostenimiento: El modelo usado por la mayoría de las agencias misioneras que exige que los misioneros consigan fondos, al menos en parte, de su trabajo o el sueldo mediante donativos que solicitan ellos mismos de las personas y las iglesias locales.

Modelo de sueldo completo: El modelo usado por algunas agencias misioneras al pagarles un sueldo a sus misioneros, en lugar de exigirles que recauden parte alguna de su sostenimiento económico mediante donativos.

Países de acceso creativo: Los países que no permiten que las personas consigan una visa ni un permiso de residencia con el propósito de realizar esfuerzos misioneros cristianos o trabajar en el ministerio cristiano. Con frecuencia, los misioneros usan una plataforma de acceso creativo para conseguir su entrada en este tipo de países.

Poligamia: La práctica que permite tener más de un cónyuge al mismo tiempo.

CAPÍTULO 9

Choque cultural: El período de adaptación que se produce cuando se entra a vivir en una nueva cultura en la que uno siente que lo que es normal para él, ya no se acepta como normal en la cultura anfitriona.

Choque de países: El estrés y la tensión que acompañan al traslado a un país donde existen notables diferencias en cuanto a altitud, temperatura, alimentación, ritmo de vida, maneras de conducir, etc.

Adaptación cultural: La respuesta sana al choque cultural que se caracteriza por un ajuste a las normas y expectativas de la cultura anfitriona, sin perder su propio sentido de identificación, ni su asociación a su cultura original.

Privación de papel a desempeñar: La angustia que se deriva de la pérdida de identificación propia y de la sensación de tener un propósito en la vida que está asociado al ministerio de la persona, o a su ocupación, y que se produce cuando esta llega al campo misionero.

CAPÍTULO 11

Keswick: Una reunión anual que se comenzó a celebrar en Inglaterra en la década de 1870 con el propósito de fomentar la santidad. Aunque las misiones no fueron tema destacado al principio, se abrieron paso dentro del movimiento y muchos misioneros trazan su peregrinación de dichas reuniones. La conferencia de Keswick terminó influyendo de una manera profunda en la historia de las misiones.

Sentido del deber: La convicción interna del individuo que lo lleva a entender que, cualesquiera que sean las circunstancias o los obstáculos que perciba, debe servir al Señor en las misiones movido por las necesidades de un mundo perdido, las capacidades que Dios le ha dado para esta labor, lo que hay en el corazón de Dios y los mandatos de Cristo.

NOTAS

INTRODUCCIÓN

1. J. Herbert Kane, *Understanding Christian Missions*, Baker Book House, Grand Rapids, MI, 1974, p. 38.
2. Christopher J. H. Wright, *The Mission of God: Unlocking the Bible's Grand Narrative*, InterVarsity, Downers Grove, IL, 2006.
3. Ralph D. Winter y Steven Hawthorne, *Perspectives on the World Christian Movement*, William Carey Library, Pasadena, CA, 1999.
4. Véase en el glosario las definiciones de los términos misionológicos más frecuentes que se usan en todo este libro.
5. Mark Twain, *Inocentes en el extranjero*, Ediciones del Azar, Barcelona, España, 2003, p. 333 (del original en inglés).

6. Ralph D. Winter, “Are You Finding Your Way Into God's Highest Call for You?”, *Mission Frontiers*, enero—febrero de 2007, p. 5.

CAPÍTULO 1: LA COMPRENSIÓN DEL LLAMADO MISIONERO

1. Proyecto Josué, “Global Statistics”, http://www.joshuaproject.net/great-commission-statistics.php.
2. Phil Bogosian, “The Time Has Not Yet Come: Why America is Experiencing Judgment”, *Mission Frontiers*, marzo—abril de 1992.
3. Jennifer Nault, *Georgia*, Weigl, Nueva York, 2002, p. 14.
4. Thomas Hale, *On Being a Missionary*, William Carey Library, Pasadena, CA, 1995, p. 18.

CAPÍTULO 2: ¿CÓMO PUEDO CONOCER LA VOLUNTAD DE DIOS?

1. Elisabeth Elliot, *A Slow and Certain Light*, Word Books, Waco, TX, 1975, p. 20.
2. Ji. Packer, El conocimiento de/Dios santo, Editorial Vida, Miami, FL, 2006.
3. J. Herbert Kane, *The Making of a Missionary*, Baker Book House, Grand Rapids, MI, 1975, p. 29.
4. lbíd., p. 30.

5. Henry T Blackaby, *Experiencia con Dios*, Mundo Hispano/Casa Bautista de Publicaciones, 2009, p. 176 (del original en inglés).
6. Oswald Chambers, *En pos de lo supremo*, Centros de Literatura Cristiana, Bogotá, Colombia, 2003, 23 de septiembre.

CAPÍTULO 3: ¿HAY ALGUNA BASE BÍBLICA PARA EL LLAMADO MISIONERO?

1. John Piper, *¡Alégrense las naciones!*, Baker Books, Grand Rapids, MI, 1993, www.thejesusjoint.net/books/johnpiper/nationsgladspanish.pdf, p. 12.
2. Matthew Henry, *Comentario Bíblico Matthew Henry: Hechos—Apocalipsis*, Editorial Che, Terrassa, Barcelona, España, 1999, p. 559 (del original en inglés).
3. Gerald H. Anderson, editor, *Biographical Dictionary of Christian Missions*, Eerdmans, Grand Rapids, MI, 1999, p. 535.
4. John MacArthur, *Comentario MacArthur del Nuevo Testamento: Romanos 9-16*, Editorial Portavoz, Grand Rapids, MI, 2002, p. 83 (del original en inglés).
5. John R.W Stott, *El mensaje de Romanos*, Editorial Certeza Argentina, Buenos Aires, Argentina, 2008, p. 286 (del original en inglés).

CAPÍTULO 4: MANERAS HISTÓRICAS DE COMPRENDER EL LLAMADO MISIONERO

1. J. Herbert Kane, *Understanding Christian Missions*, Baker Book House, Grand Rapids, MI, 1974, p. 41.
2. Marjorie A. Collins, *Manual for Today's Missionary, From Recruitment to Retirement*, William Carey Library, Pasadena, CA, 1986, p. 15.
3. George Wilson, *"Christ's Call to Missionary Service", en The Call, Qualifications, and Preparations of Candidates for Foreign Missionary Service*, Fennell P Turner, editor, Student Volunteer Movement for Foreign Missions, Nueva York, 1901, p. 7. 4. Elisabeth Elliot, *La sombra del Todopoderoso: La vida y el testamento de Jim Elliot*, Editorial Vida, Miami, FL, 2007, p. 54 (del original en inglés).
5. Stephen Neill, Call to Mission, Fortress, Filadelfia, 1970, p. 22.
6. Elliot, *La sombra del Todopoderoso: La vida y el testamento de Jim Elliot*, p. 150 (del original en inglés).
7. Robert E. Speer, *What Constitutes a Missionary Call?, Student Volunteer Movement for Foreign Missions,* Nueva York, 1923, p. 12.
8. *Ibíd.*, p. 7.
9. *Ibíd.*, p. 10.
10. Robert E. Speer, "What Essentially Constitutes a Missionary en The Call, *Qualifications, and Preparation of Candidates for Foreign Missionary Service,* Fennell P. Turner, editor, Student Volunteer Movement for Foreign Missions, Nueva York, 1901, pp. 4-5.
11. *Ibíd.*, p. 6.

12. Thomas Hale, *On Being a Missionary,* William Carey Library, Pasadena, CA, 1995, p. 16.
13. Kenneth Scott Latourette, *The thousand Years of Uncertainty,* Zondervan, Grand Rapids, MI, 1970, p. 115.
14. *Ibíd.*, p. 9.
15. David J. Hesselgrave, *Paradigrns in Conflict: 10 Key Questions in Christian Missions Today,* Kregel, Grand Rapids, MI, 2005, p. 209.
16. Justice Anderson, "The Great Century and Beyond", en Missiology: *An Introduction to the Foundations, Histoly, and Strategies of World Missions,* editado por John Mark Terry, Ebbie Smith y Justice Anderson, Broadman and Holman, Nashville, TN, 1998, pp. 199-218.
17. Ruth y Vishal Mangalwadi, "Who (Really) Was William Carey?", en *Perspectives on the World Christian Movement: A Reader,* tercera edición, editado por Ralph D. Winter y Steven C. Hawthorne, William Carey Library, Pasadena, CA, 1999, p. 527.
18. El que mejor pudo captar la categorización de las personas, épocas y momentos de transición importantes dentro de las misiones modernas fue Ralph D. Winter en su artículo "Four Men, Three Eras, Two Transitions: Modem Missions", en *Perspectives on the World Christian Movement,* editado por Ralph D. Winter y Steven C. Hawthorne, William Carey Library, Pasadena, CA, 1999, pp. 253-261.

19. Howard Taylor, *El secreto espiritual de Hudson Taylor*, Editorial Portavoz, Grand Rapids, MI, 1988, p. 120 (del original en inglés).
20. Paul G. Hiebert, *Anthropological Reflections on Missiological Issues*, Baker Academic, Grand Rapids, MI, 1994, p. 83.
21. Ralph D. Winter, "The Highest Priority: Cross Cultural Evangelism", en Let the Earth Hear His Voice: *Official Reference Volume, Papers and Responses*, J.D. Douglas, editor, World Wide Publications, Miniápolis, MN, 1975, pp. 226-241.
22. William E. Goff, "Missionary Call and Service", en *Missiology: An Introduction to The Foundations, History, and Strategies of World Missions,* editado por John Mark Terry, Ebbie Smith y Justice Anderson, Broadman and Holman, Nashville, TN, 1998, p. 335.
23. Hesselgrave, *Paradigms in Conflict: 10 Key Questions in Christian Missions Today*, p. 231.
24. Alan Walker, *A Ringing Call to Mission*, Abingdon, Nueva York, 1966, p. 31.
25. *Ibíd.*, p. 17.
26. Winter, *Perspectives on the World Christian Movement*, p. 259.
27. Urbana, "The Urbana Heritage",
http://www.urbana.orgLarticles. cfm?RecordId=60.
28. Baprist Press, "Passion Officials to Hold World Tour in `08", http://www. bpnews.net/bpnews.asp?ID=24715.

29. *Perspectives*, "About Perspectives",
http://www.perspectives.org/site/c.
eqLLIOOFKrF/b.2817899/k.CS42/About_Perspectives.ht
m.
30. David Howard, "If I Could Live My Career Over Again: Reflections of a Veteran Missionary", *Evangelical Missions Quarterly*, octubre de 2003, p. 474.
31. IMB, *Exploring Your Personal Call*, Junta de Misiones Internacionales.
32. Oswald Chambers, *En pos de lo supremo*, Centros de Literatura Cristiana, Bogotá, Colombia, 2003, 29 de septiembre.

CAPÍTULO 5: ¿HASTA QUÉ PUNTO DEBE SER ESPECÍFICO EL LLAMADO?

1. Samuel Ling, "Toward a Biblical Doctrine of God's Call to the Ministry", China Horizon,
http://www.chinahorizon.org/Articies/031
2. Elisabeth Elliot usaba con frecuencia estas palabras cuando hablaba en las conferencias. El autor verificó con la señora Elliot la validez y la fuente de este comentario.
3. R.C. Sproul, *Truths We Confess: A Layman's Guide to the Westminster Confession of Faith, Volume 1,* P&R Publishing, Phillipsburg, NJ, 2006, p. 62.

CAPÍTULO 6: EL LLAMADO MISIONERO Y EL MOMENTO ADECUADO

1. A. Scott Moreau y Gary R. Corwin, *Introducing World Missions: A Biblicah Historical and Practical Survey*, Baker, Grand Rapids, MI, 2004, p. 170.
2. A.T. Houghton, *Preparing to Be a Missionary*, InterVarsity, Chicago, 1956, p. 95. 3. Robertson McQuilken, *The Great Omission*, Baker Books, Grand Rapids, MI, 1984, p. 80.
4. Robert L. Gallagher, "Spirit—Guided Mission", *Evangelical Missions Quarterly*, julio de 2006, p. 340.
5. Robert Coote, "Good News, Bad News: North American Protestant Overseas Personnel Statistics in Twenty—Five—Year Perspective", *International Bulletin of Missionary Research 19*, n.° 6, enero de 1995, p.6.
6. Louis R. Cobbs, "The Missionary's Call and Training for Foreign Missions", *Baptist History and Heritage* 29, n.° 4, octubre de 1994, p. 29.
7. Henry H. Jessup, "Who Ought not to Go as Foreign Missionaries", en *The Call, Qualifications, and Preparation of Candidates for Foreign Missionary Service*, editado por Fennell P. Turner, Student Volunteer Movement for Foreign Missions, Nueva York, 1901, p. 20.
8. Oswald Chambers, *En pos de lo supremo*, Centros de Literatura Cristiana, Bogotá, Colombia, 2003, 27 de septiembre.
9. Los misioneros protestantes comenzaron a trabajar entre los quechuas del Altiplano en 1902, con muy poco fruto. Es más, después de cincuenta años de trabajar entre los quechuas del Altiplano, en la provincia de Chimborazo en el centro de Ecuador, Julia Woodward

Anderson, misionera de la Gospel Missionary Union, podía contar con los dedos de una sola mano los convertidos que había visto. Esto sucedía en 1953, y pasarían dos años más, antes que se celebrara el primer bautismo entre ellos. Véase John Maust, *New Song in the Andes*, William Carey Library, Pasadena, CA, 1992.

10. Elisabeth Elliot, *Portales de esplendor*, Editorial Portavoz, Grand Rapids, MI, 1985, p. 8 (del original en inglés).

11. Don W. Hillis, *I Don't Feel Called*, Tyndale, Wheaton, IL, 1973, p. 102.

12. Robert Murray M'Cheyne, *Memoir and Remains of the Rev. Robert Murray M'Chgme*, William Middleton, Londres, 1846, p. 160.

13. *Ibíd.*, p. 243.

14. Aiden W. Tozer, Man: *The Dwelling Place of God*, Wingspread Publishers, Harrisburg, PA, 1996, p. 40.

15. Charles Haddon Spurgeon, *Lectures to My Students: Complete & Unabridged*, Zondervan, Grand Rapids, MI, 1977, p. 9.

16. Lees Go Staff, *Let's Go: New York City on a Budget*, St. Martin's, Cambridge, MA, 2006, p. 1.

17. Beth Greenfield, Robert Reid y Ginger Otis, *New York City*, Lonely Planet, Nueva York, 2004, p. 21.

18. La Junta de Misiones Norteamericanas y la Junta de Misiones Internacionales se han asociado para formar el proyecto para los Grupos Étnicos Norteamericanos (http://www.peoplegroups.info). Esta base de datos recoge información procedente del Censo de los Estados

Unidos, y también de investigaciones externas a él, y da estadísticas sobre nacionalidades, idiomas hablados en el hogar, antepasados, raza y grupos de personas en las ciudades de los Estados Unidos. El 13 de octubre de 2007, una investigación hecha por el proyecto para los Grupos Étnicos Norteamericanos informó que en la zona metropolitana de Louisville habitan personas de doscientas setenta y siete nacionalidades distintas, y que en los hogares de Louisville, además del inglés, se hablaban otros setenta y seis idiomas. La Junta de Misiones Norteamericanas y la Convención Bautista de Kentucky comprobaron que la información recogida se basaba en las estadísticas del Buró del Censo. Se debe hacer la observación de que la información publicada por el Buró del Censo combina entre sí múltiples nacionalidades y, por tanto, las estadísticas del gobierno reflejan un número de nacionalidades menor que el informado por la Junta de Misiones Norteamericanas.

19. Robert E. Speer, What Constitutes a Missiorzary Call?, Student Volunteer Movement for Foreign Missions, Nueva York, 1923, p. 16.

20. Elisabeth EHiot, La sombra del Todopoderoso: La vida y el testamento de Jim Elliot, Editorial Vida, Miami, FL, 2007, p. 150 (del original en inglés).

Capítulo 7: Qué Debo Hacer Si Mi Cónyuge No Siente El Llamado?

1. Misión Latinoamericana, "Why Both Partners in Marriage Must Be Missionaries in the LAM".

CAPÍTULO 8: LA LLEGADA AL CAMPO MISIONERO

1. Marjorie A. Collins, *Manual for Todays Missionary,* From Recruitment to Retirement, Williarn Carey Library, Pasadena, CA, 1986, p. 3.
2. C. Gordon Olson, *What in the World Is God Doing? The Essentials of Global Missions,* Global Gospel Publishers, Cedar Knolls, NJ, 1988, p. 77.
3. Don W. Hillis, *I Don't Feel Called,* Tyndale, Wheaton, IL, 1973, p. 34.
4. *Ibíd.,* p. 34.
5. A.T. Houghton, *Preparing to Be a Missionary,* InterVarsity, Chicago, 1956, p. 68. 6. Hillis, *I Dont' Feel Called,* p. 36.
7. Luois R. Cobbs, "*The Missionary's Call and Training for Foreign Missions*", Baptist History and Heritage 29, n.° 4, octubre de 1994, pp. 30-31.
8. Ted Ward, "Repositioning Mission Agencies for the Twenty-First Century", *International Bulletin of Missionary Research* 23, n... 4, octubre de 1999, p. 146.
9. Cobbs, "The Missionary's Call and Training for Foreign Missions", p. 34.
10. *Ibíd.*
11. Mike Barnett, "Creative Access Platforms: What Are They and Do We Need Them?", *Evangelical Missions Quarterly,* enero de 2005, p. 88.

12. Oswald Chambers, *En pos de lo supremo*, Centros de Literatura Cristiana, Bogotá, Colombia, 2003, 24 de septiembre.

CAPÍTULO 9: LOS OBSTÁCULOS A SUPERAR PARA LLEGAR AL CAMPO

1. Isobel Kuhn, *Nests Above the Abyss*, Overseas Missions Fellowship, Robesonia, PA, 1995, p. 300.
2. Stephen Neill, *Call to Mission*, Fortress, Filadelfia, 1970, p. 24.
3. Oswald Chambers, *En pos de lo supremo*, Centros de Literatura Cristiana, Bogotá, Colombia, 2003, 29 de septiembre.
4. Elisabeth Elliot, *La sombra del Todopoderoso: La vida y el testamento de Jim Elliot*, Editorial Vida, Miami, FL, 2007, p. 150 (del original en inglés).
5. Para más información sobre el concepto del choque con el país, véase *The Art of Crossing Cultures*, por Craig Storti, Nicholas Brealey Publishers, 2001, p. 2.
6. Henry H. Jessup, "Who Ought Not to Go as Foreign Missionaries", en *The Call, Qualifications, and Preparation of Candidates for Foreign Missionary Service*, editado por Fennell P. Turner, Student Volunteer Movement for Foreign Missions, Nueva York, 1901, p. 14.
7. Centros para el Control y la Prevención de Enfermedades, "Overweight and Obesity", http://www.cdc.govinccdphp/dnpaJobesity/index.htm.

8. David Mays, "Six Challenges for the Church in Missions", *Evangelical Missions Quarterly*, julio de 2006, p. 315.
9. C.S. Lewis, *Cartas a un diablo novato*, Casa Unida de Publicaciones, México D.F., 1953, p. 161 (del original en inglés).
10. Elisabeth Elliot, *The Savage My Kinsman*, Servant Publishers, Ann Arbor, MI, 1961, p. 63.
11. George Murray, "Missionaries' Temptations", *Evangelical Missions Quarterly*, enero de 1998, p. 67.
12. *Ibíd.*, p. 68.
13. A.T. Houghton, *Preparing to Be a Missionary*, InterVarsity Press, Chicago, 1956, p. 38.
14. Alden A. Gannett, "The Missionary Call: What Saith the Scriptures", *Biblioteca Sacra* 117, n.° 465, enero-marzo de 1960, p. 37.
15. Chambers, *En pos de lo supremo*, 30 de septiembre.
16. National Center for Education Statistics, "Fast Facts: 2006", http://nces. ed.gov/fastfacts/display.asp?id=31.
17. Véase "Probemos que Dios es más precioso que la vida misma", en John Piper, No desperdicie su vida, Editorial Unilit, Miami, FL, 2005, pp. 105-130.
18. Chambers, *En pos de lo supremo*, 25 de septiembre.
19. "Huaorani" es el verdadero nombre del grupo étnico antes conocido como "aucas". Cuando Jim Elliot, Nate Saint, Pete Fleming, Ed McCulley y Roger Youderian trataron de alcanzar para Cristo al pueblo huaorani, solo lo conocían por el nombre que le daba el pueblo quechua, "aucas". Cuando Elisabeth Elliot y Rachel Saint

comenzaron a trabajar entre ellos, se identificaron a sí mismos como "huaoranis". En realidad, "aucas" es un término despectivo, puesto que en el dialecto quechua local significa "salvajes".

20. Elisabeth Elliot, *These Strange Ashes*, Harper & Row, Nueva York, 1975, p. 70. 21. *Ibíd.*, p. 76.

CAPÍTULO 10: LOS RETOS DENTRO DEL CAMPO

1. Sherwood G. Lingenfelter y Marvin K. Mayers, *Ministering Cross-Culturally*, Baker Academic, Grand Rapids, MI, 2003, pp. 88-89.
2. Boletín electrónico personal de David y Billie Blessing, misioneros en el África. 3. Paul Hiebert, *Anthropological Insights for Missionaries*, Bauer, Grand Rapids, MI, 1985, pp. 68-69.
4. Elisabeth Elliot, *La sombra del Todopoderoso: La vida y el testamento de Jim Elliot*, Editorial Vida, Miami, FL, 2007, p. 190 (del original en inglés).
5. Jim Elliot, *The Journals of Jim Elliot*, editado por Elisabeth Elliot, Revell, Grand Rapids, MI, 2002, p. 402.
6. Elisabeth Elliot, *The Savage My Kinsman*, Servant Publishers, Ann Arbor, MI, 1961, pp. 73-75.
7. Mike Wakely, "Shadows of Doubt", *Evangelical Missions Quarterly*, octubre de 2003, p. 468.

CAPÍTULO 11: LOS HÉROES MISIONEROS Y EL LLAMADO MISIONERO

1. S.N. Fitkin, *Grace Much More Abounding*, Nazarene Publishing House, Kansas City, MO, s. f., pp. 10-11.
2. Janet Benge y Geoff Benge, *Rachel Saint: A Star in the Jungle*, MAM Publishing, Seattle, 2005, p. 29.
3. Thomas Hale, *On Being a Missionary*, William Carey Library, Pasadena, CA, 1995, p. 19.
4. *Ibíd.*, p. 16.
5. Lindsey Terry y Marilyn Terry, Never Quit! 1,000 Sources of Strenglh from God's Word, Sword of the Lord, Murfreesboro, TN, 2005, p. 104.
6. InterHope, "100 Quotes from World-Minded Christians of Renown", http://www.interhope.org/quotes.php. 1
7. Ejército de Salvación, *All the World*, Oxford University, Londres, 1884, Mil P. 2.
8. Norman Grubb, C. *T Studd: Cricketer and Pioneer*, Christian Literature Crusade, Ft. Washington, PA, 1933, p. 132.
9. Janet Benge y Geoff Benge, *C. T Studd No Retreat*, YWAM Publishing, Seattle, 2005, p. 108.
10. Louis R. Cobbs, "*The Missionary Call and Training for Foreign Missions*", Baptist History and Heritage 29, n.° 4, octubre de 1994, p. 29.
11. James Gilmour, *James Gilmour of Mongolia: His Diaries, Letters and Reports*, editado por Richard Lovett, Elibron Classics, Boston, 2001, pp. 42-43.
12. C. Gordon Olson, *What in the World Is God Doing? The Essentials of Global Missions*, Global Gospel Publishers, Cedar Knolls, NJ, 1988, p. 86.

13. Wayne Vleck, Dakota Martyrs: *The Story You Never Heard*, Bunyan Family Books, Valley City, ND, 2004, p. 82.
14. Hale, *On Being a Missionary*, p. 17.
15. Para hallar más fuentes de información, y obtener detalles adicionales acerca de la vida y el ministerio de David Brainerd, véase la obra de Jonathan Edwards, *David Brainerd: His Life and Diary*, Moody, Chicago, 1949.
16. Jonathan Edwards, David Brainerd: *His Life and Diary*, Moody, Chicago, 1949, pp. 158-159.
17. Para hallar más fuentes de información, y obtener detalles adicionales acerca de la vida y el ministerio de William Carey, véase F. Deaville Walker, *William Carey: Missionary Pioneer and Statesrruzn*, Moody, Chicago, 1951, y Timothy E George, FaithfulWitrzess: *The Life & Mission of William Carey,* New Hope, Birmingham, AL, 1991.
18. George Smith, *The Life of William Carey: Shoernaker & Missionary*, J.M. Dent & Sons, Ltd., Nueva York, 1913, p. 29.
19. Mary Drewery, *William Carey: A Biography*, Zondervan, Grand Rapids, MI, 1978, p. 35.
20. Para hallar más fuentes de información, y obtener detalles adicionales acrerca de la vida y el ministerio de Juan Paton, véase J. Theodore Mueller, John G. Paton: Missionary to the New Hebrides 1824-1907, Zondervan, Grand Rapids, MI, 1941. 21. J. Theodore Mueller, *John G. Paton: Missionary to the New Hebrides* 1824— 1907, Zondervan, Grand Rapids, MI, 1941, p. 29.
22. *Ibíd.*, p. 31.

23. *Ibíd.*, p. 32.
24. Para hallar más fuentes de información, y obtener detalles adicionales acerca de la vida y el ministerio de J. Hudson Taylor, véase Howard Taylor, *Hudson Taylor and the China Inland Mission: The Growth of a Work of God,* China Inland Mission, 1919, y Howard Taylor y Mary G. Taylor, *Hudson Taylor's Spiritual Secret,* Moody, Chicago, 1954.
25. Dr. Howard Taylor y Sra., *Biography of James Hudson Taylor,* Overseas Missions Fellowship, Robesonia, PA, 1973, p. 15.
26. Daniel Bacon, "How Hudson Taylor Got Recruits for China", *Evangelical Missions Quarterly,* julio de 1984, p. 231.
27. Taylor, *Biography of James Hudson* lizylor, p. 23.
28. Howard Taylor, *Hudson Taylor and the China Inland Mission: The Growth of a Work of God,* China Inland Mission, 1919, p. 8.
29. Joseph Williams, *You're on a Mission: A 31—Day Devotional Journey Around the World,* Dog Ear Publishing, Indianápolis, IN, 2007, p. 9.
30. Para hallar más fuentes de información, y obtener detalles adicionales acerca de la vida y el ministerio de Charlotte "Lottie" Digges Moon, véase Keith Harper, editor, *Send the Light: Lottie Moon's Letters and Other Writings,* Mercer University Press, Macon, GA, 2002; Catherine B. Allen, *The New Lottie Moon Story,* Broadman, Nashville, 1980; y Southern Baptist Historical

Library and Archives Bibliographies, "Lottie Moon", http://www.sbhla.org/bio_moon.htm.
31. Wyatt M. Rogers, *Christianity and Womanhood: Evolving Roles and Responsibilities,* Praeger/Greenwood, Westport, CT, 2002, p. 76.
32. Catherine B. Allen, *The New Lottie Moon Story,* Broadman, Nashville, TN, 1980, p. 275.
33. Para hallar más fuentes de información, y obtener detalles adicionales acerca de la vida y el ministerio de Amy Carmichael, véase Elisabeth Elliot, A Chance to Die: *The Life and Legacy of Amy Carmichael,* Revell, Old Tappan, NJ, 1987, y Frank Houghton, *Amy Carmichael of Dohnavur*: *The Story of a Lover and Her Beloved,* Christian Literature Crusade, Ft. Washington, PA, 1953.
34. Frank Houghton, Amy Carmichael of Dohnavur: *The Story of a Lover and Her Beloved,* Christian Literature Crusade, Ft. Washington, PA, 1954, p. 45.
35. Elisabeth Elliot, A Chance to Die: *The Life and Legacy of Amy Carmichael, Revell,* Old Tappan, NJ, 1987, p. 176.
36. Lois Hoadley Dick, *Amy Carmichael Let the Little Children Come,* Moody, Chicago, 1984, p. 33.
37. Para hallar más fuentes de información, y obtener detalles adicionales acerca de la vida y el ministerio de Cam Townsend, véase James C. Hefley y Marti Hefley, *Uncle Cam: The Story of William Cameron Townsend, Founder of the Wycliffe Bible Trans Lators and the Summer Institute of Linguistics,* Word Books, Waco, TX, 1974. 38. James C. Hefley y Marti Hefley, *Uncle Cam: The Story of William Cameron Townsend, Founder of the*

Wycliffe Bible Translators and the Summer Institute of linguistics, Word Books, Waco, TX, 1974, p. 23.
39. *Ibíd.*
40. Para hallar más fuentes de información, y obtener detalles adicionales acerca de la vida y el ministerio de Jim Elliot, véase Elisabeth Elliot, *La sombra del Todopoderoso: La vida y el testamento de Jim Elliot*, Editorial Vida, Miami, FL, 2007; también de Elisabeth Elliot, Portales de esplendor, Editorial Portavoz, Grand Rapids, MI, 1985, y Jim Elliot, *The Journals of Jim Elliot*, editado por Elisabeth Elliot, Revell, Nueva York, 2002.
41. Elisabeth Elliot, *La sombra del Todopoderoso: La vida y el testamento de Jim Elliot*, Editorial Vida, Miami, FL, 2007, p. 45 (del original en inglés).
42. *Ibíd.*, p. 236 (del original en inglés).

CAPÍTULO 12: LA COMPRENSIÓN Y LA RESPUESTA AL LLAMADO MISIONERO

1. J. Herbert Kane, *The Making of a Missionary*, Baker Book House, Grand Rapids, MI, 1975, pp. 46-49.
2. Charles Kellogg, *Charles Kellogg the Nature Singer: His Book*, Kessinger Publications, White Fish, MT, 2004, pp. 141-143.

Bibliografía

Aeschliman, Gordon Peterson. *Maximum Impact Short—Term Mission: The God—Commanded, Repetitive Deployment of Swift-, Temporary, Non—Professinal Missionaries.* STEM Press, Minneapolis, MN, 2003.

Allen, Catherine B. *The New Lottie Moon Story.* Broadman, Nashville, TN, 1980.

Allen, Madalyn Elizabeth Burtoft. "Call to Missions: A Historical and Psychological Understanding of the Christian Construct in the Context of Psychological Assesment", Disertación para el Doctorado en Filosofía, Departamento de Psicología, Seminario Teológico Fuller, 2001.

Anderson, Gerald H., editor. *Biographical Dictionary of Christian Missions.* Eerdmans, Grand Rapids, MI, 1999.

Anderson, Gerald H., Robert T Coote, Norman A. Horner y James M. Phillips. *Mission Legacies: Biographical Studies of Leaders of the Modern Missionary Movement.* Orbis Books, Maryknoll, NY, 1995.

Anderson, Justice. "The Great Century and Beyond", en *Missiology: An Introduction to the Foundations, History, and Strategies of World Missions,* editado por John Mark Terry, Ebbie Smith y Justice Anderson. Broadman and Holman, Nashville, TN, 1998, pp. 199-218.

Bacon, Daniel. "How Hudson Taylor Got Recruits for China", *Evangelical Missions Quarterly*, julio de 1984, pp. 226-31.

Barnett, Mike. "Creative Access Platforms: What Are They and Do We Need Them?", *Evangelical Missions Quarterly*, enero de 2005, pp. 88-96.

Benge, Janet y Geoff Benge. C. T *Studd: No Retreat*. YWAIVI Publishing, Seattle, 2005.

________*Rachel Saint: A Star in the Jungle*. Seattle: YWAM Publishing, 2005.

Blackaby, Henry T *Experiencia con Dios*. Mundo Hispano/Casa Bautista de Publicaciones, 2009.

Bogosian, Phil. "The Time Has Not Yet Come: Why America is Experiencing Judgement", *Mission Frontiers*, marzo—abril de 1992, pp. 3-4.

Butler, Philip. "Is 'There a New Way Forward?". En *Kingdom Partnership for Synergy in Missions,* editado por William D. Taylor, pp. 9-30. William Covey, Pasadena, CA, 1994.

Carver, William Owen. *Missions in the Plan of the Ages*. Broadman Press, Nashville, TN, 1951.

Chamberlain, Jacob. *"The Call to Foreign Missionary Work". En The Call, Qualifications, and Preparation of Candidates for Foreign Missionary Service,* editado por Fennell P. Turner, pp. 10-13. Student Volunteer Movement for Foreign Missions, Nueva York, 1901.

Chambers, Oswald. *En pos de lo supremo.* Centros de Literatura Cristiana, Bogotá, Colombia, 2003.

Cobbs, Louis R., "The Missionary CalL and Training for Foreign Missions". *Baptist History and Heritage* 29, n.° 4, octubre de 1994, pp. 26-36.

Collins, Marjorie A. *Manual for Today's Missionary, From Recruitment to Retirement.* William Carey Library, Pasadena, CA, 1986.

Coote, Robert. "Good News, Bad News: North American Protestant Overseas Personnel Statistics in Twenty—Five—Year Perspective", *International Bulletin of Missionary Research* 19, n.° 6, enero de 1995, pp. 6-13.

Decker, Murray. "The Emerging College Generation and Missions: Issues, Attitudes, Postures, and Passions". *Evangelical Missions Quarterly,* julio de 2007.

Dick, Lois Hoadley. *Amy Carmichael: Let the Little Children Come.* Moody, Chicago, 1984.

Drewery, Mary. *William Carey: A Biography*. Zondervan, Grand Rapids, MI, 1978.

Edwards, Jonathan. David Brainerd: His Life and Diary. Moody, Chicago, 1949.

Elliot, Elisabeth. A Chance to Die: *The Life and Legacy of Amy Carmichael.* Revell, Old Tappan, NJ, 1987.

__________*A Slow and Certain Light.* Word Books, Waco, TX, 1975.

__________*La sombra del Todopoderoso*: La vida y el testamento de Jim Elliot. Editorial Vida, Miami, FL, 2007.

__________ *The Savage My Kinsman.* Servant Publishers, Ann Arbor, MI, 1961.

__________*These Strange Ashes.* Harper & Row, Nueva York, 1975.

__________*Portales de esplendor,* Editorial Portavoz, Grand Rapids, MI, 1985.

Elliot, Jim. *The Journals of Jim Elliot.* Editado por Elisabeth Elliot. Revell, Grand Rapids, MI, 2002.

Fitkin, S. N. *Grace Much More Abounding.* Nazarene Publishing House, Kansas City, MO, s. f.

Fuller, Lois K. *Going to the Nations: An Introduction to Cross—Cultural Missions.* ACTS, 2001.

Gallagher, Robert L. "Spirit—Guided Mission". *Evangelical Missions Quarterly,* julio de 2006, pp. 336-341.

Gannett, Alden. A. "The Missionary Call: What Saith the Scriptures". *Biblioteca Sacra* 117, n.° 465, enero-marzo de 1960, pp. 32-40.

George, Timothy. Faithfil Witness: *The Life & Mission of William Carey.* New Hope, Birmingham, Al, 1991.

Gilmour, James. *James Gilmour of Mongolia*: His Diaries, Letters and Reports. Editado por Richard Lovett. Elibron Classics, Boston, 2001.

Goff, William E. "Missionary Call and Service", en *Missiology: An Introduction to the Foundations, History, and Strategies of World Missions,* editado por John Mark Terry, Ebbie Smith y Justice Anderson. Broadman and Holman, Nashville, TN, 1998.

Greenfield, Beth y Robert Reid. *New York City.* Lonely Planet, Nueva York, 2004.

Grubb, Norman. C. T *Studd Cricketer and Pioneer.* Christian Literature Crusade, Ft. Washington, PA, 1933.

Hale, Thomas. *On Being a Missionary*. William Carey Library, Pasadena, CA, 1995.

Hefley, James C. y Marti Hefley. *Uncle Cam: The Story of William Cameron Townsend, Founder of the Wycliffe Bible Translators and the Summer Institute of Linguistics*. Word Books, Waco, TX, 1974.

Henry, Matthew. *Comentario Bíblico Matthew Henry: Hechos—Apocalipsis*. Editorial Che, Terrassa, Barcelona, España, 1999.

Hesselgrave, David J. *Paradigms in Conflict: 10 Key Questions in Christian Missions Today*. Kregel, Grand Rapids, MI, 2005.

Hiebert, Paul. *Anthropological Insights for Missionaries*. Bauer, Grand Rapids, MI, 1985.

__________*Anthropological Reflections on Missiological Issues*. Baker Academic, Grand Rapids, MI, 1994.

Hillis, Don W. *I Don't Feel Called*. Tyndale, Wheaton, IL, 1973.

Houghton, A. T *Preparing to Be a Missionary*. InterVarsity Press, Chicago, 1956.

Houghton, Frank. *Amy Carmichael of Dohnavur. The Story of a Lover and Her Beloved*. Christian Literature Crusade, Ft. Washington, PA, 1953.

Howard, David. "If I Could Live My Career Over Again: Reflections of a Veteran Missionary", *Evangelical Missions Quarterly*, octubre de 2003, pp. 474-78.

_________*What Makes a Missionary*. Chicago: Moody, 1987 Howard, Kwvin L. "A Call to Missions: Is there Such a Thing?" *Evangelical Missions Quartely*, Octubre de 2003: 462-65.

Hulse, Erroll. *Adoniram Juclson and the Missionary Call.* Reformation Today Trust, 1996.

Junta de Misiones Internacionales. *Exploring Your Personal Call.* Junta de Misiones Internacionales.

Jessup, Henry H. "Who Ought not to Go as Foreign Missionaries". *En The Call, Qualifications, and Preparation of Candidates for Foreign Missionary Service*. Editado por Fennell P. Turner, pp. 14— 22. Student Volunteer Movement for Foreign Missions, Nueva York, 1901.

Kane, J. Herbert. *The Making of a Missionary*. Baker Book House, Grand Rapids, MI, 1975.

__________*Understanding Christian Missions.* Baker Book House, Grand Rapids, MI, 1974.

Kellogg, Charles. *Charles Kellogg The Nature Singer*: His Book. Kessinger Publications, White Fish, MT, 2004.

Kuhn, Isobel. *Nests Above the Abyss.* Overseas Missions Fellowship, Robesonia, PA, 1995.

Lato urette, Kenneth Scott. *The First Five Centuries.* Zondervan, Grand Rapids, MI, 1970.
___________*The Thousand Years of Uncertainty.* Zondervan, Grand Rapids, MI, 1970.

Let's Go Staff. Let's Go: *New York City on a Budget.* St. Martinis, Cambridge, MA, 2006.

Lewis, C.S. *Cartas a un diablo novato.* Casa Unida de Publicaciones, México D.F., 1953.

Lingenfelter, Sherwood G. y Marvin K. Mayers. *Ministering Cross—Culturally.* Baker Academic, Grand Rapids, MI, 2003.

M'Cheyne, Robert Murray. *Memoir and Remains of the Rey. Robert Murray M'Cheyne.* William Middleton, Londres, 1846.

MacArthur, John. *Comentario MacArthur del Nuevo Testamento: Romanos 9-16.* Editorial Portavoz, Grand Rapids, MI, 2002.

Mangalwadi, Ruth y Vishal. "Who (Really) Was William Carey?". En *Perspectives on the World Christian Movement: A Reader,* 3a ed. Editado por Ralph D. Winter y Steven C.

Hawthorne. William Carey Library, Pasadena, CA, 1999, pp. 525-528.

Maust, John. *New Song in the Andes*. William Carey Library, Pasadena, CA, 1992.

Mays, David. "Six Challenges for the Church in Missions". *Evangelical Missions Quarterly*, julio de 2006, pp. 304-15.

McConaughy, David. *The Word—Call to Men of Today*. The Board of Foreign Missions of the PCUSA, Nueva York, 1908.

McConnell, Walter. "The Missionary Call: A Biblical and Practical Appraisal". *Evangelical Missions Quarterly*, abril de 2007, pp. 210-17.

McQuilken, Robertson. *The Great Omission*. Baker Books, Grand Rapids, MI, 1984.

Milton, Owen. *Christian Missionaries*. Bryntirion Press, Bryntirion, Reino Unido, 1995.

Moon, Lottie. *Send the Light: Lottie Moon's Letters and Other Writings*. Editado por Keith Harper. Mercer University Press, Macon, GA, 2002.

Moreau, A. Scott y Gary R. Corwin. *Introducing World Missions: A Biblical, Historical and Practical Survey*. Baker, Grand Rapids, MI, 2004.

Mueller, J. Theodore. *John G. Paton*. Zondervan, Grand Rapids, MI, 1941.

Murray, George. "Missionaries' Temptations". *Evangelical Missions Quarterly,* enero de 1998, pp. 66-68.

Nault, Jennifer. *Georgia. Weigl,* Nueva York, 2002.

Neill, Stephen. *Call to Mission*. Fortress, Filadelfia, 1970.

Olson, C. Gordon. *What in the World is God Doing? The Essentials of Global Missions.* Global Gospel Publishers, Cedar Knolls, 1988.

Packer, J. *I. Knowing God.* InterVarsity, Downers Grove, IL, 1993.

Panton, John G. *Missionary Patriarch: The True Story of John G. Paton*. Men of Courage. San Antonio, TX: Vision Forum, 2001.

Piper, John. *No desperdicie su vida*. Editorial Unilit, Miami, FL, 2005.

_________.*¡Alégrense las naciones!* Baker Books, Grand Rapids, MI, 1993.

Reapsome, Jim. "What Happened to the Uttermost Parts". *Evangelical Missions Quarterly,* enero de 1999, pp. 6-7.

Robbins, Joseph C. *The Appeal of Foreign Missions to Young Life*. American Baptist Foreign Mission Society, Boston, 1917.

Rogers, Wyatt M. *Christianity and Womanhood: Evolving Roles and Responsibilities.* Praeger/Greenwood, Westport, CT, 2002.

Rupert, Maryheth. *The Emergence of the Independent Missionary Agency as an American Institution* 1860-1817. University Microfilms International, Ann Arbor, MI, 1974.

Rusten, E. Michael y Sharon O. Rusten. *The Complete Book of When and Where: In the Bible and Throughout History.* Tyndale House, Carol Stream, IL, 2005.

Ejército de Salvación. *All the World.* Oxford University, Londres, 1884.

Sargent, Douglas N. *The Making of a Missionary*. Hodder and Stoughton, Londres, 1960.

Shibley, David. *A Force in the Earth: The Charismatic Renewal and World Evangelism*. Creation House, Lake Mary, FL, 1989.

Smith, George. *The Life of William Carey: Shoemaker & Missionary*. J.M. Dent & Sons, Ltd., Nueva York, 1913.

Speer, Robert E. What Constitutes a Missionary Call? Student Volunteer Movement for Foreign Missions, Nueva York, 1923.

__________"What Essentially Constitutes a Missionary Call?". En The Call, Qualifications, and Preparation of Candidates for Foreign Missionary Service. Editado por Fennell P. Turner, pp. 3-6. Student Volunteer Movement for Foreign Missions, Nueva York, 1901.

Sproul, R.C. Truths We Confess: A Layman's Guide to the Westminster Confession of Faith, Volume 1. P&R Publishing, Phillipsburg, NJ, 2006.

Spurgeon, Charles Haddon. Lectures to My Students: Complete & Unabridged. Zondervan, Grand Rapids, MI, 1977.

Storti, Craig. The Art of Crossing Cultures. Nicholas Brealey Publishers Boston, 2001.

Stott, John R. W. El mensaje de Romanos. Editorial Certeza Argentina, Buenos Aires, Argentina, 2008.

Taylor, Dr. Howard y Sra. Biography of James Hudson nylon Overseas Missions Fellowship, Robesonia, PA, 1973.

Taylor, Dr. Howard. HudsonTaylor's Spiritual Secret. Moody, Chicago, 1954. .

________Hudson Taylor and the China Inland Mission: The Growth of a Work of God. China Inland Mission, 1919.

Terry, Lindsey y Marilyn Terry. Never Quit! 1,000 Sources of Strength from Gods Word. Sword of the Lord, Murfreesboro, TN, 2005.

Tozer, Aiden W Man: The Dwelling Place of God. Wingspread Publishers, Harrisburg, PA, 1996.

Tumer, Fennell P., editor. The Call, Qualifications, and Preparation of Candidates for Foreign Missionary Service. Student Volunteer Movement for Foreign Missions, Nueva York, 1901.

Twain, Mark. Inocentes en el extranjero. Ediciones del Azar, Barcelona, España, 2003.

Vleck, Wayne. Dakota Martyrs: The Story You Never Heard. Bunyan Family Books, Valley City, ND, 2004. 258

Speer, Robert E. *What Constitutes a Missionary Call*? Student Volunteer Movernent for Foreign Missions, Nueva York, 1923.

____________."*What Essentially Constitutes a Missionary En The Qualifications, and Preparation of Candidates fir Foreign Missionary Service.* Editado por Fennell P. Turner, pp. 3-6.

Student Volunteer Movement for Foreign Missions, Nueva York, 1901.

Sproul, R.C. *Truths We Confess: A Layman's Guide to the Westminster Confession of Faith, Volume 1*. P&R Publishing, Phillipsburg, NJ, 2006.

Spurgeon, Charles Haddon. *Lectures to My Students: Complete & Unabridged*. Zondervan, Grand Rapids, MI, 1977.

Storti, Craig. *The Art of Crossing Cultures*. Nicholas Brealey Publishers Boston, 2001.

Stott, John R. W *El mensaje de Romanos*. Editorial Certeza Argentina, Buenos Aires, Argentina, 2008.

Taylor, Dr. Howard y Sra. *Biography offames Hudson Taylor*. Overseas Missions Fellowship, Robesonia, PA, 1973.

Taylor, Dr. Howard. *Hudson Taylor's Spiritual Secret*. Moody, Chicago, 1954.

____________.*Hudson Taylor and the China Inland Mission: 'The Growth of a Work of God*. China Inland Mission, 1919.

Terry, Lindsey y Marilyn Terry. *Never Quit! 1,000 Sources of Strength from God Word*. Sword of the Lord, Murfreesboro, TN, 2005.

Tozer, Aiden W. *Man: The Dwelling Place of God.* Wingspread Publishers, Harrisburg, PA, 1996.

Turner, Fennell P., editor. *The Call, Qualifications, and Preparation of Candidates for Foreign Missionary Service.* Student Volunteer Movement for Foreign Missions, Nueva York, 1901. Twain, Mark. Inocentes en el extranjero. Ediciones del Azar, Barcelona, España, 2003.

Vleck, Wayne. *Dakota Marlyrs: The Story You Never Heard.* Bunyan Family Books, Valley City, ND, 2004.

Wagner, C. Peter. "My Pilgrimage in Mission". *International Bulletin of Missionary Research* 23, n.0 4, octubre de 1999, pp.164-67.

Wakely, Mike. "Shadows of Doubt". *Evangelical Missions Quarterly*, octubre de 2003, pp. 468-72.

Walken Alan. A Ringing *Call to Mission.* Abingdon Press, Nueva York, 1966.

Walker, F. Deaville. *William Carey: Missionary Pioneer and Statesman.* Chicago, Moody, 1951.

Waltke, Bruce. *Finding the Will of God: A Pagan Notion?* Vision House, Gresham, OR, 1995.

Ward, Ted. "Repositioning Mission Agencies for the Twenty-First Century". *International Bulletin of Missionary Research* 23, n.° 4, octubre de 1999, pp.146-53.

Williams, Joseph. You're on a Mission: A 31—*Day Devotional Journey Around the World.* Dog Ear Publishing, Indianápolis, IN, 2007.

Wilson, George. "Christ's Call to Missionary Service". En *The Call, Qualifications, and Preparations of Candidates for Foreign Missionary Service,* editado por Fennell E Turnen Student Volunteer Movement for Foreign Missions, Nueva York, 1901, PP 7-9

Winter, Ralph D. y Steven Hawthorne. *Perspectives on the World Christian Movement.* Williarn Carey Library, Pasadena, CA, 1999.

Winter, Ralph D. "Are You Finding Your Way Into God's Highest Call for You?" *Mission Frontiers,* enero—febrero de 2007, pp. 1-5.

____________"Four Men, Three Eras, Two Transitions: Modern Missions", en *Perspectives on the World Christian Movement.* Editado por Ralph D. Winter y Steven C. Hawthorne. William Carey Library, Pasadena, CA, 1999, pp. 253-61.

_____________"The Highest Priority: Cross Cultural Evangelism". En *Let the Earth Hear His Voice: Official*

Reference Volume, Papers and Responses. Editado por J.D. Douglas. World Wide Publications, Minneapolis, MN, 1975, pp. 226-41.

__________."Join the World Christian Movement". En *Perspectives on the World Christian Movement.* Editado por Ralph D. Winter y Steven C. Hawthorne, pp. 718-723. William Carey Library, Pasadena, CA, 1999.

Wright, Christopher J. H. *The Mission of God: Unlocking the Bible's Grand Narrative.* InterVarsity, Downers Grove, IL, 2006.

Zwemer, Samuel. "The Glory of the Impossible". En *Perspectives on the World Christian Movement.* Editado por Ralph D. Winter y Steven C. Hawthorne, pp. 311-316. Williarn Carey Library, Pasadena, CA, 1999.

Made in the USA
Middletown, DE
01 September 2020

17262556R00215